KB107849

연개소문 전쟁

연개소문 전쟁

발행일	2017년 5월 17일		
지은이	우 재 훈		
펴낸이	손 형 국		
펴낸곳	(주)북랩		
편집인	선일영	편집	이종무, 권혁신, 송재병, 최예은
디자인	이현수, 김민하, 이정아, 한수희	제작	박기성, 황동현, 구성우
마케팅	김회란, 박진관		
출판등록	2004. 12. 1(제2012-000051호)		
주소	서울시 금천구 가산디지털 1로 168, 우림라이온스밸리 B동 B113, 114호		
홈페이지	www.book.co.kr		
전화번호	(02)2026-5777	팩스	(02)2026-5747

ISBN 979-11-5987-547-2 03910 (종이책) 979-11-5987-548-9 05910 (전자책)

이 도서의 국립중앙도서관 출판예정도서목록(CIP)은 서지정보유통지원시스템 홈페이지(http://seoji.nl.go.kr)와
국가자료공동목록시스템(http://www.nl.go.kr/kolisnet)에서 이용하실 수 있습니다.
(CIP제어번호 : CIP2017011036)

(주)북랩 성공출판의 파트너

북랩 홈페이지와 패밀리 사이트에서 다양한 출판 솔루션을 만나 보세요!

홈페이지 book.co.kr	자가출판 플랫폼 해피소드 happisode.com
블로그 blog.naver.com/essaybook	원고모집 book@book.co.kr

동아시아 고대문명 최후의 대결

연개소문 전쟁

우재훈 지음

북랩 book Lab

프롤로그

644년의 어느 날 당나라의 제2대 황제인 태종 이세민(李世民, 599~649, 재위 626~649)이 당대의 명장 이정(李靖, 571~649)에게 질문을 했다.

"고구려가 계속해서 신라를 침략하기에 내가 사신을 보내어 타일렀는데도 말을 듣지 않고 있소. 아무래도 고구려를 정벌해야 할 듯한데 어떻게 해야 되겠소?"

"연개소문은 자신이 병법에 능하기 때문에 중국이 고구려를 정벌할 수 없을 것이라고 생각하여 폐하의 명을 따르지 않는 것입니다. 제게 군사 3만 명을 주시면 반드시 연개소문을 사로잡아 오겠습니다."

당 태종이 고구려를 침공할 계획과 관련해 명장 이정에게 그 방법을 질문한 것이고 이정은 불과 3만 명의 군사면 고구려를 무너뜨릴 수 있다고 호언장담한 내용이다. 이는 동양 군사학의 7대 경전인 『무경칠서(武經七書)』에 포함되는 640년대에 지어진 병법서 『이위공문대』라는 책의 시작 부분에 나와 있다.

이 대화가 이루어진 시점은 당 태종의 고구려 침공 직전으로 그 당시의 상황을 말해주고 있는데, 그렇다면 실제로 당 태종이 직접 진두지휘했던 고구려 침공의 결과는 과연 어떠했을까? 정확한 계산은 나중에 다시 하겠지만, 대략 본국에서 파병한 군사의 숫자만 30만 명 이상의 대병력으로 추산되고, 여기에 전쟁에 능했던 당 태종 자신은 물론 이세적 같은 당대의 명장들도 참전했으며, 더불어 전함 500척을 투입했는데도 그 결과는 참혹한 패배였다.

당 태종은 '정관의 치(貞觀之治)'라는 당나라의 태평성대를 열었던 장본인이자, 이상적 군주론에 대한 당나라 때의 책인 『정관정요』의 주인공으로도 등장하는 인물이다. 오늘날까지도 그에 대한 평가는 절대적이어서, 중국 CCTV에서 방영된 인기 프로그램 '백가강단(百家講壇)'에서도 그를 다룰 때에는 매우 영웅스럽게 묘사한 바 있었다. 그는 중국 사회에서 오랫동안 결점이나 오류가 있어서는 안 되는 이상화된 황제로 떠받들어졌다. 그러다 보니 중국인들은 백가강단에서도 대실패로 끝나고 만 고구려와의 전쟁에 대해서는 거의 다루지 않고 넘어가는 애정을 보여줄 정도였다.

대국 당나라에서 가장 명성이 드높았던 황제가 직접 진두지휘한 대규모 전쟁이었음에도, 바로 앞서 수나라의 황제가 100만 명이 넘는 대군을 동원하고도 대패하고 말았던 실패 원인을 철저히 분석하고 학습하여 본인은 극복할 수 있다고 호언장담했었던 전쟁이었는데도, 3만 명이면 충분하다던 호기로웠던 분석이 이처럼 무용지물이 된 결정적 원인은 과연 무엇이었을까?

이 일련의 전쟁은 오늘날 흔히 앞글자만 따서 '고·당 전쟁'이라고 하거나 혹은 뒷글자를 따서 '여·당 전쟁'으로 약칭하여 부르는데, 이는 전쟁의 명칭으로는 세련미가 떨어진다. 심지어 순서도 고구려가 앞에 있어 자칫 고구려가 전쟁을 일으킨 듯한 뉘앙스까지 주기 때문에 마땅한 명칭은 아닐 듯하다. 동시대의 당나라인들은 이 전쟁을 요동에서 벌어진 전쟁이라고 하여 '요동전쟁(遼東之役)'이라고 불렀다. 마치 6·25 전쟁이 대한민국 영토에서 벌어졌기 때문에 외국인들이 이를 '한국전쟁(the Korean War)'이라고 부르듯이 말이다. 하지만 이것은 타인이 부르는 명칭일 뿐 고구려인들이 붙인 정식 호칭은 아니었다.

참고할 만한 사례가 있다. 서양에서는 프랑스 대혁명 이후 황제의 자리에 오른 나폴레옹(Napoleon Bonaparte, 1769~1821, 재위 1804~1815)이 유럽 열강들과 벌였던 일련의 전쟁을 '나폴레옹 전쟁(Napoleonic Wars, 1803~1815)'이라고 부르는데, 그것은 나폴레옹 한 명의 존재감이 워낙에 컸기 때문에 자연스럽게 그의 이름을 딴 전쟁의 명칭이 정착된 케이스다.

이 글에서는 그러한 명명 방식을 차용하여 연개소문이 고구려군을 이끌고 당나라가 주축이 된 연합군과 치열하게 격전을 벌였던 이 대전을 '연개소문 전쟁'이라고 부르고자 한다. 나폴레옹이 그러했던 것처럼 당시의 최강대국 당나라에서도 허울뿐인 고구려의 태왕이 아닌 막리지 연개소문을 직접 지목하며 전쟁을 수행했을 정도로 그의 존재감은 당시의 동아시아 사회를 줄곧 압도했다. 그런 만큼 그가 당나라군과 벌인 대전을 그의 이름을 빌려 '연개소문 전쟁(Yeon Gaesomun Wars)'이라고 부른다 해도 크게 무리는 없을 것이다.

자, 이제 그가 주도했던 '연개소문 전쟁'의 실체는 어떠했는지 알아보기 위해 그 당시의 고구려 사회로 직접 들어가 보자.

차례

프롤로그 … 004

1. 잔혹한 쿠데타 … 008
2. 그는 누구인가 … 012
3. 고구려의 현재 … 037
4. 연개소문 정권 … 059
5. 폭풍 전야 … 095
6. 전쟁의 시작 … 102
7. 연이은 전쟁 … 168
8. 연개소문의 죽음, 그리고 고구려의 멸망 … 210
9. 남은 후예들 … 241

에필로그 … 260
마치면서 … 263
참고문헌 … 265

1.
잔혹한 쿠데타

641년 가을 9월의 어느 날, 날씨가 점차 추워지면서 겨울이 다가오고 있음이 느껴질 무렵이었다.

동부의 대인이자 불과 몇 달 전 아직 채 서른이 안 된 나이로 대대로(大對盧)라는 최고위직에 오른 젊은 권력자는 서부 국경선으로 천리장성의 감독을 위해 떠나기 전 군대의 사열식을 거행한다는 명목으로 조정의 대신들을 단체로 초청했다.

장소는 평양성 남쪽 넓은 공터였다. 편안하게 사열식을 구경할 수 있도록 연회 장소를 만들어 술과 안주를 성대하게 차려두고 초대한 손님들을 맞이했다. 무언가 찜찜함은 느꼈을지 몰라도 정확한 상황은 다들 전혀 모른 채 대거 연회에 참석했다.

이번 사열식의 사열 대상은 자신의 관할구역인 동부의 병사들이었다. 당연한 이야기지만 이들은 완전무장을 한 상태로 사열식 장소에 도열해 있었다. 병사들이 지닌 무기는 모두 날카롭게 단련되어 있었음은 물론이다.

어느덧 대신들도 대부분 모였고 시간이 흐를수록 점차 분위기도 무

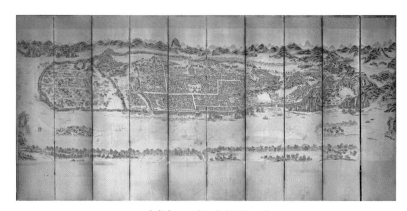

평양성도 국립중앙박물관 소장

르익어갔다. 분위기가 무미건조하지 않도록 연회의 형식을 빌려 음식과 술을 잔뜩 준비한 것이 효과가 있었다. 확실히 술이 돌자 경계심은 점점 눈 녹듯이 사라져 갔다.

이를 지켜보고 있던 젊은 권력자는 어느 순간 신호를 보냈다. 그러자 곧바로 사열 중이던 병사들이 연회장에 뛰어들었다. 이들이 들고 있던 무기는 사열을 위해서가 아니라 살육의 용도였음이 드러났다. 화기애애했던 연회장은 순식간에 180여 명의 피로 붉게 물들어버렸다.

젊은 권력자의 이름은 바로 연개소문(淵蓋蘇文, 614?~664)이었다. 이때 살해당한 이들 중에는 다른 부(部) 소속의 정적들뿐만 아니라 같은 집안 출신이면서도 반(反) 연개소문 집단에 속하는 연거세사(淵渠世斯) 같은 이들도 있었다. 아마도 연거세사는 연개소문 다음으로 동부 대인의 자리를 이을 가능성이 있는 같은 부 내의 경쟁자였을 것이다. 이처럼 소속이나 지위고하를 불문하고 자신에게 반하는 모든 이들이 이번 쿠데타에서 제거의 대상이 되었다.

연개소문의 정적 제거는 여기에 그치지 않았다. 그가 목숨을 걸고 결행한 쿠데타인 만큼 이번 계획은 철저하게 준비되어 있었다. 그는 교란을 위해 일부러 창고에 화재를 내어 사람들의 관심을 돌린 후 준비해둔 말을 타고 군사들을 대동해 곧바로 평양의 내성에 위치한 왕궁으로 달려갔다. 태왕이 최종 목표였던 것이다. 태왕 호위군과의 불가피한 접전을 최소화하기 위해서는 신속함이 생명이었다.

이때 고구려의 제27대 태왕인 영류왕 고건무(高建武, ?~641, 재위 618~641)는 미처 이번 쿠데타에 대한 방비가 되어 있지 않았다. 오히려 조만간 있을 연개소문 제거 계획에 만전을 기울이고 있던 그였다. 그런 만큼 그는 전광석화와도 같은 연개소문의 쿠데타에 속수무책으로 당하고 말았다. 그는 연개소문의 병사들에게 순식간에 생포되었다.

이처럼 최종 목표물까지 손에 넣은 연개소문은 마침내 태왕의 시해를 명했다. 그동안 자신을 눈엣가시로 여기던 영류왕에게는 비극적인 최후였다. 그리고 연개소문은 잔혹하기로 유명했던 그에 대한 세간의 평을 사실로 보여주려는 듯이 여기서 한 걸음 더 나아갔다. 영류왕의 시신은 즉시 여러 토막으로 잘려서 평양성의 도랑에 내버려졌다. 기록에는 없지만 영류왕의 다음 왕위계승권자인 태자 고환권(高桓權, ?~641?)도 이때 목숨을 잃었을 것으로 보인다.

불과 하루 만에 연개소문의 쿠데타는 잔인한 결말과 함께 마무리되었다. 그가 정말로 잔인한 사람이었던 건지, 정적들이 자신에게 덧씌운 잔인하다는 평에 걸맞게 행동한 결과인지는 오늘날 알 수 없다. 다만 그는 자기만의 방식으로 루비콘(Rubicon) 강을 건넌 것이었다. 니콜로 마키아벨리의 말마따나 악을 저지를 때는 한순간의 망설임이나 한 치의 두려움도 허용되어서는 안 된다는 원칙을 그는 잘 지켜냈다.

사실 이번 쿠데타는 영류왕을 비롯해 여러 부의 대인들이 연개소문 제거를 획책하고 있던 것에 앞서 선수를 치는 행동이었다. 이들은 최고의 정적인 연개소문을 물리적으로 제거하고자 극비리에 공동으로 모의를 하고 있었는데, 아무래도 주모자가 여럿이었던 것이 패착이었던 듯하다. 연개소문이 아슬아슬하게 먼저 정적들의 움직임에 대한 첩보를 입수했고, 천연덕스럽게 아무것도 모른다는 듯이 그들이 원하는 대로 서부전선으로 떠나기로 해 놓고 바로 직전에 있는 사열식을 빌미로 역습을 가했던 것이다. 연개소문은 생각뿐만 아니라 행동도 신속했다.

본인도 생명이 위태로운 위기상황 속에서 이처럼 위험천만한 일을 이토록 대범하게 벌인 연개소문은 과연 어떤 인물이었을까?

2.
그는 누구인가

연개소문은 자신의 연(淵)씨 성이 연못을 의미하는 것에 빗대어 스스로 물속에서 태어났다고 자랑스럽게 말하곤 했다. 보통 영웅들에게는 신비로운 탄생신화가 덧붙여지기 마련인데, 고구려 왕가의 시조인 고주몽(朱蒙, 혹은 추모鄒牟, B.C.58~B.C.19, 재위 B.C.37~B.C.19)이 알에서 태어났다는 신화를 가지고 있는 것과 마찬가지였다. 이는 마치 로마시대 율리우스 카이사르(Julius Caesar, B.C.100~B.C.44)가 베누스(Venus) 여신의 후손이라며 평소 자부심을 드러냈던 것과 비슷하다고 보면 될 것이다.

그의 이름은 또 다른 표현으로 연개금(淵蓋金)이라고도 하며, 동시대 당나라에서 그의 성이 초대 황제인 고조 이연(李淵, 566~635, 재위 618~626)의 이름과 같다고 해서 바꿔서 부를 때에도(이를 피휘라고 한다) 뜻을 본따서 비슷한 발음의 샘 천(泉) 자를 사용하기도 했었다. 고로『삼국사기』나 당시의 기록들에서는 연개소문 대신 천개소문으로 그를 부르는 모습이 종종 발견된다.

어쨌거나 '연개소문'은 한자식 발음일 뿐이며, 일본의 고대 역사서인

『일본서기』에 따르면 동시대인들은 그를 '이리카스미(伊梨柯須彌, いりかすみ)'라고 부른 기록이 남아 있다. 고구려 당시의 발음은 『일본서기』의 기록을 신뢰하여 '이리카스미'에 가까웠을 것으로 판단된다. 그 근거는 다음과 같다.

1) 이리 : 고구려어를 전문적으로 연구한 학자들에 따르면 연못에 해당하는 고구려어를 한자로 적으면 '얼(於乙)'이 되고, 이를 고구려식 발음으로 하자면 '어리', '아리', '이리' 등으로 소리 냈을 것으로 파악하고 있다. 즉, 이리카스미의 '이리'는 연(淵)에 해당됨을 쉽게 알 수 있다.

2) 가 : '개'를 일본어에서는 발음할 수 없어서 '가이'로 연음하여 발음하는데, '이' 발음이 약화되거나 축약되어 '가'로만 남게 된 것으로 보인다. 즉, '개'와 '가'는 크게 다르지 않은 발음이었다고 할 수 있다.

3) 수미 : '개금'의 금(金), 곧 '쇠'에 해당하는 고대어는 '수미'였는데, '소문(蘇文)'은 이 '수미'의 고구려식 한자 기록이었다. 비슷한 예로, 후백제 왕 진훤(甄萱, 867~936, 재위 900~935)의 넷째아들의 이름인 '금강(金剛)'을 한자를 달리해 '수미강(須彌康)'이라고도 부르는데, 이는 쇠(金)를 '수미'로 발음했음을 말해준다. 참고로 일본어 발음에서는 '수'와 '스'의 구분이 따로 없다.

이를 종합해보면 '연개소문'의 실제 발음은 당대에 일본인들이 듣고 그대로 적었던 것에 가까웠을 것으로 봐도 크게 무리는 없을 것이다. 다만 오늘날 모두가 연개소문으로 알고 있고 중국과 일본도 모두 연개소문의 한자를 그대로 사용하고 있기 때문에, 이 책에서도 통일성을 위해 그를 기존 호칭대로 연개소문이라고 칭하도록 하겠다.

참고로, 당나라 때의 인물로 '안루샨(An Lushan)'이라고 발음되는 안록산(安祿山, ?~757)의 이름이 고대 마케도니아의 알렉산드로스(Alexandros) 대왕에서 본딴 것이라는 일설이 있듯이, 연개소문의 원 발음인 이리카스미(Iri Kasumi)는 로마 황제 율리우스 카이사르와 연관되어 있지는 않을까 하는 상상도 해볼 수 있다. 공화정의 외피를 두르고는 있지만 원로원이 중심이 되어 사실상 귀족정이었던 로마를 쿠데타를 통해 전복하고 종신독재관에 올라 결국 제정(帝政)으로 가는 길을 열었다는 점에서 그는 연개소문의 이후 정치 경력과 여러모로 닮아 있다. 다만 차이점이라면 후계자를 지명할 때 율리우스 카이사르는 아들이 없어 집안에서 양자를 들여 옥타비아누스, 곧 후대의 아우구스투스(Augustus)에게 권력을 물려주었다면, 연개소문은 아들이 셋이나 있어 그것이 권력다툼의 씨앗이 되었다는 것을 들 수 있겠다.

그의 태어난 해는 명확치 않다. 『삼국유사』에서 인용한, 지금은 전해지지 않는 『고려고기(高麗古記)』에 따르면 그가 마치 614년에 태어난 것처럼 일화를 소개하고 있으나, 허황된 측면이 있어 그대로 믿기에는 조금 석연치 않다. 우선 해당 부분을 살펴보자.

수나라 양제가 612년에 30만 명의 군사를 거느리고 바다를 건너서 쳐들어왔다. 614년 10월에 고구려왕(제36대 영양왕)이 글을 올려 항복을 청하였다. 그때 어떤 한 사람이 몰래 작은 활을 가슴 속에 감추고 표문을 가져

삼국유사 국립중앙박물관 소장

가는 사신을 따라 양제가 탄 배 안에 이르렀다. 양제가 표문을 들고 읽을 때 활을 쏘아 양제의 가슴을 맞혔다. 양제가 군사를 돌이켜 세우려하다가 좌우에게 말하기를, "내가 천하의 주인으로서 작은 나라를 친히정벌하다가 이기지 못했으니 만대의 웃음거리가 되었구나!"라고 하였다.이때 우상(右相) 양명(羊皿)이 아뢰기를, "신이 죽어 고구려의 대신이 되어서 반드시 그 나라를 멸망시켜 황제의 원수를 갚겠습니다"라고 하였다.

양명(羊皿)의 이름을 한자로 조합해보면 연개소문의 가운데 글자인개(蓋)와 비슷하여 만들어진 속설 같다. 마치 신화(myth)와도 같은 이이야기는 당연히 곧이곧대로 믿을 수는 없지만 그래도 그 당시의 정보를 어느 정도는 포함하고 있지 않을까 추측해볼 수는 있다. 예를 들어당대의 사람들이 봤을 때 연개소문이 태어난 해에 우연찮게도 수나라의 양명이란 사람이 죽었다는 사실을 알고는 이 둘을 엮어서 이와 같은 이야기를 지어낸 것일 수도 있으니 말이다. 만약 그렇다면 이 이야기처럼 연개소문의 생년이 614년 근처였을 가능성이 있는 것이다.

다행히 그의 자식들의 출생 연도가 알려져 있어서 이를 간접적으로 확인해볼 수 있다. 그의 첫째아들이 634년생이고 셋째아들이 639년생인 것으로 보아, 만약 연개소문이 당시의 평균인 20세 무렵에 첫 자식을 보았다고 하면 614년 무렵이 맞을 수 있다. 이야기의 내용 자체는 물론 허구이겠지만 간접적으로 우연찮게 어느 정도는 사실을 반영하고 있다고 할 수 있는 측면이다.

더욱이 장남이 그의 뒤를 이어 막리지에 오르게 되는 것이 28세 되던 해인데, 혹여나 연개소문 자신이 641년 쿠데타를 통해 막리지가 된 것이 28세 때의 일이어서 그렇게 의도적으로 아들의 재임 나이를 맞춘 것이라고 한다면, 역산해보면 연개소문이 태어난 해는 614년이 된다.

어떻게 보아도 그의 출생은 614년이었을 가능성이 매우 높다. 따라서 여기서는 그의 행적을 쉽게 이해할 수 있도록 잠정적으로 그가 614년에 태어난 것으로 보고 풀어나가도록 하겠다.

그의 어린 시절은 어땠을까? 안타깝게도 이를 확인할 수 있는 기록은 전혀 없다. 단재 신채호(申采浩, 1880~1936)는 그의 불후의 명작 『조선상고사』에서 '규염객전'과 '갓쉰동전'을 인용하면서 이들의 사료적 가치를 높게 사서 연개소문이 어린 시절에 중국을 여행했던 이야기를 사실로 받아들였지만, 이는 역사적 사실로 보기에는 내용이 너무나 신화에 가깝기 때문에 현실성이 매우 떨어진다는 문제가 있다.

단재 신채호 위키피디아

이를 사실로 인식하려면 이와 비슷하게 역사적 배경을 갖춘 또 다른 허구인 중국의 경극도 믿을 수 있어야 할 텐데, 그렇다면 악당 연개소문을 물리치는 영웅 설인귀의 스토리도 역사적 실체를 반영한 것이라고 믿어야 할 것인가 하는 문제가 있다. 소설이 아무리 일부 사실을 반영하고 있다 할지라도 대중의 희망 섞인 기대로 가필되고 곡필된 부분이 허다하므로 이를 그대로 사실이라고 받아들이는 것은 조심할 필요가 있다.

그저 우리가 알 수 있는 사실은 그가 아버지의 뒤를 이어 자리를 물려받을 때 주변 사람들이 그를 잔인하고 포악하다고 평가했다는 것뿐이다. 그에 대한 부분을 한 번 살펴보자. 그에 대한 동시대의 평가를 알아보기 위해 당대의 자료들을 살펴보면 외모에 대한 칭찬을 제외하면 부정적인 평가 일색이다.

삼국사기 문화재청

제왕운기 문화재청

〈삼국사기〉

스스로 물속에서 태어났다고 하여 대중을 현혹하였다. 외모가 뛰어나고 늠름했으며, 적극적이고 호방하였다. 아버지인 동부 대인 대대로가 죽자 연개소문은 마땅히 그 지위를 계승하고자 하였지만, 나랏사람들이 성격이 잔인하고 포악하다고 생각하고 그를 미워하였으므로 그 지위에 오를 수 없었다. 연개소문은 머리를 조아리며 여러 사람들에게 사죄하였고, 관직에 나갈 수 있도록 부탁하였으며, 잘못된 점이 있으면 비록 쫓아내더라도 후회하지 않겠다고 하였다. 여러 사람들은 그를 애처롭게 여기고, 마침내 지위를 계승할 수 있도록 허락하였다. 그러나 흉악하고 잔인하였으며 도리를 지키지 않았다.

〈제왕운기〉

연개소문이 때를 잘 만나 등용되어
아첨의 자세와 교묘한 말로 권신이 되었더니
간사하게도 손바닥 위에서 국정을 농간하고
일을 할 때는 제멋대로 선량한 신하를 죽였네
매양 권세를 악용하여 더욱 포악해지니
백성은 도탄에 빠지고 나라의 토대는 흔들리는데

〈구당서〉

수염과 얼굴이 매우 준수하고, 용모가 아주 걸출하였다. 몸에는 다섯 자루의 칼을 차고 다니는데, 주위 사람들이 감히 쳐다볼 수 없었다. 언제나 그의 하인(官屬)을 땅에 엎드리게 하여 이를 밟고 말에 타며, 말에서 내릴 때도 마찬가지이다. 외출할 적에는 반에는 반드시 의장대를 앞세우고, 선두에 선 사람이 큰 소리로 행인들을 비키라고 하는데, 백성들은 두려워 피하여 모두 스스로 도랑으로 뛰어들었다.

〈신당서〉

자신이 물 속에서 태어났다고 하여 사람을 현혹시켰다. 성질이 잔인하고 난폭하다. 용모가 걸출하고 준수하며, 수염이 아름다웠다. 관복(冠服)은 모두 금으로 장식하였다. 다섯 자루의 칼을 차고 다니는데, 주위 사람들이 감히 쳐다볼 수 없었다. 귀족(貴人)을 시켜 땅에 엎드리게 한 다음에 밟고 말을 타며, 출입할 때는 군사를 벌려놓고, 큰 소리로 행인들을 엄격히 금하므로, 길 가는 사람들이 두려워 도망하여 도랑에 뛰어들기까지 한다.

〈고려도경〉

"당 태종 때에는 동부 대인 연개소문이 잔학하고 무도하므로, 태종이 친히 정벌하여 위엄을 요동에 떨쳤다."

〈유인원 기공비〉

고구려의 역신 연개소문만이 홀로 딴 마음을 품고서 망명한 사람들을 한데 모으고 간사한 자들을 불러들여, 왕을 가두고 병사를 선동하여 난을 일으켜서는 수없이 많은 무리를 이끌고 감히 황제의 군대에 대항하였다.

이렇게 공통적으로 그의 성격을 지적하는 것을 보면 아니 땐 굴뚝에 연기가 나지는 않았을 것 같다. 다만 여기서 유의할 것은 이것들은 모두 그의 정적들의 증언이라는 점이다. 순박한 이에게 억지로 잔인하다는 성격을 덧씌우기는 어렵겠지만, 강직하고 단호한 성격의 소유자에게 잔인하고 포악했다는 프레임을 씌우기는 쉬웠을 것이다.

당유인원기공비 문화재청

당유인원비 탑본
국립중앙박물관 소장

    그래서 유일하게 그의 성격에 대해 긍정적으로 묘사한 『삼국사기』의 "적극적이고 호방했다(意氣豪逸)"는 것은 소중한 진술이다. 잔인하고 포악했다는 것이 반드시 물리적으로 사람들을 죽이거나 혹사시켰다는 뜻으로만 해석되는 것은 아니다. 매사에 적극적인 자세와 압도하는 카리스마, 그리고 강한 추진력 때문에 주위 사람들이 피해를 입어 잔인하다는 평이 덧붙여졌을 가능성이 있고, 호방한 성격 탓에 주변 눈치를 안 보고 자신의 의견을 강하게 주장하고 관철시키려고 밀어붙였던 까닭에 나쁘게 표현하면 난폭하다는 이야기를 듣게 되었던 것일 수도 있기 때문이다.

그리고 잔인하고 포악하다는 평가가 꼭 나쁘게만 받아들여지지는 않는다. 유럽 르네상스 시기 로마냐의 지배자이자 이탈리아 통일을 위해 동분서주했던 체사레 보르자(Cesare Borgia, 1475~1507)도 마찬가지로 냉혹하고 무자비한 성격으로 유명했는데, 니콜로 마키아벨리는 오히려 그런 성격으로 인해 그가 성공적으로 자신의 뜻을 관철시켜 나갈 수 있었다고 높게 평가하기도 했었다.

결국 그의 성격에 대한 지적들은 대부분 정적들의 악의적인 평일 가능성이 높다고 판단된다. 당나라 역사서에 기재된 대로 하나하나 따져 보면 실제로도 그러한 평가가 과장된 것임을 알 수 있다.

1) 다섯 자루의 칼 휴대

당나라 때의 책인 『한원(翰苑)』에 따르면 고구려인들은 "허리에 은띠를 띠고 왼쪽에 숫돌을 차고 그리고 오른쪽에 오자도(五子刀)를 찼다"고 하는데, 그렇다면 꼭 연개소문만이 아니라 고구려인들의 일반적인 특성을 침소봉대한 것임을 알 수 있다. 심지어 칼만 다섯 개가 아니라 그 칼을 보수하기 위한 숫돌까지 지참했다는 것을 보면 오히려 고구려인들이 가진 무인으로서의 기상이 느껴질 정도이다.

더불어 그는 아버지 연태조처럼 금속제련 기술이 뛰어났고 특히 활을 잘 쏘았다고 하는데, 아들인 연남생이나 손자 연헌성 역시 활에 능했다고 하니 집안 내력으로 보인다. 고구려의 시조 주몽부터 조선왕조의 개창자 이성계까지 쭉 내려오는 동아시아 명궁의 중간계보에는 충분히 들지 않을까 싶다. 칼뿐만 아니라 활까지 잘 다루었다는 것은 그의 단점이 아니라 강점임에 틀림없다.

2) 말을 타고 내릴 때 하인 등 밟기

오늘날에는 이해할 수 없는 행동이지만, 이 또한 당시 왕족이든 귀족이든 최고위층에서는 일반적인 일이었다. 오히려 원래는 하인(官屬)이 등을 대주었다고 되어 있었는데, 후대의 기록에서는 악의적으로 귀족(貴人)이나 무장으로 그 역할이 바뀐 정황도 포착된다. 의도적인 곡필로 의심되는 부분이다.

3) 이동 시 행인들이 길을 피한 것

이를 벽제(辟除)라고 하는데, 이는 사실 고대부터 근세에 이르기까지 보편적으로 있던 위계를 강조하는 낡은 문화였다. 예를 들어 한참 후대인 조선시대에도 가금법(呵禁法)이라고 하여 지위가 높은 사람이 행차할 때 위엄을 세우기 위해 큰소리로 외치면서 앞길을 치우는 제도가 있었는데, 수행원이 앞서서 일반인들의 통행을 못하게 소리를 내었고 이를 들은 행인들은 길을 멈추고 앉은 사람은 서며 말 탄 사람은 내리고 행차하는 길을 가로지르지 못했다고 한다.

심지어 동시대의 당나라에도 이런 문화는 존재했다. 대표적으로 조정의 고위관직자라 할지라도 길에서 친왕, 즉 황제의 자식을 만나게 되면 말에서 내려 인사를 하는 것이 법규였다. 황제도 아니고 태자도 아닌 그저 한 명의 왕자한테도 그랬다. 고위관직에 있는 귀족의 대응이 이럴 진대 일반 백성들은 오죽했겠나 싶다. 따라서 연개소문만의 문제가 아니라 고대사회의 보편적인 귀족문화였다고 보는 편이 타당할 것이다.

그리고 그의 외모는 뛰어나고 늠름했다고 하는데, 이런 칭찬은 당나라 역사서에서 반복해서 나타나는 걸 보니 실제로도 빼어난 인물이었던 모양이다. 성격에 대해서는 비난 일색이던 적국의 사신들이 긍정적으로 평할 정도면 믿어도 될 듯하다. 게다가 그의 수염에 대한 묘사는 마치 『삼국지』의 관우를 연상시킨다. 아마도 꽤 잘 생긴 남자였음에는 틀림이 없을 것이다.

이런 그와 당대에 비교할 만한 이로는 후대에 신라의 태종 무열왕이 되는 김춘추(金春秋, 603~661, 재위 654~661) 정도밖에 없었다. 나이로 봐서는 연개소문보다 김춘추가 10살 정도 형뻘이 될 텐데, 김춘추가 외교를 위해 활동했던 시점이 40대였음을 감안해 보면 그 나이에도 김춘추의 외모 칭찬이 빈번했을 정도였으니 외모로는 김춘추가 연개소문을 능가하지 않았을까 짐작해볼 수 있겠다. 당대의 두 영웅인 김춘추와 연개소문은 직접 만난 일이 있으니 따로 다루게 될 것이다.

그의 성장배경은 정확히 알 수 없지만 살던 지역은 알려져 있다. 『성경통지』를 인용한 『동사강목』에는 다음과 같은 기록이 실려 있다.

개소둔(盖蘇屯) : 연개소문이 살던 곳인데, 지금의 해성(海城) 북쪽 30리에 있다.

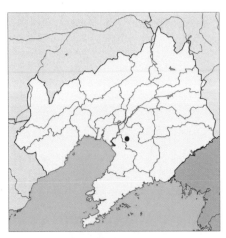

해성(하이청) 위키피디아

　이처럼 그가 태어난 곳은 밝혀지지 않았어도 살았던 곳은 다행히 알 수 있다. 일부 지역의 구전설화에 따르면 연개소문이 강화도 태생이라는 이야기도 있지만 이를 입증해줄 만한 근거는 전혀 없다. 오히려 이곳 해성이 그가 태어난 곳일 수도 있으나, 그의 아들이 출신을 말할 때 '요동군 평양성 사람'이라고 한 것을 보면 태어난 곳보다는 생활지역을 말하는 것이 맞을 듯하다.

　아마도 그는 대당 전쟁의 수행과 국경 지대에서의 국방을 진두지휘하기 위해 몸소 가장 위험한 지역에 가서 상주했던 것이 아닐까? 그것이 그를 당나라 사람들이 서부 소속으로 종종 잘못 기록하게 된 까닭일 수도 있다.

　그럼 이제 그의 가족들도 살펴보자.

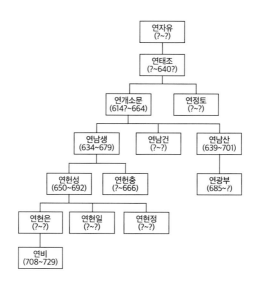

연개소문 가계도

우선 할아버지 연자유(淵子遊)와 아버지 연태조(淵太祚)는 모두 막리지(莫離支) 겸 대대로(大對盧)를 역임했으며 고구려의 명문 귀족 출신이었다. 아들 연남생과 손자 연헌성 때의 기록에 따르면 이미 연태조 때부터 막리지로서 병권을 쥐고 국정을 좌지우지할 정도로 권력의 핵심을 차지하고 있었다고 한다. 그는 당시 출신지인 동부뿐만 아니라 5부의 위에 있었다는 평이다. 이는 막리지 및 대대로가 5부를 넘어서는 태왕 아래의 최고 권력자였음을 말해주는 것이다. 특히 연태조와 연개소문 대에 "계루(桂婁)의 성업(盛業)이 뚜렷이 바뀌었다"는 표현이 나오는데 이는 곧 연개소문 전부터 이미 그의 가문이 고구려의 권력 핵심에 등장했고 연개소문 대에 이르러 태왕의 가문인 계루부를 뛰어넘어 권력의 정점에 올라섰음을 의미하는 것이다. 이때부터 태왕은 그나마 있던 권한마저 모두 잃고 여타 귀족들의 기득권은 모두 붕괴되었으며 사실상 연개소문만 오로지 국정을 보는 중앙집권적 입헌군주제가 시작된 셈이었다.

또 다른 아들 연남산의 기록까지 함께 본다면, 연개소문의 증조할아버지는 이름은 모르지만 중리(中裏, 아마도 중리위두대형일 듯)까지 올랐었고 할아버지 때에 중리를 거쳐 최종적으로는 대대로를 역임했던 것이 확인되기 때문에, 연개소문 집안이 고구려 사회에서 최고위직을 차지하기 시작한 것은 아주 오래전부터가 아니라 바로 할아버지 연자유 때부터였던 것으로 이해할 수 있다. 실제로 고구려 말기의 실존인물인 고자(高慈, 665~697)의 묘지명에 따르면, 연자유 이전의 막리지는 고자의 증조부인 고무(高武)였던 것으로 보이며 그의 할아버지 고양(高量) 때는 그보다 한 등급 아래인 위두대형(位頭大兄)을 역임했다고 한다. 즉, 왕족과 별개인 이들 귀족 고씨 가문을 대체하여 연씨 가문이 연자유 이후로 줄곧 막리지에 오른 것으로 이해할 수 있는 것이다.

연개소문은 그런 절대권력자였던 아버지의 뒤를 이을 제1순위 후계자였기 때문에 특히 다른 부들의 반대가 거셌던 것이었고, 이를 극복함으로써 아버지의 권력을 그대로 계승하여 고구려의 최고위직인 대대로가 될 수 있었다.

이쯤에서 연개소문은 과연 막리지였던 것인지 대대로였던 것인지 정리를 한 번 하고 넘어가도록 하겠다. 고구려의 관등제는 사실 매우 불분명한데 각 기록마다 차이가 있어서 정확히 알 수는 없는 상황이지만, 현재로서는 토졸(吐捽)이라고도 부르는 대대로가 1등급, 막리지와 거의 발음이 비슷한 막하하라지(莫何何羅支)라고 이칭되는 태대형(太大兄)이 2등급, (중리)위두대형이 3등급임은 거의 틀림없는 것 같다. 연개소문의 아들 연남생의 경우 태대막리지였지만 당나라 망명 후 받은 직급이 "예전처럼 태대형"이라고 했던 것도 막리지가 1등급이 아니라 2등급인 태대형과 같은 급임을 간접적으로 입증해 주며, 앞서 언급했던 고자의 선조들에 관한 기록에서 막리지는 2등급, 위두대형은 3등급이라고 명시된 것 또한 그 증거가 될 것이다.

그렇다면 왜 최고등급인 대대로였던 연개소문을 우리는 그저 2등급인 막리지라고 더 많이 알고 있을까? 우선 막리지와 대대로 모두 직급이면서 직책으로 표현된다는 점을 유의해야 한다. 고구려의 관등제는 동시대인 당나라에서 관찰했던 기록을 참고할 수밖에 없는데, 당나라 사람들은 고구려의 직급과 직책을 혼동하여 들은 그대로 기록하다 보니 이들이 마구 섞였을 수 있다. 혹은 고구려 사회에서는 직급과 직책이 큰 구분 없이 자연스럽게 혼용되어 사용되었을 가능성도 있다.

비슷한 사례로, 고구려의 역사에서 연나부 출신으로 제7대 차대왕을 폐위시킨 조의(皂衣) 명림답부(明臨荅夫, 67?~179)의 경우 후대의 대대로, 즉 총리 내지 수상에 해당되는 국상(國相)으로 오르면서 별도로 직위를 패자로 높인 사례나, 남부 출신으로 제14대 봉상왕을 폐위시킨 창조리(倉助利, ?~?) 역시 대사자(大使者)에서 국상이 되면서 직위를 대주부(大主簿)로 올려주었다는 기록을 참고해보면, 이전 시대의 국상과 같은 대대로라는 최고위직은 그 아래 등급에서도 겸직이 가능했던 것 같다.

굳이 정리해보자면, 대대로는 가장 높은 직급인 1등급이 취임할 수 있는 고구려의 최고관직으로 당시의 표현으로는 시중(侍中)에 비견되는, 즉 오늘날로 치면 국무총리와 같은 자리였고, 막리지는 그보다 아래인 2등급이 역임 가능한 자리인데 담당 업무가 군사와 기획이라는 가장 핵심이 되는 장관직이었던 것이다. 곧 이 둘을 동시에 맡는다는 것은 대대로가 가지는 권위, 명예와 함께 막리지가 가지는 군사권과 명령권이라는 실질적 권력을 한 번에 가졌음을 의미한다. 그 중에 핵심은 역시 권력이 집중되어 있는 막리지였던 것으로 보인다. 오늘날 대한민국에서도 국무총리보다 기획재정부 장관이 더 실세임을 누구나 알고 있듯이 말이다. 그래서 그 당시부터 많은 사람들이 연개소문을 막리지로 불러왔고, 우리 또한 그 영향으로 그를 막리지로 흔히 알고 있는 것이다.

연개소문은 쿠데타 직후 처음에는 막리지라는 2등급 직위에 올라 권력을 장악했다. 또한 얼마 후에는 기존 최고위직인 대대로보다도 더 높은 '태대대로'라는 직책을 신설하여 스스로 취임했으며, 막리지라는 직위조차도 더 격상시켜 '태대막리지'라는 고구려 역사상 유래가 없는 최고직급을 새롭게 만들어 취임했다. 그로써 기존 권력의 상징인 '막리지'를 자신의 아래에 두는 초유의 권한을 행사한 것으로 보인다. 그는 심지어 보장왕의 둘째아들인 고임무(高任武)를 비롯해 첫째아들 연남생을 '막리지'로 임명하여 자신의 아래에 두었고, 그의 사후에는 아들들이 차례대로 '태대막리지'로 오르는 것으로 이를 미루어 짐작할 수가 있다. 연남생의 표현을 빌자면 태대막리지는 "군사와 국정을 총괄하는 재상이자 군 원수"였다.

출처별 실제 사례

출처	? (증조부)	연자유 (조부)	연태조 (부친)	연개소문	연남생	연남건	연남산
삼국사기			대대로	막리지, 태대대로		막리지	
구당서, 신당서				막리지			
연남생 묘지명		막리지	막리지	태대대로	막리지 → 태막리지		
연헌성 묘지명			막리지	태대대로	태대막리지		
연남산 묘지명	중리 (위두대형?)	중리 (위두대형?)	(대)대로	(대)대로			태대막리지

고로 당나라 역사서들은 연개소문을 주로 그의 직급인 막리지라고 부르고 『삼국사기』에서 간혹 그의 직책을 부를 때 태대대로라고 덧붙이는 것을 참고해보면, 그의 재임 기간 동안 공식 직함은 태대대로였고 직급 기준으로는 신설한 태대막리지였다고 보아도 무방할 것이다. 그럼 이제부터는 이러한 사실들을 염두에 두고 연개소문을 부를 때에는 일반적으로 많이 불리는 막리지로 약칭하도록 할 테니 참고하면 되겠다.

고구려의 직급 체계

고구려의 관등은 완벽하게 밝혀져 있지 않다. 내부자료가 아닌 외부에서 고구려를 바라보고 기록한 자료만이 여기저기 불완전하게 남아 있을 뿐이다. 많이들 참고하는 『삼국사기』조차도 고구려의 관등 체계를 명확히 파악하지 못하고 이곳저곳에 기록된 것들을 그냥 모아둔 수준이다. 심지어 고구려의 관료 등급이 총 몇 등급까지 있었는지조차도 불분명한 상황이다. 결국 오늘날 당시의 고구려 관료 사회를 제대로 들여다볼 수 있는 방법은 없다는 점이 안타까울 따름이다. 그나마 대략적인 모습이라도 알 수 있는 것은 일본에만 유일하게 전해지고 있는 당나라 시대의 『한원(翰苑)』이라는 책과 그 당시에 사망했던 주요 인물들의 묘지명들이 일부 남아 있기 때문이다.

우선 약간의 오류 가능성을 안고 당대의 묘지명으로 밝혀진 내용만 가지고 고구려의 관등을 1차적으로 복원해보자면 다음과 같다.

① 1품, 미상
② 막리지=태대형(2품)
③ 위두대형(3품)
④ 대형
⑤ 소형

묘지명만으로는 1품의 존재가 드러나지 않는데, 그 다음의 막리지가 2품이고 위두대형이 3품이라는 것은 확실하다. 연개소문의 아들들이 진급한 케이스를 살펴보면 위두대형이 되기 전 순차적으로 선인, 소형,

대형을 거치는데, 선인은 일종의 '신입'에 해당되는 등급이어서 잠시 제외해두고, 소형→대형→위두대형→막리지(=태대형)의 순서로 진급한것을 알 수 있다.

이들은 우선 직책이 아니라 직급일 것으로 짐작되는데, 당대의 평양성 인근에서 발견된 석각들에 나오는 인물들에 대한 표현을 보면 '백두 상위사자', '소형 백두' 등이 나온다. 백두(白頭)는 관직이 없음을 의미하므로 직급은 상위사자 혹은 소형이지만 아직 관직을 얻지 못한 사람임을 알 수 있는 것이다. 이는 소형이나 상위사자가 모두 직급임을 자연스럽게 말해준다.

그리고 소형에서 대형이 된 연남산이 오졸 사자, 예속, 선인의 권한을 분장했다는 것을 보면 대형보다 아래에 이들 직급들이 있었다는 것도 밝혀진다. 이는『수서』,『북사』,『주서』와 같은 중국 측 역사서에서도 이 순서대로 나타나는 것으로 쉽게 검증이 된다.

고구려 평양성 석편 문화재청

이렇게 정리한 것으로 끝나면 참 마음 편하겠지만, 당나라의 경우 같은 품 안에서 정(正)과 종(從)의 우선순위가 있고, 상(上)과 하(下)의 구

분이 있는데, 고구려도 마찬가지였던 것으로 보인다. 방금 본 형(兄)이 들어간 직급들도 그렇지만, 사자(使者) 계열의 소사자, 상위사자, 대사자, 태대사자(대부사자) 등도 존재한다. 아마도 크게 이 두 계열로 고구려 사회는 구분이 되었던 것 같다. 참고로 사자는 상(相)으로 표기되기도 하는데, 일본어에서 상(相)을 모습, 모양을 뜻할 때 '사가(さが)'라고 발음하기도 한다는 점이 연상된다.

또 고대 고구려어로 보이는 이름들도 동시에 나타나는데, 많이 봐온 막리지뿐만 아니라 토졸, 울절, 오졸, 과절같은 '졸'이나 '절'이 들어간 것 혹은 의사사(의후사), 예속, 이소, 욕사처럼 형태는 조금 다르지만 'ㅇ+ㅅ'의 패턴이 나타나는 단어들이 그런 부류에 속한다. 아직 이에 대한 정밀한 분석은 없었지만, 추정컨대 고대 고구려어에서 숫자를 나타내는 단어가 아닌가 싶다. 즉, 몇 급이라는 것은 순수 고구려어로 표현되고, 그에 맞춰 형과 사자의 두 계열로 직급들의 명칭이 부여된 것으로 가정해볼 수 있다.

고구려어가 일본어와 많이 닮아 있다는 것은 잘 알려진 사실이다. 이를테면 숫자 3의 일본어 서수의 어간 '밋(みつ)'에 해당되는 고구려어는 '미르'이고, 숫자 5의 일본어 '이즈(いつ)'에 대응되는 고구려어는 '유스'이며, 숫자 7의 일본어 '나나(なな)'에 상응되는 고구려어는 '나난'이다. 이를 바탕으로 한 번 고구려 관직 체계에 나타나는 순수 고구려어를 등급에 해당하는 숫자로 배정하고, 각각 형과 사자 계열의 직급들을 『한원』, 『삼국사기』 등 기존 역사서와 묘지명에 나오는 설명대로 적절히 배열해보면 다음과 같다.

등급	고구려어 추정 (일본어 서수 발음)	형(兄) 계열	사자(使者) 계열
1	토졸((히)토즈)	대대로	
2	울절, (막하)하라지 (훗즈, 후타즈)	막리지=태대형	주부(主簿)
3	위두, 미르, 알사(?)(밋즈) ※ 독어 mit = 영어 with	(중리)조의두대형=위두대형	태대사자=대부사자
4	대사(?)(용)		대사자
5	의사사/의후사/유사/힐지(?) (이즈즈, 잇즈)	(중리)대형	발위사자
6	오졸, 을지(뭇즈)		상위사자
7	나난, 실지(?)(나나즈)	(중리)소형	
8	예속, 이소, 욕사 (얏즈, 요오)	제형	소사자
9	과절(코코노즈)	선인(先人)	
-	불(과)절	자위(自位)	

이 역시 정확하다고 볼 수는 없지만 인물들의 직급이 나올 때 참고할 정도는 될 것이다. 이상과 같이 자위라는 실체가 불분명한 최하위 직급을 제외하면 총 13개 정도로 등급 이름이 정리되는데, 연남산의 묘지명에서도 나타나는 "13등의 반차(班次)", 즉, 13개의 품계 내지 등급이라는 표현과 비교해보면 대략 맞을 듯하다. 참고로 자위는 신입 혹은 아직 등급이 없는 지위를 지칭하는 것이 아닐까 싶다.

이중에서 최고등급인 대대로는 태왕이 임명하는 것이 아니라 5부가 서로 경쟁을 통해 쟁취하는 일종의 선출직이었는데, 3년 임기에 업무 평가가 좋을 경우 연임할 수 있는 조건이 되었다. 즉 대대로는 단순히 최고직급이라는 존재라기보다 정확히는 오늘날 수상이나 총리에 해당되는 직책을 포괄하는 지위였다고 해석된다. 그래서 막리지라는 최고 직위에 올라 또 대대로를 겸할 수가 있었던 것이다.

그리고 조의두대형, 즉 위두대형 등 3등급 이상의 고위직급자들이 국정에 대한 전반적인 의사결정을 담당하는 중요한 자리로 여겨졌다. 실제로 막리지에 오르기 바로 직전의 위두대형부터 장군(대모달)직을 맡게 되며 국정운영에도 깊숙이 관여하게 된다.

위두대형, 대형, 소형의 경우에는 앞에 '중리(中裏)'라는 접두어가 붙기도 하는데, 정확한 의미는 현재 알 수는 없다. 다만 연개소문 집안에서만 이 중리라는 표현이 사용되었던 사례가 발견되는 것으로 보아 일반적인 직급이 아닌 무언가 차별화된 우대직급이 아니었을까 짐작만 해 볼 뿐이다.

관직으로는 국자박사(國子博士), 대학박사(大學博士), 사인통사(舍人通事), 전서객(典書客)이 있는데, 모두 소형 이상으로 임명했다고 한다. 또 고추가(古鄒加)는 외국 손님을 영접하는 역할이었는데, 대부사자(=태대사자)가 임명되었다.

지방관직도 비슷하게 정리해볼 수 있다.

① 욕살(褥薩) : 5부 및 대규모 성의 장관, 한자식으로 군주(軍主)라고도 함(당나라의 도독)
② 처려근지(처려구) : 중간 규모의 성의장관, 혹은 도사라고도 함(당나라의 자사)
③ 가라달 : 소규모 성의 장관 내지 다른 장관의 차관급(당나라의 장사)
④ 루초 : 하급 관리(당나라의 현령)

끝으로 무관직 역시 정리해보면 다음과 같다.

① 대모달 : 조의두대형(=위두대형) 이상을 임명, 일명 막하라수지(당나라의 위장군)

② 말객(혹은 말약) : 대형 이상을 임명(당나라의 중랑장)

※ 참고자료 :『한원(翰苑)』,『통전(通典)』,『수서』,『북사』,『주서』,『구당서』,『신당서』,『삼국사기』,『해동역사』, 연남산 묘지명, 고자 묘지명

　그의 아내는 어떤 사람이었을까? 첫째 아들이 634년에 태어난 것을 보면 최소한 633년에는 결혼했을 것으로 보이는데, 이 당시는 연개소문의 나이 20세 무렵이었으니 아내는 아마도 10대 후반이었을 것으로 추정된다. 그녀에 대해서는 연개소문보다 더 오래 살았다는 것만 알 수 있을 뿐 이름조차 알려져 있지는 않지만, 그녀의 성격을 알 수 있는 작은 일화가 전해져 내려온다.

　679년 1월 29일, 첫째 아들 연남생이 불과 46세의 나이로 사망했을 때 손자 연헌성이 아버지의 죽음을 너무도 슬퍼하며 식음을 전폐했고, 그녀가 여러 차례 식사를 할 것을 권했지만 손자가 따를 생각을 하지 않자 그녀 스스로 단식을 선택했다. 이에 연헌성도 할머니를 생각해 조금씩 음식을 먹기 시작했는데 그것이 자신을 위한 자애로운 행동이었음을 나중에 깨달았다는 이야기다.

　현명했던 그녀 역시 682년에 결국 세상을 떠났는데, 아마도 연개소문과 나이 차이가 많이 나지 않았다면 사망 시 나이는 60대 중반쯤

되었을 것으로 짐작된다.

연개소문의 형제자매에 관한 정보 역시 턱없이 부족한데, 그의 동생 연정토(淵淨土, ?~?)만은 유일하게 알려져 있다. 연개소문은 쿠데타를 전후한 시점에 보장왕과의 끈끈한 관계를 엮기 위해 연정토를 보장왕의 딸에게 장가보내는 일종의 혼인동맹을 맺었고, 이는 실제로도 보장왕의 배신을 막는 역할을 했다. 연정토의 아들은 고구려 패망기에 이름을 남기게 되는 안승(安勝, 혹은 안순安舜, ?~?)이다.

참고로 만주지역에서 접하게 되는 전설에 따르면 연개수영이라는 이름의 여동생도 있었던 것으로 전해지고 있으나, '개'라는 이름이 돌림자가 아니었던 것은 연정토를 통해 이미 본 바대로여서 아마도 허구의 인물일 것으로 여겨진다.

연개소문의 자녀는 634년에 태어난 첫째 아들 연남생, 그 다음 둘째 아들 연남건, 그리고 639년생인 막내 아들 연남산까지 세 명이었다. 딸의 존재는 알려져 있지 않다. 장남 연남생의 아들은 651년생 연헌성과 동생으로 보이는 연헌충 형제로 알려져 있는데, 다른 두 아들들도 나이를 보면 아마도 각자 자식이 있었을 만도 하지만 기록으로는 남아있지 않다. 연정토 및 자식들에 대해서는 나중에 상세히 다루도록 하겠다.

3.
고구려의 현재

연개소문이 정계에 등장하기 전 고구려 사회의 현실은 어떠했을까?

당시는 제27대 영류왕 고건무의 치세였다. 그는 동아시아 최대의 전쟁이었던 수나라와의 전쟁을 이겨낸 제26대 영양왕 고대원(高大元, ?~618, 재위 590~618)의 이복동생이었다. 사실 그는 수나라와의 전쟁 당시 을지문덕이 살수대첩을 벌이기 직전 내호아(來護兒)의 해군이 서해안을 건너 패수(浿水)를 통과해 평양성까지 진군해왔을 때 불과 500명의 결사대로 탁월한 기습공격을 벌여 정예병사 4만 명에 대승을 거둔 전쟁영웅이었다. 단재 신채호의 평가대로, 우리는 을지문덕만 알 뿐 영류왕의 공적은 잘 모르지만 사실 그가 수나라 해군의 침공을 전격적으로 섬멸한 덕분에 그 직후에 을지문덕의 살수대첩이 가능했던 것이므로, 만일 전공의 등급을 매긴다면 영류왕이 을지문덕보다 높았을지도 모를 일이다.

하지만 그는 형인 영양왕과는 어머니가 다른 동생이었다. 오히려 그보다 동생인 고대양(高大陽, ?~641)의 이름 글자가 맏형과 같은 대(大)를 쓴 것을 보면 어머니가 같았을 것으로 여겨진다. 보통은 전임 태왕은 자신의 임기 중에 차기 왕위계승권자인 태자(太子)를 지명하게 되는데, 영양왕은 태자를 선정하지 않았다. 불임이거나 딸만 있었을 가능성도 없지 않지만, 영양왕이 29년간이나 재위한 것을 감안하면 왕위를 물려줄 자식이 있었을 만도 하다. 어쨌든 형제계승이 공식적으로 존재하던 당시인데도 다음 왕위계승을 준비하기 위한 아무런 움직임도 보이지 않은 것은 조금 의문이다.

혹 그의 왕위 계승에 이복동생이라는 점 때문에 고구려 사회에서 반대가 있었던 것은 아니었을까? 아무리 전쟁영웅이라 할지라도 혈통을 중시하는 고대사회에서 정식 왕후의 자식이 아니라는 점은 아무래도 그에게 치명적인 결점이 되었을 것이고, 영양왕도 그런 상황에서 자신의 이복동생을 차기 태왕으로 임명하기가 아무래도 정치적으로 부담이 되었을 가능성이 크다.

영류왕은 영양왕의 뒤를 이어 태왕이 되는 데에는 성공했지만 귀족층 내에서는 심정적으로 인정을 못 받는 입장이었고, 그래서 이런 자신의 취약한 정통성 이슈를 타개하기 위해 대외적으로 왕위를 인정받는 길을 택한 것으로 보인다. 그의 즉위 초기 일방적인 대당 외교의 구애 작업이 이를 말해준다. 그래서 그는 왕위에 오른 뒤 과거 경력에 기반한 세간의 기대와는 달리, 호전적인 주전파가 아니라 굳이 분류해보자면 평화를 주창하는 주화파의 길을 걷게 된다. 몇 가지 주목할 만한 사실들만 우선 살펴보자.

622년에 전격적으로 그동안 고구려에 붙잡혀 있던 수나라 전쟁포로 1만여 명을 당나라로 돌려보냈다. 이는 당 고조의 제안에 따라 이루어진 상호 포로 교환의 형식이었다. 일종의 전쟁 종결에 대한 선언으로 해석할 여지가 있는 부분이다. 양국 간 평화에 대한 열망이 이 당시만 해도 있었던 것이다. 유의할 점은 일방적으로 고구려에서만 수나라의 전쟁포로를 석방한 것이 아니라, 양국이 상호 간에 포로를 교환했다는 점이다. 영류왕이 저자세 외교를 했다는 세간의 평과는 거리가 먼 협상인 셈이다.

624년에는 당 고조가 고구려의 요청에 따라 당나라의 역법, 즉 달력 체계를 보내주면서 동시에 도교 전문가인 도사(道士)를 고구려에 파견해 노자의 모습을 조각한 천존상(天尊像)을 선물하고 노자의 경전인『도덕경(道德經)』을 강의하도록 했는데, 이때 이 강의를 영류왕이 사람들과 함께 들었다고 한다. 이 당시 민간에서는 도교의 일종인 오두미교(五斗米敎)가 유행하고 있었는데, 이를 들은 당 고조가 일종의 문화 교류의 측면에서 도교를 전파했던 것으로 보인다. 이는 자연히 양국 간의 평화가 지속되고 있음을 의미하는 것이다.

이듬해인 625년에 영류왕이 이에 화답하듯이 사신을 당나라에 보내 불교와, 특히 도교를 배우고자 청했다. 도교는 이씨였던 노자가 황가와 성씨가 같다는 점에서 친근하게 느껴 당나라 황실에서 믿던 종교였기에, 이는 분명 고구려 측에서 손을 내민 화해의 제스처에 해당했다. 당 고조는 물론 이를 흔쾌히 수용했다.

그렇다고 항상 평화롭기만 했던 것은 아니었다. 626년 7월 2일, 당

당 태종 위키피디아

고조 대신 그의 둘째 아들 이세민, 즉 나중에 당 태종이라는 명군으로 이름을 알리게 되는 그가 쿠데타(역사적 표현으로는 "현무문의 변玄武門之變"이라고 부른다)를 일으켜 스스로 황위에 오른 이후부터는 조금씩 양국 간의 관계에도 차가운 기운이 돌기 시작했다. 수나라의 몰락 당시 당나라를 건국하는 데에 지대한 공을 세우기도 한 이세민은 장자 상속을 하려고 한 아버지는 물론, 막냇동생과 힘을 합쳐 자신을 견제하려고 한 형을 못마땅하게 여기고 실력으로 제위를 탈취해낸 호전적인 인물이었다. 그것은 마치 조선의 건국 당시 다섯째 아들 이방원(李芳遠, 1367~1422)이 자신의 공을 내세우며 왕자의 난을 일으켜 제3대 태종으로 즉위하게 된 것과 마찬가지 사건이었다. 역사는 이처럼 시대와 지역을 뛰어넘어 반복된다.

고구려는 628년에 당나라에 봉역도(封域圖), 즉 국경지도를 전했다. 이는 보통 고구려의 전체 지도를 바침으로써 당나라에 복속함을 선언한 것으로 이해되기도 하는데, 꼭 그렇게 해석하기에는 이해하기 어려운 측면이 많다. 어느 누가 자신의 국가기밀을 그렇게 쉽게 대외에 공개할 수 있겠는가 하는 점이다. 오히려 이를 거꾸로 보자면 양국 간의 국경선을 확정하여 더 이상의 전쟁은 피하자는 의미였을 것으로 풀이할 수 있다. 이는 곧 양국 간의 국경을 이 정도로 정하고 서로 침범하지 말 것을 제안했던 것이지, 단순히 일방적으로 상대방에게 백기투항했다는 증거로 해석될 수만은 없다는 뜻이다. 즉, 고구려는 새로 즉위한 당나라 황제에게 적대 행위를 멈추자는 시그널을 보낸 것이었다. 영류왕은 결코 겁 많은 소심한 인물이 아니었다.

하지만 당 태종은 생각처럼 그리 만만한 상대는 아니었다. 그는 좀 더 멀리 내다보고 있었다. 630년 당나라 북부에 위치한 동돌궐의 지배자 힐리(頡利) 칸을 사로잡은 것을 시작으로, 640년 당나라 서북쪽의 고창(高昌, 오늘날 신장 투루판 지역)을 멸망시키기까지 그의 정복전쟁은 계속되었다. 마치 주변국 중 문제를 일으킬 만한 소지는 싹을 뽑듯이 제거하고자 했던 것처럼. 그렇기 때문에 사실 당 태종 입장에서는 고구려도 결국에는 그 대상 중 하나일 수밖에 없었다.

631년 가을 8월, 당나라에서 광주도독부(廣州都督府) 소속의 사마(司馬) 장손사(長孫師)를 보내 수나라 군인들의 해골을 묻은 곳에 와서 제사를 지내고, 당시에 고구려가 세웠던 전승기념물, 즉 경관(京觀)을 허물어버렸다. 이 사건이 발생한 정확한 위치는 알 수 없지만 양국 국경선 어딘가에서 벌어진 일일 텐데, 한 마디로 당나라 입장에서는 이전 수나라의 전쟁이었지만 그럼에도 고구려의 승리를 쉽게 인정할 수 없음을 공개적으로 천명한 것과 다름없는 일이었다.

당나라로서도 경관을 지켜보는 것이 기분 나쁜 일이었겠지만, 그렇게 경관을 허문 일 또한 고구려로 하여금 긴장을 불러일으키는 일이었다. 당시 수나라와의 전쟁에서 최고의 영웅은 을지문덕이었지만 영류왕의 공도 그에 뒤떨어지지 않는 것이었기에, 이 경관은 영류왕 자신의 전승기념물이기도 했다. 실제로 이 일로 인해 영류왕은 당나라의 고구려 침공 가능성에 대한 우려를 갖게 되었다.

이 일은 아마도 같은 해 봄 2월에 고구려에 천리장성(千里長城)이 완공됨에 따라 이를 경계한 당나라 측에서 강하게 대응한 것이 아니었을까 싶다. 이는 영류왕은 대외적으로는 강력히 평화를 주장하면서도 한편으로는 고구려의 내실을 강화하는 노력을 게을리하지도 않았다는 증거이다.

천리장성

우리나라 역사에서 천리장성은 두 번 등장한다. 고구려의 영류왕이 완공한 것이 첫 번째이고, 고려의 덕종 때 건설한 것이 두 번째이다. 그런데 고구려의 천리장성은 그것이 정식명칭은 아니고, 대략 길이가 1천 리 정도 된다고 해서 후대에 편하게 부르는 이름이다. 고구려 당시에도 이를 천리장성이라고 불렀다는 기록 자체는 전해지지 않는다.

고구려의 천리장성은 영양왕 때에 수나라와의 전쟁 종료 직후인 616년경 착공에 들어가 영류왕 집권기인 631년 2월에 완공된 것이었다. 햇수로 무려 16년이나 걸린 대공사였는데, 그 범위는 동북의 부여성에서부터 서남의 바다에 이르기까지 1,000여 리에 달한다고 하여 천리장성이라고 불렀다. 그 기간 동안 수많은 남자들이 공사에 투입되었기 때문에 하는 수 없이 여자들이 대신 농사를 지어야 했다고 할 만큼, 고구려 입장에서는 국운을 걸었다고 할 정도로 대규모의 사업을 벌인 셈이었다.

학자들은 대개 이 천리장성의 축조를 기사가 등장하는 631년부터 647년까지의 일로 파악하고 있는데, 이는 상황을 잘못 이해한 것으로 보인다. 참고할 만한 사례로, 고려시대 때 천리장성을 쌓은 것은 1033년에 기록이 나타나는데 바로 최종 완공 시점에 그 기사가 적혀 있다. 또 개경의 나성(羅城)을 축조할 때에도 1029년에 축성 기사가 나타나지만 실제로 설계에 들어간 것은 1009년의 일이었고 본격적으로 착수한 것은 그보다 후여서 대략 10년간의 공사 끝에 최종 완공된 날짜에 성을 쌓았다고 기록을 한 것이었다.

천리장성(좌측 붉은 선) 위키피디아

　마찬가지로 고구려의 천리장성 역시 616년 무렵인 영양왕 때 축성을 시작하여 16년만인 631년 2월에 완공된 것으로 봄이 타당하다. 실제로 영양왕 당시 수나라와 총력전(total war)을 벌여 결국 승리는 했지만 이후 혹 있을지 모를 전쟁에 대비할 필요성을 느꼈고, 그래서 전쟁 종료 후 거의 곧바로 국경 방어선을 완성하기 위한 대단위 건설 프로젝트에 들어갔던 것이었다.

　학자들의 견해에 따르면 수나라가 멸망하고 건국된 당나라가 631년 경관(京觀)이라고 하는 고구려 전승기념물을 허물어뜨린 것에 위기의식을 느껴서 곧바로 장성을 축조하게 된 것이라고 해석하고 있는데, 이는 상대적으로 작은 일에 과민하게 반응한 것처럼 보이는 문제가 있다. 더욱이 고구려와 당나라는 645년을 전후해 대대적인 총력전을 벌였기 때문에 그 무렵 고구려는 장성 축조에 제대로 신경 쓸 여력도 없었을 텐데 전쟁 직후인 647년에 완공까지 했다는 것은 현실적으로 불가능해 보인다. 오히려 전후에는 파괴된 기존 성들부터 보수하는 것이 훨씬 상식적이다. 따라서 수나라와의 총력전 이후 당나라와의 전쟁 전까지 대외 방어 전선을 완성하기 위해 천리장성을 축조한 것이라고 보는 것이 좀 더 합리적인 해석일 것이다.

여담이지만, 16년이라는 기간이 결코 짧은 것이 아님에도 무려 1천 리, 약 400㎞에 달하는 구간을 완공한다는 것은 현실적으로 불가능에 가깝다. 또한 현지에서 20㎞ 정도 되는 토성의 흔적을 찾은 것이 있기는 하지만 그것을 천리장성의 일부로 확정짓기에는 부족함이 있다. 당나라군이 고구려 침공을 여러 차례 했지만 '장성'에 대한 언급 없이 그저 성들의 공략 기록만 나오는 것도 이를 부정하는 한 요소이다. 그래서 오늘날의 학자들은 이 천리장성의 존재를 기존에 요하를 따라 배치되어 있던 국경의 성들을 잇는 보강 작업의 일환이었을 것으로 보기도 한다. 바로 앞에서 언급한 고려 개경의 나성의 경우 23㎞의 구간에 성을 건설하는 작업에도 10년이 소요되었는데, 그보다 20배에 가까운 어마어마한 길이를 불과 16년 만에 끝마쳤다고 하기에는 설득력이 떨어지기 때문이다.

그런데 그런 '점'으로 이루어진 성들의 나열을 과연 '장성'이라고 불렀을지는 솔직히 의문이다. 이후 당나라군이 고구려를 침공해왔을 때 요하 동쪽에 위치한 일련의 고구려성들을 순차적으로 공략하는데 이는 바로 배후의 천산산맥(千山山脈)을 넘기 전 고구려의 방어막을 분쇄하는 전략으로 보인다. 천산산맥은 지린성에서부터 랴오닝성 요동반도까지 쭉 이어진 산맥으로, 요하 동쪽의 고구려성들의 뒤에 병풍처럼 존재한다. 중간에 당나라군이 안시성을 공략하는 것도 이 산맥을 넘어서부터는 보급로가 끊길 우려가 있어서였는데, 그것은 곧 그 '선'을 넘게 되면 다른 루트는 막혀 있어 보급이 불가능하다는 사실을 전제로 하고 있음을 의미한다. 그렇다면 실제로 이 천산산맥의 통과지점들을 '선'으로 연결한 실제 장성이 존재하지 않았었을까 싶은 것이다.

고구려는 원래 산성이 고도로 발달된 국가여서 그 기술력으로 산맥 위의 주요 거점들을 막아서는 장성을 쌓음으로써 노동력을 아끼면서도 시일을 단축시키는 방법을 찾았을 것이고, 침공군 입장에서는 그것이 쭉 길게 늘어서 있는 장성으로 보이지 않았을 테니 굳이 전투기록에 장성이 언급되지 않았으리라는 해석도 해볼 수 있겠다. 산맥을 따라 주요 지점들을 연결하여 사실상 당나라군이 한 곳을 돌파하더라도 다른 지역들의 산맥을 넘는 통로가 막혀 있어 보급로를 위태롭게 만드는 전략을 사용했던 것은 아닐까? 언젠가 이 지역의 산맥을 탐사하여 이 가설을 입증할 날이 오기를 기대해본다.

어쨌거나 아직 평화에 대한 희망을 버리지 않은 영류왕은 당나라에 구애를 멈추지 않았다. 640년 봄 2월, 태자 고환권을 사신으로 당나라에 파견한 것이다. 국가의 가장 중요한 인물인 태왕이 직접 외국에 사신으로 갈 일은 없었으니, 바로 다음 왕이 될 인물을 사신으로 파견했다는 것은 정말 파격적인 일이었다. 후대에도 발해에서 15명의 국왕 중 제2대 무왕 대무예만이 자신의 태자 대도리행을 사신으로 파견한 사례가 유일했다. 그만큼 영류왕은 아직 당나라와의 관계개선에 희망을 품고 있었던 것이다.

국가적 VIP인 태자의 방문을 당나라에서도 크게 환영했다. 하지만 이들은 이 상황을 활용해 한 걸음 더 나아가기로 한다.

다음 해인 641년 5월에 당 태종은 고구려 태자의 방문에 대한 답방 사절로 직방낭중(職方郎中) 진대덕(陳大德)을 고구려로 파견한 것이다. 직방(職方)은 지도, 지리, 봉수(烽燧)의 조사를 맡고 주변국의 거리를 판별하는 조직이었으니, 사실 그는 고구려 지리를 파악하기 위한 일종의 스파이인 셈이었다.

실제로 진대덕은 고구려 영토 내에 들어와서는 본격적인 염탐에 나섰다. 지나가는 곳마다 각 지역의 관리들에게 뇌물을 주면서 "제가 자연경관을 좋아해서 이곳에 경치가 뛰어난 곳이 있으면 보고 싶습니다"라고 했다. 고구려 관리들 입장에서는 당나라의 공식 사신인 그의 청을 안 들어줄 수도 없었고 별다른 의심도 하지 않은 채 여러 곳을 안내해 보여주었다. 지리 전문가였던 진대덕으로서는 이 정도만 되어도 고구려 영토의 세세한 지리를 다 파악할 수가 있었다.

그에게는 아마도 고구려의 봉역도가 몰래 손에 쥐어져 있었던 것은 아니었을까. 그의 행로는 해로가 아니라 육로였다. 이는, 즉 국경부터 고구려 수도인 평양성까지의 당군의 진격로를 사전에 답사하는 것과 마찬가지였던 셈이다. 먼 훗날 조선시대에 일본 사신들이 한양까지 올라오며 거쳤던 길이 결국 일본군의 진격로로 활용되었던 사례가 자연스럽게 떠오른다. 실제로 당군은 이후 고구려를 침공할 때 이 길을 그대로 밟고 오게 된다.

더불어 그는 수나라 말기에 군에 입대해서 고구려에 파병되었다가 어쩔 수 없이 남게 된 사람들을 만나게 되면, 가급적 친척들의 상황도 아는 대로 말해주어 인심을 샀다고 한다. 622년의 양국 간 포로 교환 시 고구려에 잔류를 희망했거나 아니면 1차 송환에 미포함된 이들이었던 모양인데, 아마도 일반 백성들의 동향까지 일일이 알 수는 없었을 테니 고위급 인사들을 대상으로 고국의 소식을 전했던 것이었을 듯하다. 하지만 당나라에게 중요했던 것은 심리전이었다. 고구려 거주 중국인들 사이에서 진대덕에 대한 소문이 널리 퍼지자 그가 가는 곳마다 사람들이 모여들어 그를 만나고자 했다고 한다. 이들은 나중에 당군이 고구려를 침공할 때 중요한 정보원이 되어줄 존재들이었다.

마침내 진대덕을 만나본 영류왕은 심지어 그에게 열병식을 열어 고구려의 국력을 자랑하기까지 했는데, 이렇듯 당시 고구려인들은 당나라 사신이 고구려의 실상을 탐지하라는 밀명을 받고 고구려에 왔다는 사실을 전혀 알 수 없었다. 우리가 오늘날 이 사실을 알 수 있는 것은 당나라 내부의 기록을 볼 수 있기 때문이다.

진대덕이 그해 8월에 당나라로 귀국하니 당 태종은 매우 기뻐했다. 진대덕은 다음과 같이 황제에게 보고했다.

"그 나라가 고창이 망한 것을 듣고 매우 두려워하여, 고구려의 대대로가 세 번이나 관사에 찾아와 축하하며 정성껏 응대하였습니다."

사실 이때의 고창이라는 나라가 당나라에 의해 멸망 당한 것이 불과 1년 전인 640년의 일이니 고구려로서도 다음 타깃이 될 것을 우려할 수밖에 없었다. 여담이지만 고구려는 저 멀리 서역의 정보까지 거의 실시간에 가깝게 알고 있을 정도로 그만큼 첩보망이 잘 발달되어 있었다.

당 태종은 말했다.

"고구려는 본래 한나라 때의 영토(즉, 과거 고조선 땅)이다. 내가 군사 수만 명을 파병하여 요동을 공격하면 저들은 반드시 국력을 쏟아 이에 대한 방어에 나설 것이다. 별도로 수군을 보내 동래(東萊, 즉 산동반도)에서 출발하여 해로로 평양으로 가서 해군과 육군이 합세하면 고구려를 무너뜨리는 것은 어렵지 않다. 다만 산동 지방이 시들고 지쳐서 회복되지 않았으므로 내가 그들을 수고롭게 하지 않으려 할 뿐이다."

이때의 대대로는 바로 연개소문이었다. 그는 직접 진대덕을 만나 겉으로는 화친하는 모습을 보여주는 동시에 당나라의 상황을 파악하려 했던 것 같다. 5월에 출발하여 고구려에 왔다가 8월에 돌아갔으니 이들이 만난 시점은 아마도 7월은 되었을 것이다. 그렇다면 연개소문이 쿠데타를 일으키기 바로 두 달 전에 불과한 시점이었다. 그는 쿠데타 전 당나라의 반응을 미리 예측해야 했기에 세 번씩이나 관사로 찾아가 당나라 내부의 분위기를 직접 느껴보려고 했던 것은 아니었을까?

아마도 예상컨대 진대덕이 귀국하여 당 태종의 이야기를 들은 것처럼, 연개소문은 당나라가 고구려를 공격할 수는 있겠지만 당장은 산동 지방처럼 국토의 곳곳이 피폐한 상황이어서 동북지역의 전쟁에 인근의 병력을 동원할 수 있는 상황은 못 된다는 것을 어느 정도 감지했던 것으로 보인다. 쿠데타는 오늘날도 마찬가지지만 단지 국내상황이 조건이 된다고 해서 쉽게 결행할 수 있는 것이 아니다. 반드시 그 여파가 주변국에도 미치기 때문에 외교적인 조건까지 함께 맞물려서 유리한 환경일 경우가 되어야지만 쿠데타는 성공할 수 있다. 그렇기 때문에 진대덕을 만나보면서 간접적으로 인지하게 된 당나라 내부의 상황, 즉 당장은 고구려에 대한 내정간섭이 어려울 것이라는 일종의 확신을 얻은 다음에 비로소 두 달 후 쿠데타를 일으킬 수 있었던 것으로 보인다.

여기까지가 연개소문이 등장하기 전까지의 대략적인 고구려의 현실이었다.

영류왕은 혈통적으로 완벽하지는 못한 태왕이었다. 이러한 결점을 만회하기 위해서라도 그는 대당 외교에서 적대보다는 평화를 택하기로 했다. 대외적으로 왕위를 인정받음으로써 대내적으로도 정통성을 확립할 수 있으리라 본 것이었다.

더욱이 그는 비록 후대의 학자들이 대당 온건파로 분류하고는 있지만, 사실 직접 수나라와의 전쟁에 참전하여 대승을 거두기도 했던 인물이었다. 전쟁을 직접 겪어본 사람은 오히려 주전파가 되기 어렵다. 전쟁의 참상을 너무도 잘 알게 되기 때문이다. 영류왕도 그러했을 것이다. 그는 전쟁에서 승리는 했지만 반복되는 총력전의 폐해를 직접 눈으로 목격하고 몸으로 체감했기에 앞으로 고구려는 전쟁을 피하고 평화를 추구하면서 그간의 전쟁에 따른 내상을 치유할 필요가 있다고 판단했을 것이 분명하다. 그런 그에게 단순히 온건파라는 이름을 붙여 수나라 및 그 다음 당나라에 자존심도 다 버리고 굽신거린 인물로 단정짓는 것은 결코 정당한 평가가 아니다.

그렇다고 연개소문을 영류왕에 반대되는 주전파로 포지셔닝하는 것도 너무 상황을 단순화시키는 측면이 있다. 그 역시 현실주의자였음에 틀림없다. 다시 살펴보겠지만 그것은 그가 집권 후 보여준 정책들이 말해주는 사실이기도 하다. 영류왕도 지금까지 보다시피 저자세가 아닌 대등하면서도 적정한 수준에서 대외 외교를 추진해온 인물인데, 그럼 과연 어떤 면에서 연개소문은 자신과 같은 현실주의자였던 영류왕과 대척점에 서게 되었을까? 그의 집권과정과 그 이후의 정책들을 살펴보면서 그 결정적인 차이가 무엇이었는지 차근차근 밝혀보도록 하자.

연개소문의 등장

연개소문의 경력은 구체적으로 알려져 있지는 않다. 『삼국유사』에 따르면 연개소문은 15세의 나이에 처음 등용되었다고 하는데, 그때가 628년이라면 곧 영류왕 치세 때가 된다. 그의 아들들이 똑같은 15세의 나이에 중리소형이 되어 본격적으로 사회경력을 시작했다고 하니 『삼국유사』의 기록은 그런 측면에서 꽤 정확도가 높아 보인다. 따라서 『삼국유사』에 나오는 그의 탄생연도도 같은 맥락에서 비슷한 신빙성이 있을 것으로 여겨진다. 참고로 중리소형은 당나라의 알자(謁者)와 같은 것이라고 하는데, 이로 미루어보면 조정 내에서 예식 업무를 담당했을 것으로 생각된다.

그러면 그가 아버지의 죽음과 아울러 대대로의 자리를 이어받게 된 시점은 언제가 될까? 15세가 된 628년부터 그가 쿠데타를 일으킨 641년 사이의 언젠가일 텐데, 나의 추측은 641년 1월에 그에게 천리장성(千里長城) 축조의 감독 임무가 부여되었던 바로 직전, 즉 640년 후반의 일이 아니었을까 하는 것이다.

그리고 추정컨대 그에게 장성 축조를 감독하라는 임무가 주어진 이유는 바로 그가 아버지의 대대로 직위를 잇게 되었기 때문인 것으로 보인다. 이 두 사건이 거의 동시에 이루어지기 때문이다.

640년경으로 추정되는 이 시점에 그의 아버지 연태조가 사망했다. 연태조가 연자유의 동부 대인과 대대로직을 이어받은 것을 전례로 하여 연개소문 역시 아버지의 직위를 이어받고자 했다. 하지만 그에게는 정적들의 거센 반발이 있었다. 이 무렵 연개소문의 나이는 27세 정도였을 테니 물론 꽤 젊기는 하지만 공적인 지위를 맡지 못할 정도로 어린 것은 아니었다. 그에게 덧씌워진 결정적인 반대의 사유는 그가 너무 잔인하다는 것이었다.

비근한 예로 일본의 전국시대를 평정한 통일군주 오다 노부나가(織田信長, 1534~1582)를 들 수 있다. 그는 어렸을 적 동네에서 망나니라는 소리를 들을 정도로 괴짜 행동을 많이 했는데, 아버지 오다 노부히데(織田信秀)가 1551년 사망하자 불과 18살의 나이로 집안을 잇게 되었다. 하지만 집안 내부에서 그의 승계에 대한 반대가 컸고 그 때문에 쿠데타도 일어났지만, 결국 실력으로 제압하고 스스로 오다 가문의 정식 지배자로 군림하게 된다.

연개소문도 이와 비슷한 상황이었다. 나이는 그가 좀 더 많았지만, 그는 심지어 태왕은 물론 자신과 경쟁 관계였던 나머지 4부의 거센 반발에 직면해야 했다. 그가 당장 할 수 있었던 것은 자존심을 죽이고 저자세로 깊이 머리를 숙이는 것뿐이었다. 실제로 그가 잔인한 성격이었을 수도 있지만 오히려 그것이 이번 위기를 만회하는 데는 큰 효과가 있었다. 백 번 잘못하다가 한 번 잘하는 것은 상대적으로 잘한 것처럼 보이는 착시효과가 있기 때문이다.

연개소문은 각 부를 돌며 머리를 조아리면서 여러 사람들에게 사죄했고, 반성할 테니 관직을 이을 수 있도록 간곡히 부탁했으며, 만약 자신이 이후에라도 잘못하는 점이 있다면 그때는 비록 자리를 빼앗기더라도 결코 항변하지 않겠다고 했다. 이러한 일련의 행동들이 젊은 나이에 아버지를 잃었다는 것에 대한 측은한 감정을 불러일으켰고, 지나치리만큼 저자세와 불쌍한 태도로 부탁하며 돌아다니는 그에게 마침내 다수의 사람들이 마음을 조금씩 열기 시작했다. 그리고 결국에는 아버지의 지위를 승계할 수 있다는 허락이 떨어졌다. 640년 말 혹은 641년 초의 일이었을 것이다.

이것은 아마도 두 가지를 전제로 한 조건부 찬성이 아니었을까 싶은데, 그 조건이라는 것은 첫 번째, 아마도 천리장성(千里長城)의 축조를 감독하라는 것이 아니었을까 짐작된다. 천리장성 감독은, 시점이 쿠데타 직전으로 절묘하게 맞물려 있어 추정해보는 것이지만, 동부 사람인 그에게 서부의 천리장성과 관련된 일이 맡겨졌다는 사실 자체가 갖는 의문점이 있기 때문이다. 그래서 그것은 바로 그를 그의 세력권에서 멀리 떨어뜨려놓기 위한 반대파들의 정치적 술수였을 것으로 보인다. 연개소문이 아버지를 잃은 불쌍한 자식으로 여론을 그에게 유리하게 돌리자 정적들 입장에서는 그런 상황을 반전시키지 못할 바에는 아예 그를 본거지에서 이격시켜버림으로써 사실상 힘을 빼놓겠다는 심산이었을 것이다. 이미 천리장성의 축조가 끝난 마당에 재차 감독으로 투입된다는 것 자체가 누가 보아도 그의 세력을 노골적으로 약화시키겠다는 정치적 의도가 투영된 것으로 인식될 수밖에 없었다.

두 번째는 오늘날 국무총리격인 대대로는 양보해도 군사권과 명령권을 쥐고 있는 핵심적인 위치인 막리지는 주지 않는다는 조건이었을 것이다. 일부는 연개소문이 동부 대인의 직만 받고 대대로는 나중에 쿠데타를 통해 쟁취한 것으로 해석하기도 하는데, 그렇게 보기에는 동부 대인은 일종의 당연직이고 대대로가 각 부의 협의에 따라 결정되는 선출직이었기에 연개소문이 부마다 돌면서 읍소했던 것은 결국 대대로 자리 때문이었을 것으로 보인다. 연개소문이 대신들에게 머리 숙여가며 요청한 것은 '섭직(攝職)'이었다. 자신한테 맡겨보고 아니다 싶으면 섭직을 취소해도 좋다는 조건을 걸고 섭직이 받아들여진 것인데, 이 섭직이라는 것은 직무를 수행한다는 뜻과 함께 동시에 두 개의 직무를 겸한다는 의미를 갖는 단어이다. 아마도 문맥상 후자의 뜻이 사용되었던 것 같다.

조선시대 실학자인 한치윤(韓致奫, 1764~1814)의 『해동역사(海東繹史)』에서도 동부 대인과 함께 대대로를 이은 것으로 보았고, 단재 신채호의 『조선상고사』를 보면 해라장(海邏長, 해상경비 책임자) 에피소드를 통해 이미 쿠데타 이전 시점에 연개소문이 (태)대대로의 직에 올랐음을 짐작해볼 수 있다. 실제로 연개소문이 아버지의 뒤를 이었다고 하지만 막리지가 된 것은 쿠데타 이후의 일이었다. 여기서는 대대로에 대한 언급이 없다. 다만 642년 곧바로 태대대로라는 자리에 있었다는 결과만 알려져 있을 뿐이다. 아마도 대대로는 동부 대인의 자리와 함께 처음에 이미 받아내었고 쿠데타 후 실질적 권력인 막리지를 추가로 쟁취한 것이 아닐까 한다. 어쨌거나 이처럼 정적들로서는 연개소문 견제를 위해 다양한 장치가 필요했던 모양이다.

그러나 연개소문은 역시 만만치 않았다. 공식적으로 직위를 이어받은 다음, 비밀리에 반격을 준비했다. 640년 후반 아버지의 사후 노력 끝에 겨우 아버지의 자리는 승계할 수 있었지만, 641년 1월 천리장성의 축조 감독의 임무를 부여받은 다음 641년 9월 쿠데타를 일으키기까지 그 사이에는 어떤 일이 있었을까?

결론적으로 연개소문은 천리장성으로 떠나지 않았다. 임명 후 8개월이나 지난 시점에 출발 전 사열식을 연 것도 그렇고, 이후에 안시성의 성주 등이 그를 따르지 않았다는 기록은 그가 서부 순행을 하지 않았음을 암시하고 있다. 만약 그가 천리장성 축조의 감독으로 현장 방문을 했다면 안시성의 성주도 만났을 것이 분명한데, 직속상관은 아니었을지라도 업무상 상하관계일 수밖에 없는 사이인 두 사람은 이후에도 서로 거리가 있는 사이였다. 이 사실은 둘이 공적인 관계를 쌓을 만한 기회가 아예 없었음을 간접적으로 말해주는 것이 아닐까?

그렇게 그는 고구려의 수도에 여전히 자리를 지키고 앉아 있었다. 정적들의 속셈을 뻔히 알고 있던 그는 자리를 잇자마자 본색을 드러내었다. 마치 이렇게까지 막 나갈 때 상대방이 어떻게 대응해 나올지 지켜보겠다는 듯이 말이다.

결국 연개소문의 생각대로 먼저 움직인 쪽은 이를 지켜보던 정적들이었다. 나머지 4부의 대인들과 조정 내의 동조자들은 영류왕까지 끌어들여 자신의 역할을 수행하지 않는 연개소문을 탄핵하기로 하면서, 물리력으로 아예 그를 제거해버리자는 데에 의견 일치를 보았던 것 같다.

그리고 이러한 정보는 연개소문에게도 흘러 들어갔다. 분명 의도를 가지고 지켜보고 있었기에 동향을 탐지하는 것이 어렵진 않았을 것이다. 이렇듯 무려 8개월간의 사전준비 끝에 그는 쿠데타를 결행했다. 위로는 태왕부터 아래로는 자신의 동지들까지 포함된 대규모 쿠데타였다. 그 경과는 이미 지켜보았던 대로 연개소문의 완승으로 결말지어졌다.

쿠데타 시점

642년 2월 6일, 고구려의 사신단이 일본 나니와군(難波郡, 오늘날 오사카)에 도착했다.

보름 후인 21일에 일본 측 대부들이 나니와에 와서 고구려 사신단이 가져온 금과 은 등의 선물을 살펴보았는데, 이때 고구려 사신이 선물을 전달하면서 고구려 국내의 동향을 알려주었다.

"지난해(641년) 가을 9월에 대신 연개소문(伊梨柯須彌)이 태왕과 연거세사(伊梨渠世斯) 등 180여 명을 죽였습니다. 그래서 그해 6월에 사망한 태왕의 동생의 아들을 새 태왕으로 즉위시키고, 같은 집안의 도수류금류(都須流金流)를 대신으로 삼았습니다."

이들은 2월 22일과 25일에 나니와에서 일본 측이 주최한 연회에 참석하고는 27일 고구려로 출국했다.

『삼국사기』와 『구당서』는 연개소문의 쿠데타를 642년의 일로 전하고 있지만, 위와 같이 동시대의 일본 측 기록인 『일본서기』는 641년에 벌어진 일이라고 기재하고 있다. 어느 것이 맞을까? 후자인 641년이 좀 더 정확한 기록일 것이다.

당나라가 이를 알게 된 시점은 642년 11월이었고, 당 태종은 영류왕의 서거를 듣고 곧바로 나라 동산 가운데서 애도하는 의식을 열고 사신을 고구려에 파견해 조문토록 했다고 한다. 당나라는 사건이 발생한 후 시간 차를 두고 알게 된 것이었는데, 마치 소식을 들은 바로 전 달인 642년 10월에 이 사건이 일어난 것으로 기록했던 것으로 추정된다. 그리고 『삼국사기』의 기사는 당나라 측의 기록을 참조한 것이다.

그에 반해 일본은 고구려 사신이 와서 국내의 상황을 전한 시점이 날짜까지 구체적으로 기재되어 있다. 정확히 사신이 일본을 방문한 날짜가 있고, 와서 행한 행동들도 분명히 나와 있으며, 심지어 돌아갈 때의 일정들까지도 매우 구체적이다. 이는 일본의 기록은 동시대의 당사자가 전한 기록이라는 뜻이다. 따라서 기본적으로 일본 측 기록을 좀 더 신뢰할 수 있다는 판단이다.

또 다른 증거로 연개소문의 사망연도가 일본에는 664년, 당나라에는 666년으로 기록되어 있는데, 실제 그의 아들의 묘지명을 통해 665년 이전에 사망한 것이 확인되었다. 즉, 당나라 측에서는 자신들이 정보를 입수한 그 시점에 해당 사건을 기재하는 습관이 있어서 정확한 시간을 간혹 놓치는 경우가 있는데, 지금의 연개소문 쿠데타도 마찬가지 경우였던 것으로 보인다.

순암 안정복(安鼎福, 1712~1791)의 『동사강목』에 인용된 내용에 따르면 640년 가을 9월에 고구려에서 태양이 3일간 빛을 잃었다는 기사에 대해 "태양은 임금의 상징인데 (중략) 그것은 연개소문의 시역의 징조가 이미 먼저 나타난 것"이라고 해석하고 있다. 이는 정확히 1년 후인 641년의 같은 달인 9월에 쿠데타가 발생할 것을 미리 예고한 것으로 이해할 수 있는 부분이다. 더 길게 2년 후의 사건을 예언한 천문현상이라고 하기엔 조금 어색하다.

또한 연개소문의 장남 연남생이 선인(先人)으로 사회경력을 시작한 것이 바로 642년, 곧 9살 때의 일이었다. 쿠데타가 642년 말경이었다면 연개소문은 쿠데타 직후 불과 한두 달 사이에 9살밖에 되지 않은 자식을 정식으로 정계에 데뷔시켰다는 것인데, 위험천만한 일을 벌인 직후에 그렇게 서둘러 진행할 만큼 이 일이 중요한 사안이 아니었다는 점도 문제지만 설혹 그렇다 해도 너무 시간이 촉박해 보인다. 오히려 쿠데타 후 복잡다단한 상황들을 정리하여 먼저 자신의 권력을 공고히 한 후 그리고 나서 아들을 조정에 출사시켰다고 봄이 훨씬 합리적일 것이다.

따라서 이상과 같은 근거로 그간 642년 10월로 알려져 있던 연개소문의 쿠데타는 바로 1년 전인 641년 9월의 일로 보정하도록 한다.

4.
연개소문 정권

연개소문은 쿠데타가 성공한 이후 중요한 몇 가지 후속조치들을 취했다. 우선 공석이 된 태왕의 자리를 채울 필요가 있었다. 그는 다음 태왕으로 영류왕의 동생으로 먼저 세상을 뜬 고대양(高大陽)의 아들 고보장(高寶臧, 혹은 고장高臧, ?~682, 재위 642~682)을 선택했다. 그는 그렇게 고구려의 제28대 태왕이 되었고, 이후 역사에서는 보장왕(寶臧王)으로 불리게 된다.

643년 봄 1월, 보장왕은 자신의 돌아가신 아버지를 왕으로 추존했다. 일반적으로 부모간 왕위계승이 아닌 경우에 새로 왕이 된 이가 자신의 아버지를 왕으로 높이는 것을 '추존한다'고 표현한다. 이때의 추존된 아버지는 1년 반 전인 641년 6월에 사망한 고대양이었다. 어쨌든 이는 연개소문이 새로 태왕이 된 보장왕을 위해 적극적으로 나서서 추진했을 것으로 보인다. 왜냐하면 아직은 정권 초기인 만큼 그와 태왕 간의 밀월관계가 좀 더 지속될 필요가 있었을 것이기 때문이다.

여기서 눈여겨볼 부분이 하나 있다. 보장왕은 연개소문 집권 기간 동안 아무런 저항도 하지 않았다는 점이다. 그가 한참 후에 당나라에 끌려갔을 때 비밀리에 독립운동을 벌였던 것을 보면 아주 용기가 없는 인물이 아니었는데도, 어째서 연개소문의 쿠데타 직후 왕위에 오른 다음 무려 20년이 넘는 시간을 조용히 인내하며 버텼던 것일까?

이는 그가 사실 연개소문과 같은 편이었다고 봐야지만 이해할 수가 있다. 보장왕은 연개소문에 의해 강제로 왕위에 오른 이가 아니라, 쿠데타 당시 이미 뜻을 같이 한 동지였을 가능성이 높다. 이를 짐작해볼 수 있는 사례가 있다.

연개소문에게는 연정토라는 동생이 있었는데, 동생의 아들과 보장왕의 딸을 혼인시킨 것이다. 그 일이 쿠데타 전인지 후인지는 명확치 않지만, 그 혼인동맹의 결과로 태어난 이가 바로 나중에 보덕국의 왕이 되는 안승(安勝)이다. 그는 보장왕의 외손이자 연정토의 아들로 기록에 나오는 인물인데, 또 다른 기록에는 보장왕의 서자(庶子), 즉 정식 아들이 아닌 존재로 나타나는 것을 보면 후에 왕가로 입적시킨 것 같기도 하다. 어쨌거나 안승이 669년 2월에 4천여 호의 백성들을 직접 이끌고 신라에 투항하는 것을 보면 이미 성년의 나이였음은 확실하고, 못해도 스무 살은 넘었다고 가정한다면 최소 649년 이전에는 태어났을 것으로 보인다. 형인 연개소문이 634년에 첫째 아들, 639년에는 셋째 아들을 낳은 것을 보면, 동생 연정토도 대략 쿠데타 전후의 시점에는 보장왕의 딸과 결혼했고 얼마 후 안승을 낳은 것으로 볼 수 있다. 이는 분명 혼인동맹이었다.

보장왕이 이렇듯 연개소문 가문과 연합한 것을 보면 아버지의 이복

형제인 영류왕과 대결구도에 있었음을 짐작할 수 있다. 아마도 앞서 추정해보았듯이 보장왕의 아버지 고대양이 맏형 영양왕과 동복형제였다고 한다면 자신의 자식에게 태왕 자리를 물려주고자 하는 영류왕과 정적의 관계가 되었을 공산이 크고, 고대양 사후 불과 3개월 후에 쿠데타가 결행된 것은 고대양 집안과 연개소문 집안 간의 모종의 결탁이 있었음을 말해주는 것일지도 모를 일이다. 영류왕의 태자 고환권 대신 보장왕이 즉위할 수 있었던 것은 그러한 배경이 있었기 때문일 것이다.

안타깝게도 영양왕부터 보장왕에 이르기까지 어느 왕도 정확한 생년월일이 밝혀지지 않았다. 선대에 장수왕이나 광개토왕이 10대 초중반에 태자가 된 것을 보면 영양왕이 565년에 태자로 지명되었을 때 못해도 10대는 되었을 것으로 짐작해볼 수 있고, 그렇다면 618년 그가 사망했을 때는 대략 60대였을 것으로 추정 가능하다. 영류왕과 고대양은 그보다 당연히 어렸을 텐데 고대사회에서 장수하기란 힘들었을 것을 가정해서 각각 영양왕과 10살, 15살 차이로 둔다 해도 둘 다 641년 사망 시 70대가 되는 문제가 있다. 아마도 이들의 아버지인 제25대 평원왕 고양성(高陽成, ?~590, 재위 559~590)이 시간 차를 두고 늦게 자식들을 가진 것이 아닌가 생각할 수밖에 없다. 비슷하게 발해의 제3대 문왕 대흠무(大欽茂, ?~793, 재위 737~793)가 20년의 터울까지 나는 자식들을 가진 것을 연상해보면 불가능한 것 같지는 않다.

어쨌든 그렇다면 고대양이 보장왕을 25세에 낳았다 해도 보장왕은 연개소문의 쿠데타 당시 40대 중반이 되니 28세쯤 되는 연개소문보다는 한참 형뻘이었고, 동생 연정토는 기껏해 봐야 20대 초중반쯤이었을 테니 스무 살 내외의 딸을 시집보내기엔 적당했을 나이다. 연개소문은 이미 결혼해서 자식들을 낳은 상태였지만, 그 아들들은 결혼시키기에는 너무 어렸기 때문에 대신 아직 젊은 동생이 낙점된 것은 아니었겠나 생각된다. 이렇게 본다면 연개소문과 보장왕의 혼인동맹은 합리적으로 이해가 가능하다.

누가 주축이 되었는지는 모르겠으나 이후의 주도권을 연개소문이 계속 쥐는 것을 보면 이 혼인동맹 역시 연개소문이 보장왕에게 제안하여 이루어진 것이 아닌가 추측된다. 여러 왕자를 거느려 차기 왕권을 확실히 해야 하는 영류왕에게 홀대 내지 핍박을 받을 수밖에 없었던 보장왕의 사정을 정확히 꿰뚫고 있던 연개소문은 왕족 중에서 혈통상 우위에 있던 그를 끌어들였고, 마침내 쿠데타를 통해 공동 정권을 창출해내는 데 성공한 것으로 보인다. 이를 혈연으로 묶어 확실하게 유지시키고자 한 일이 동생 연정토와 보장왕의 딸의 혼인동맹이었을 것이고 말이다. 이는 결국 연개소문 가문에도 고구려 왕족의 피가 흐르게 되는 결과가 되었다. 그것을 증명해 주는 것이 한참 후에 나타나게 될 안승의 고구려 계승이다.

그렇다면 왜 연개소문은 위험천만하게 쿠데타까지 일으키고도 직접 왕위에 오를 생각은 안 했던 것일까?

이에 대해서는 고려시대 때의 무신정권을 참고해볼 수 있다. 1170년 정중부가 처음 일으킨 무신들의 군사정변은 경대승, 이의민을 거쳐 최종적으로는 최충헌과 그의 자손들로 이어지면서 무려 100년 동안이나 정권이 이어진 충격적인 사건이었다. 특히 마지막 최충헌은 앞선 다른 무신들과 달리 완벽하게 자신만의 왕조를 구축하는 데에 성공했는데, 이는 기존 고려의 왕이 일본의 천황처럼 실권 없는 명예직으로만 존재할 뿐 통치권은 최씨 가문이 모조리 장악하는 그런 방식을 만들어냈기에 가능했던 일이다. 즉, 기존 고려사회 내에서 확고했던 왕족의 혈통은 결코 건드리지 않음으로써 대외적으로는 명분을 살리면서도 실질적으로는 자신들이 실세로서 군림하는 형태로 권력의 정당성을 유지하는 전략을 택한 것이었다. 오래도록 고려사회에 깊게 뿌리내린 용의 자손(龍孫)이라는 왕씨 혈통의 권위는 살려주되 실권은 무신정권이 차지하는 방식의 절충안이었다.

고구려도 크게 다르지 않았다. 고씨 왕조의 힘은 명분에 있었다. 연개소문 등장 전에도 이미 고구려 사회는 사실상 태왕이 대대로를 직접 임명하지 못할 정도로 귀족들이 중심이 되는 과두 공화정 체제로 운영되고 있었다. 그럼에도 귀족들은 왕정을 없애지는 않았다. 정확히 말하자면 그럴 수가 없었다. 동아시아 사회에서는 왕이든 황제든 최고의 상징적 인물이 존재하지 않은 국가가 있어 본 적이 없었다. 동아시아인들에게는 왕 혹은 황제와 같은 국가의 정점에 서는 인물이 있는 것이 너무나 당연했기 때문에, 그런 존재가 없는 것을 아예 상상도 하지 못하는 문화가 뿌리 깊이 박혀 있었다. 따라서 군주의 시해는 범죄 중에서도 가장 최악의 범죄로 인식될 정도였다. 게다가 고구려의 왕실은 고려와 마찬가지로 천손(天孫) 의식이 강하게 흐르고 있었기에 이러한 고정관념을 깨트린다는 것은 너무도 위험한 행위였다.

그런 고대사회의 왕정 문화를 누구보다도 더 잘 아는 인물들이 바로 귀족들이었다. 그들은 실질적인 권력이 필요할 뿐, 겨우 이름뿐인 명예는 그다지 중요한 것이 아니었다. 연개소문도 고대사회의 일원으로서 그러한 현실을 잘 알고 있었다. 자신이 태왕의 자리를 빼앗는 다는 것이 얼마나 위험한 행위인지 뻔히 아는데, 그래야 하는 명분이 축적되어 있지 않고서는 함부로 그렇게 극단적인 행동에 나서기는 힘든 일이었다. 이미 영류왕의 시해만 해도 충분히 고구려 사회에 충격을 안겨준 일대 사건이었다. 그는 자신의 역할은 거기까지라고 보았던 것 같다.

과거 고구려 역사를 살펴보면 연나부 출신으로 제7대 차대왕을 폐위시킨 명림답부(明臨荅夫)나 남부의 대사자로 제14대 봉상왕을 폐위시킨 창조리(倉助利) 모두 쿠데타 후 국상(國相)이라는 최고위직에 올라 실질적인 권력을 행사했던 사례가 있었다. 이들 역시 과정이야 어찌 되었든 태왕을 시해함으로써 역사에 악평을 남기기는 했지만 이후의 선정을 통해 많은 부분 그런 오명을 누그러뜨린 좋은 전례가 되기도 했다. 연개소문은 그런 선배들의 뒤를 따른 것이었다.

자신이 태왕이 되는 것은 쿠데타 그 이상의 영역이었다. 고구려의 역사가 무려 700년 가까이 되는데 그런 전통 있는 국가에서 왕조를 교체한다는 것은 당시로는 상상할 수 있는 범위를 벗어나는 일이었다. 연개소문도 솔직히 고민해봤을 수는 있겠지만, 그러기에는 그 자신이 부담해야 할 리스크가 너무도 컸다. 쿠데타와 태왕 시해는 분명 치명적 약점이 되지만 선례를 보면 이후의 탁월한 치적을 통해 이를 극복하고 좋은 평가를 받는 길은 여전히 열려 있었다.

연개소문은 아마도 그런 길을 모색했을 것이다. 그는 귀족정 타파를 통해 중앙집권적 사회로 한 단계 발돋움하는 것을 도모하면서, 태왕은 오늘날 영국식 입헌군주제의 모토처럼 '군림은 하되 통치하지 않는'

명예로운 상징물로서 존재하고, 태왕을 대신하는 최고위 실권자가 국정을 단일하게 통합적으로 운영하는 그런 이원적 정치구조를 목표로 했던 것은 아니었을까? 그렇다면 그에게는 굳이 태왕의 자리를 탐낼 이유가 없었을 것이다.

그렇게 그는 스스로 막리지(莫離支)이자 태대대로(太大對盧)가 되었다. 막리지는 순수 고구려어인데, 이는 동시대의 당나라식 표현으로는 병부상서(兵部尙書, 정3품)와 중서령(中書令, 종1품)을 합친 정도의 최고위직급이었다고 한다. 쉽게 말해 권력에서 가장 중요시하는 군사권과 명령권 두 가지를 손에 쥐었다는 뜻이었다. 참고로 단재 신채호는 막리지와 대로(對盧)가 같은 뜻의 단어라고 고증하기도 했는데 정확한 것은 아니다.

또한 같은 집안 출신 중에서 도수류금류(연도수류都須流와 연도금류都金流의 두 명으로 보기도 한다)를 대신으로 임명하여 조정 내에서의 자신의 영향력을 공고히 했다. 뿐만 아니라 북부 욕살에는 위두대형 고연수, 남부 욕살에는 대형 고혜진, 대대로에는 고정의를 임명하는 등 국정 전반에서의 인적 물갈이까지도 추진했다. 이를 통해 보면 우선 연개소문이 자신의 집안 사람들로만 조정을 채운 것이 아니라 어느 정도 경쟁관계였던 고씨 가문에서도 사람을 등용했다는 사실과 함께, 또 스스로 기존 최고위직인 대대로 위의 태대대로가 되어 모든 권력 위의 최고 권력자로 새롭게 포지셔닝했다는 점도 알 수 있다.

아마도 이때 지방체계도 많이 바꾸었던 듯한데 구체적인 증거는 없지만 5부 체제에도 손을 댄 것 같다. 우선 북부와 남부의 욕살이 바뀌었다는 것은 쿠데타 당시 각 부의 지도자들을 대거 숙청 내지 물갈이 했다는 것을 의미하며, 이는 자신이 속한 동부는 물론 서부와 태왕의 황부, 즉 계루부에도 변화가 있었음을 말해준다. 당장 동부에서는 연거세사가 제거되었고 도수류금류가 정계에 진출한 것을 보면 추측건대 서부에도 연씨 가문에서 손을 뻗쳤던 것으로 보인다.

그렇게 서부의 대인이 된 이가 혹 연개소문은 아니었을까? 역사서를 보면 연개소문의 출신이 동부와 서부로 중첩되어 나타나는데, 이 두 기록이 모두 역사적 현실을 반영하고 있다면 그는 한쪽 출신으로 시작하여 다른 쪽까지 합병하여 겸직했거나 아니면 다른 쪽으로 본거지를 옮겨 동부 대인은 다른 이에게 물려주고 자신은 서부 대인으로 바꾼 것으로 이해할 수 있기 때문이다. 고로 북부와 남부는 자신에게 협조적인 고씨 가문에게 배정하고, 동부와 서부는 연개소문 자신이 근거지를 확대하여 병합했거나 자신의 사람을 심었을 가능성을 생각해 볼 수 있다. 그렇기 때문에 당나라에서 봤을 때는 어쩔 때는 동부의 대인, 다른 때는 서부의 대인으로 직책이 혼동되어 기록된 것은 아니었겠는가 싶다. 혹 쿠데타 이후 도수류금류를 대신으로 삼았다는 것이 곧 이 다른 부의 대인을 의미한 것이었을 수도 있다.

앞서 한 차례 언급했다시피 연개소문이 살던 지역을 해성(海城) 북쪽 삼십 리에 위치한 개소둔(盖蘇屯)이라고 하는데, 이곳은 오늘날 랴오닝 성 안에 있는 요하 동쪽에 있어서 그가 서부 국경선 근처에서 거주하며 직접 국방을 책임지고 있었음을 말해준다. 즉, 그는 동부 대인으로 출발했지만 서부에 이처럼 직접 오래 주둔하면서 진두지휘해 왔기에 원래의 출신지를 모르는 당나라 사람들이 서부의 대인으로 오인하여 기록을 남겼을 가능성도 크다 하겠다.

어쨌거나 이를 통해 그는 이제 사실상 태왕 위의 존재로서 전국을 호령했고, 나라의 일을 자신의 마음대로 할 수 있는 시스템을 구축했다. 아마도 집권 초기부터 그는 기존 호칭인 일반적인 막리지가 아닌 최고의 막리지, 즉 태대막리지(太大莫離支)를 사용했던 것 같다. 크고 크다(太大)는 접두사를 덧붙였다는 것은 동시대에 신라의 영웅 김유신(金庾信, 595~673)에게 기존 골품제 제1등급인 각간(角干)을 뛰어넘는 태대각간(太大角干)이라는 호칭이 부여된 것과 대응되는 일이다. 한 마디로 기존의 최고위직으로는 표현할 수 없는 최상위 계급을 신설한 것이었다.

그렇다면 태대막리지가 기존 막리지와 다른 점은 무엇이었을까?

기록에 따르면 기존 최고위직인 대대로는 원래 직무 연한이 3년이었고, 관직 수행에 대한 평가가 좋을 경우 연임이 가능한 일종의 기한제 직책이었다. 연임에 대한 반대가 있을 경우 반대파의 실력 행사를 통해 강제로 교체되기도 하는 등 한 국가의 최고위직치고는 안정성이 높은 것은 아니었다.

연개소문의 태대막리지는 이를 종신직으로 고친, 태대대로에 상응하는 최고직급이었다. 연개소문은 641년 막리지에 올라 태대대로에 취임한 이래 664년 죽을 때까지 20년 이상의 기간 동안 태대막리지이자 태대대로로서 고구려를 사실상 지배했다. 마치 황제가 자식에게 제위를 물려주고 그 위에 존재하는 상황처럼, 별도로 대대로를 임명하고 자신은 태대대로가 되어 저 위에서 국정을 관장하고, 또 별도로 막리지를 임명하여 자신은 태대막리지로서 고구려를 통치하는 역할을 자임했다. 이는 결국 율리우스 카이사르가 쿠데타 이후 스스로 단기직인 독재관을 대체하여 종신독재관(Dictator Perpetua)에 올라 제정으로 가는 길을 연 것과 마찬가지였다.

태왕의 권한을 사실상 무력화시키고 여타 귀족들의 권력도 모두 없애버린 연개소문은 최고위등급인 태대막리지로서 태대대로라는 최고 직책을 겸직하면서 자신만의 실질적인 왕국을 만든 것이었다. 그리고 태대막리지 아래에는 막리지가 있고, 태대대로 밑에는 대대로가 배치되었다. 이렇게 그는 과거 왕조체제의 겉모습은 그대로 두되 기존 고구려의 관직체계를 뛰어넘는 종신독재관이 되었다. 그의 국정개혁은 귀족적 과두정에서 입헌 제정으로 고구려 국가체계의 근간을 변혁하는 초석을 마련한 것이었다.

그렇다. 고구려는 겉으로는 왕정이지만 내실은 귀족정 체제의 사회였다. 공식적으로는 태왕이 하늘의 자손(天孫)으로서 권력의 정당성을 지니고 국가의 정점에 존재하면서 만인을 통치하는 역할이었지만, 실제로는 5부의 귀족들이 세력다툼을 통해 권력을 차지하고 과두정의 형태로 국가를 지배하는 체제로 운영되고 있었다. 이를 말해주는 사례가 있다.

545년 12월 20일, 고구려의 지배층을 양분하고 있던 2대 세력인 세군(細群)과 추군(麤群)이 왕궁의 문을 사이에 두고 대치하고 있다가 대대적인 전투를 벌였다. 당시 고구려의 태왕은 제23대 안원왕 고보연(高寶延, ?~545, 재위 531~545)이었는데 지병의 악화로 오늘내일하고 있던 와중이었다. 이날의 전투는 추군의 승리와 세군의 패배로 막을 내렸는데, 세군 쪽은 패배를 인정하지 않은 채 군사를 물리지 않고 계속 버텼다. 그러나 3일 뒤, 드디어 추군이 세군의 저항세력을 일시에 덮치면서 세군 측에서만도 무려 2,000여 명의 사상자가 발생하는 비극적인 참사가 벌어졌다. 다음날인 24일에 안원왕은 이 소식에 충격을 받아서인지 아니면 참사 와중에 휩쓸려 살해당한 것인지 정확히 알 수 없지만 결국엔 세상을 떠나고 말았다.

당초 안원왕에게는 부인이 세 명 있었는데, 왕후인 첫째 부인은 불행히도 아들이 없었다. 혹은 있었어도 일찍 사망했을 가능성이 있다. 왜냐하면 533년 봄 1월에 일찍이 왕자 한 명을 태자로 지명했었는데 그가 539년생인 고평성(高平成)은 아니었을 게 당연하기 때문이다. 이 고평성을 낳은 것은 둘째 부인으로 그녀의 친정은 추군 소속이었다. 셋째 부인도 아들을 낳았지만 그녀는 세군을 친정으로 두고 있었다.

안원왕의 치세 말은 혼란스러웠다. 그의 후계자 자리를 두고 고구려 조정의 양대세력인 세군과 추군이 각각 자신들이 대권을 차지하고자 각자의 소속 출신의 왕자를 즉위시키려고 치열하게 경쟁을 벌인 것이다. 그들은 이 와중에 막판에는 병사들까지 동원하여 실력 대결을 했다. 최종적으로는 추군의 세력이 우세하여 권력을 차지하게 되었는데, 그 결과로 패배한 세군 쪽의 사망자가 대거 발생한 것이었다. 결국 546년 1월 3일에 당시 나이 8살에 불과했던 고평성이 제24대 양원왕으로 등극했다.

이상은 『일본서기』에 인용된 『백제본기(百濟本記)』의 기사를 정리한 것인데, 지금은 전해지지 않는 책이지만 당대의 사실들을 많이 담고 있어 『일본서기』 집필 시 활용된 중요한 자료집이기도 했다. 즉, 백제인이 자신들의 역사를 기록하면서 동시대 이웃나라의 동향을 일부 반영하여 담음으로써 단편적이나마 이런 귀중한 사실들이 전해지게 된 것이다. 이에 따르면 6세기 고구려는 이미 태왕의 힘보다 외척 내지 그 배경이 되는 귀족층의 권력이 더 막강했던 상황임을 알 수 있다. 연개소문 당시와 그다지 멀지 않은, 곧 영양왕이나 영류왕의 바로 할아버지 대의 일이었다.

더욱이 조금 더 시일이 흘러 또한 수 양제가 고구려를 침공했던 612년, 고구려의 영양왕은 전쟁의 이유로 "권세를 가진 신하와 호족들이 모두 국가의 권력을 틀어쥐고, 파벌을 이루어 결탁하여 있음"을 들었는데, 전쟁을 위한 명분이기는 했지만 어느 정도는 고구려 사회의 현실을 말해주는 것으로 해석된다. 즉, 외국에서 바라보았을 때도 고구려 사회는 이미 왕권은 추락했고 귀족들 간의 파벌 다툼이 심화된 모습이었음을 말해주는 것이다.

이러한 사실들을 대대로라는 고구려 최고의 직책을 임명하는 권한이 태왕에게 없고 각 귀족들에게 있었다는 기록과 맞물려 생각해보면, 당시의 고구려 사회는 소수의 귀족들이 국정을 좌지우지하는 귀족정 체제였음을 알 수 있다. 달리 표현하면 과두정이라고도 할 수 있겠으나, 현실적으로는 보다시피 혈통에 따라 당파가 결정되는 방식이었으므로 귀족정으로 보는 것이 타당할 것이다.

이와 같은 국정 운영 방식에서는 각 세력들이 사병집단을 거느리고 있으니 자연히 공권력이 취약해질 수밖에 없다. 또 각 당파가 공동의 선을 위해 경쟁하는 것이 아니라 단순히 정권 탈취를 위한 이권 경쟁에 몰두하게 되는 사회 구조적 모순이 발생할 수밖에 없었다.

이러한 체제의 모순을 피부로 느낀 것이 같은 귀족 가문 출신인 연개소문이었다. 대대로 직책을 이어받기 위해 태왕도 아니고 경쟁 귀족 집단의 수장들에게 머리를 숙여야 했던 그때, 그는 이 봉건적인 귀족 정을 타파해야겠다는 확고한 신념을 가지게 되었던 것은 아닐까? 그가 잔인하고 포악하다는 악평을 받게 된 것은 어쩌면 그 전부터 기득권을 가진 귀족들과 사사건건 충돌하면서 강하게 자기 주장을 펼쳤기 때문일지도 모른다. 열다섯 살 무렵부터 조정에 발을 담가 귀족정의 폐해를 직접 눈으로 목격하고 몸으로 체험했던 그는 자신이 새로운 질서를 세워야 한다는 시대적 소명같은 것을 각성하게 되었을 수도 있다.

결국 그는 완벽하게 준비된 쿠데타를 감행함으로써 낡은 질서를 무너뜨리고 새로운 중앙집권적 질서를 세우겠다는 혁명적 소임에 착수하게 되었다. 단재 신채호의 표현을 빌리자면 그는 "봉건 세습적인 호족 공화제를 타파하고 정권을 한 곳에 집중함으로써 분권적인 국면을 통일적인 상태"로 바꾸는 데 성공했던 것이다. 그래서 신채호는 과감히 연개소문을 '위대했던 혁명가'로 평했다.

연개소문은 태대막리지로서 권위를 세우는 데도 신경을 썼다. 외모에 대한 자부심도 있었던 데다 특유의 카리스마 넘치는 태도에 이제는 행동에까지 자신감이 덧붙여지면서, 이러한 그의 몸가짐은 정적들이 물어뜯기 좋은 먹잇감이 되었을 것이다.

그는 긴 수염에 다섯 개의 칼을 차고 다니면서 스스로 위엄을 보였고, 모자와 옷, 신발까지 금색으로 꾸며 외적으로도 차별화를 꾀했다. 게다가 외출 시에는 항상 군대를 동원하여 주위에서 감히 함부로 올려다볼 수 없을 정도로 위세가 대단했다. 기록에 따라서는 말을 타거나 내릴 때 귀족 출신의 무장까지 땅에 엎드려 발판의 역할을 했다고 하니 보는 이들이 얼마나 기가 눌렸을지는 가히 짐작이 된다.

여기서 잠깐 한 가지 질문을 던져보자. 그는 세간의 인식처럼 잔인무도한 독재자였을까? 여기에는 이론이 있다. 우선 쿠데타 당시 피도 눈물도 없는 살육의 현장을 만들어낸 장본인이었으니 그런 측면에서는 달리 변명의 여지가 없다. 하지만 그런 인식을 전부 사실로 받아들이기에는 조금 부족한 부분이 있다. 그러기에는 쿠데타 이후 집권기 동안 보여준 그의 행동이 톨레랑스(tolerance), 즉 관용에 가까웠기 때문이다.

우선 그는 집권 직후 지방의 성주들 대상으로 쿠데타 결과를 인정하라고 요구했는데, 이것을 거부한 이들을 대상으로 무력행사를 했다는 기록이 있다. 이게 사실이라면 놀라운 것은 이를 버텨낸 성주들에게는 그 지배권을 순순히 인정해주었다는 것이다. 잔혹한 독재자가 이렇게 쉽게 의견의 다양성을 수용했다는 것 자체가 신기한 일이다. 이들 중에는 안시성주 양만춘처럼 연개소문에게 나중에 동조하는 인물도 있지만, 백암성주 손대음과 같은 배신을 하는 이들도 나타난다.

또한 선도해(先道解) 같은 보장왕의 총신을 조정에 받아들인 점이나, 보장왕의 아들 고임무를 권력의 핵심인 막리지로 임명한 점도 일반적인 독재자라면 하지 않았을 일들이다. 『삼국지』에서 조조(曹操, 155~220)가 후한의 황제인 헌제 유협(劉協, 181~234, 재위 189~220)에게 실권을 주지 않기 위해 얼마나 노력했는지를 떠올려보면 이해가 쉬울 것이다. 독재자의 가장 큰 적은 권력의 상징성을 가진 인물이다. 그런 인물은 왕조국가에서는 국왕이 될 수밖에 없다. 즉, 보장왕은 아무리 연개소문 자신이 옹립한 인물이고 협력을 통해 공동집권한 사이라 하더라도 잠재적으로는 그와 경쟁관계에 있음이 너무도 자명하다. 그럼에도 그의 사람들을 고위관직에 두었다는 것은 연개소문이 단순히 권력욕에 사로잡힌 일반적인 독재자가 아니라 상대적으로 생각이 열려 있는 위인이었음을 말해주는 것은 아닐까.

더욱이 같은 연씨 집안에서도 쿠데타 당시 제거의 대상이 된 이가 있었던 반면, 경쟁 가문인 고씨 출신 중에서 쿠데타 이후 중용된 이들도 많았다. 이는 결국 그가 군이 팔이 안으로만 굽는 소인배가 아니었음을 의미하는 것이다. 그는 넓게 바라보는 시각을 가졌으며 자신과 다른 사람도 받아들일 줄 아는 포용력을 갖춘 그런 인물이었다.

연개소문의 외교

연개소문은 다각도로 국제관계에도 신경을 썼다.

앞서 언급했듯이 642년 2월에 연개소문의 쿠데타 소식을 알리기 위해 고구려 사신이 일본 방문을 했었고, 같은 해 8월에도 일본을 방문했던 고구려 사신의 모습이 포착된다. 그리고 바로 다음 해인 643년 6월 13일, 오늘날 규슈에 위치한 다자이후(大宰府)에 고구려의 사신이 도착했다는 정보가 있었다.

이들의 일본 방문의 목적은 구체적으로 알 수는 없지만, 보낸 이가 연개소문인 것만은 확실하다. 고구려의 최고 권력자로서 그는 앞으로 닥쳐올 당나라와의 긴장 관계를 대비해 일본과 우호적 관계를 다져놓을 필요가 있다고 판단했던 것이 아닐까.

그뿐만 아니라 그는 백제와도 모종의 외교관계를 추진했던 것으로 보인다. 642년 2월의 고구려 사신단은 같은 시기에 일본을 방문한 백제 사신들과 만났다. 함께 연회도 두 차례 가졌고 귀국도 같은 날 했던 이들은 분명 양국 간의 정보를 교환했던 것 같다. 마침 고구려도 연개소문의 쿠데타 직후였지만, 백제에서도 부여의자(扶餘義慈, ?~660, 재위 641~660)가 641년 3월에 제31대 국왕으로 즉위하여 이듬해 초까지 일가 친척은 물론 고명대신 40여 명을 추방하는 등 내부적으로 혼란이 지속되고 있던 상황이었다. 이 무렵 백제를 방문했던 일본 사신이 "그 나라는 지금 매우 어지럽습니다"라고 본국에 보고를 했을 정도로 내분이 극심했던 모양이다.

고구려 입장에서는 당나라를 잠재 적국으로 상정할 수밖에 없던 처지였기에 외교적 파트너의 물색이 간절했는데, 북서쪽으로 거란이나 돌궐이 있다면 남쪽으로는 백제, 신라, 일본이 검토 대상이 되었다. 그중에서 신라는 과거 고구려의 500리, 약 200㎞의 영토를 침탈해간 바 있기 때문에 우호적 파트너로 삼기엔 관계가 썩 좋지 않았다. 물론 백제와도 오랜 원한이 있었지만 상대적으로 그 시점이 오래 전이어서 감정적으로는 많이 잊힌 상태인 데다가, 결정적으로 백제는 만약 파트너가 된다면 간접적으로 일본까지도 같이 끌어들일 수 있는 여지가 높았다. 일본은 이 당시 백제와 문화적·경제적·혈연적으로 여러 모로 긴밀한 관계였기 때문이다. 실제로 이후 백제는 연개소문의 기대대로 일본과 653년 공식적으로 포괄적 동맹을 맺게 된다.

아마도 추정컨대 연개소문은 새로 즉위한 의자왕에 기대를 걸지 않았을까 짐작된다. 그는 고대 중국에서 유학자이자 효자의 대명사인 증자의 이름을 따서 해동의 증자(海東曾子)라는 별칭으로 불렸을 정도로 훌륭한 인물됨으로 당대에 이미 유명했던 인물이었다. 나이는 그의 아들인 부여융(扶餘隆, 615~682)의 출생년도로 미루어 짐작해보면 최소한 590년대생으로 추정해볼 수 있으니 연개소문보다는 확실히 윗세대는 되었을 것이다. 연개소문은 그가 왕위에 올라 백제사회 내의 온갖 조직적인 병폐와 싸우며 백제를 개혁하려고 했던 그 노력을 인정하고 파트너로 낙점했던 것은 아니었을까. 이미 당시 널리 이름을 떨친 위인이었기에 추가로 더 검증할 필요도 없었을 테고 말이다.

어쨌든 고구려와 백제의 연맹은 곧바로 증명된다. 신라가 643년 9월에 당나라에 지원을 요청하며 남긴 다음의 한마디 말이 모든 것을 말해준다. 이미 신라는 이웃 국가의 내부동향을 면밀히 파악하고 있었다.

"백제가 고구려와 병력을 연합했습니다."

그리고 백제는 얼마 후 곧바로 공식적으로도 고구려와 전략적 파트너 관계임을 선언했다.

"의자왕이 고구려와 화친을 맺었다."　　　　　　—『삼국사기』백제본기

이는 643년 겨울 11월의 일인데, 아마 이보다 먼저 고구려와 백제는 비밀리에 동맹을 맺는 작업을 진행해왔을 테고, 그 결과물이 이제 와서 이처럼 공식화된 것으로 보인다. 즉, 그 전에 이미 연개소문은 백제의 의자왕과 다각도로 우호적 관계를 모색해왔음이 명백하다. 그 시점

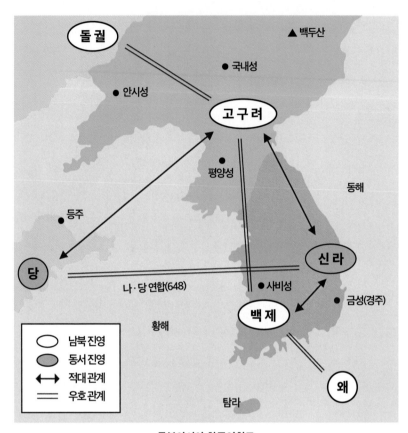

동북아시아 합종연횡도

을 추정해보자면 대략 쿠데타 직후 일본에서의 양국 사신단의 만남 즈음이 아니었겠는가 짐작해볼 수 있다.

　고구려의 의도는 분명했다. 중국 춘추전국시대 말미에 합종(合縱)과 연횡(連橫)의 두 전략이 맞부딪쳐 경쟁했던 것처럼, 그는 지리적으로 세로로 연계하는 것을 도모했다. 여러 북방 유목민족부터 시작하여 고구려-백제-일본을 잇는 국제적 공조체제를 구축하는 것을 목표로 한 것이었다. 이것이 만약 성공하게 되면 가장 위험한 존재인 대국 당나라를 외곽으로 크게 포위할 수 있고 약소국 신라는 쉽게 고립시키게 되어, 고구려를 중심으로 한 새로운 국제질서를 만들어낼 수가 있기 때문이었다. 그리고 연개소문의 이 전략은 실제로 당나라와의 전쟁이 발발하게 되었을 때 빛을 발하게 된다.

쿠데타 이후 약 1년만인 642년 겨울 10월의 어느 날, 신라의 고위 외교관 한 명이 일행을 이끌고 고구려 조정을 방문했다. 매우 잘생긴 인물이었던 그는 외국 사신을 위한 객관에 머물렀는데, 보장왕 대신 고구려의 최고 권력자였던 태대대로(太大對盧) 연개소문이 직접 그를 찾아와 대화를 나누게 되었다.

"지금 백제는 무도하고 탐욕이 심해져서 우리 강토를 침범하므로 우리나라에서는 고구려의 군사적 지원을 얻어 그 치욕을 씻고자 합니다."

사신의 말에 연개소문은 다음과 같이 대꾸했다.

"마목현(麻木峴)과 죽령(竹嶺, 오늘날 영주시와 단양군 사이의 고갯길)은 본래 고구려의 영토이니, 신라에서 만약 죽령 서북의 영토를 반환한다면 군사 지원을 해줄 수 있겠소."

예상치 못한 역제안에 당황한 사신은 자신도 모르게 언성이 높아졌다. 찾아온 목적과 완전히 다른 내용인 데다가, 그가 함부로 대답하기 곤란한 매우 민감한 요청사항이었기 때문이다.

"저는 명령을 받들어 군대를 청하고자 온 것인데, 고구려는 어려운 처지를 도와 이웃나라와 친선을 다지는 데에는 뜻이 없고 단지 사신을 위협하여 영토의 반환만 요구하시는군요. 국가의 토지는 신하가

태종무열왕릉 문화재청   **태종무열왕릉비** 문화재청

마음대로 할 수 있는 것이 아니니 저는 함부로 대답할 수가 없습니다."

연개소문은 사신이 대답하는 태도의 불손함을 핑계 삼아 그를 별관(別館)에 사실상 가택 연금하도록 했다.

위 이야기에 나오는 사신은 바로 신라의 이찬(伊飡, 17관등 중 2위) 김춘추였다. 이로부터 불과 두 달 전인 642년 8월에 신라와 백제 사이에 있는 대야성(大耶城)의 전투 때 신라가 대패하여 도독(都督)인 이찬 김품석(金品釋)과 그의 아내인 김춘추의 딸 고타소(古陁炤)가 비극적인 죽음을 맞았는데, 이를 전해 들은 김춘추는 그 충격 때문에 기둥에 기대어 서서 하루 종일 눈도 깜박이지 않았고 사람이나 물건이 그 앞을 지나가도 알아보지 못할 정도였다고 한다. 얼마 후 정신이 번쩍 들자 "대장부가 되어 어찌 백제를 삼키지 못하겠는가!"라고 하면서 한스러운 마음에 곧 선덕여왕을 찾아가 "제가 고구려에 사신으로 가서 군사를 청하여 백제에게 원수를 갚고자 합니다"라고 제의하여 허락을 득한 다음

이렇게 고구려를 방문했던 것이었다.

　역사에서 특히나 고대사회에서는 안전상의 문제도 있어서 양국 최고 권력자들 간의 만남이 쉽게 이루어지지는 않는다. 이때도 연개소문은 권력의 핵심이긴 했어도 태왕은 아니었고, 김춘추도 이찬이라는 두 번째 가는 고위 직책자이긴 했어도 아직 왕위에 오르기 전의 외교관 자격으로 온 것이었기 때문에, 엄밀히 말해 이때의 만남을 최고 권력자의 회담이라고 볼 수는 없다. 하지만 역사상 유명한 두 위인의 흔치 않은 대면이 이루어진 것이었다. 만약 이때의 사진이나 그림이 남아서 전해졌다고 한다면 마치 얄타회담에서의 루즈벨트, 처칠, 스탈린의 회동 같은 그런 느낌을 줄 것이다.

　가택연금 상태에 처해 있던 김춘추는 이 위기상황을 벗어나고자 뇌물을 쓰기로 했다. 그는 고구려 신하들 중에서 선도해(先道解)를 타깃으로 삼았는데, 그가 연개소문 라인이 아닌 보장왕 쪽 사람임에 주목했던 것이다. 그는 만약을 대비해 선물로 가져왔던 청포(靑布, 푸른 빛깔의 명주) 300보(步), 오늘날 단위로 환산해보면 500m가 넘는 값진 물품을 선도해에게 주었다. 그리고는 그의 간접적인 지원으로 고구려를 탈출할 수 있었다. 이때 그가 선도해에게 들은 '토끼와 거북이' 설화를 활용해 거짓말로 도망쳤다고 하는 믿기 힘든 이야기가 전해진다.

　사실 김춘추가 방문했던 고구려의 내부 사정은 이러했다. 이때의 연개소문과 김춘추의 만남 이전에 고구려 조정에서는 이에 대한 대응을 두고 은밀히 회의가 있었는데, 당시 신라 사회의 정보를 잘 알고 있던 한 사람이 다음과 같이 의견 개진을 했던 것이 채택되었다.

"저 신라 사신은 보통 사람이 아닙니다. 지금 온 것은 아마 우리의 형세를 관찰하고자 함일 것입니다. 그러니 마땅히 그에 대한 대비책을 세워야 합니다."

고구려 조정에서는 김춘추의 방문 목적을 있는 그대로 받아들인 것이 아니라 고구려의 내정 상황을 염탐하기 위해 온 것으로 이해를 했던 것이다. 쿠데타 후 얼마 지나지 않은 시점이어서 더욱이 그런 오해를 했을 만도 했다. 어쨌거나 그래서 고구려 측에서는 김춘추에게 곤란한 요구를 하여 대답하기 어렵게 만들어서 이번 회담 자체를 무산시키는 것이 목적이었던 것 같다.

따라서 김춘추가 어렵사리 고구려를 탈출했다고 하는데, 사실은 고구려 측에서 일부러 방치하고 놔준 측면이 컸던 셈이다. 미안한 얘기지만 김춘추는 고구려 내부의 사정을 정확히 몰랐기 때문에 혼자 쓸데없는 고민을 했던 것이다.

이후 김춘추는 좌절하지 않고 끊임없이 외교를 통해 자신의 목적을 이루기 위해 노력하는데, 647년에는 일본을 방문했으나 소기의 성과를 이루지는 못했고, 드디어 648년에 당나라를 방문하여 원하던 바를 이룰 수 있다는 기대를 갖게 되었다. 비유하자면 마치 오늘날 강대국의 핵우산 아래에 들어가 국가의 안전을 보장받는 그런 효과였을 것이다. 그의 노력은 결국 보답을 받기는 했지만, 오늘날을 사는 우리들에게는 그러한 그의 사대 행각이 마냥 곧게 보이지는 않을 수도 있다. 그러나 현대인의 가치관과 관점에서 그 당시를 일방적으로 재단해서는 안 될 일이다. 개인의 원한도 분명 있었겠지만 그는 무엇보다도 신라의 존속과 번영을 위해 자신의 목숨까지 수차례 담보로 맡기며 불철주야 뛰어다니고 헌신했던 위인이었음이 분명하기 때문이다.

어쨌거나 앞서 한 번 언급했지만, 당대의 미남자로는 연개소문과 김춘추를 꼽을 수가 있는데, 그중에서도 김춘추는 당나라뿐만 아니라 일본에서까지도 알아주었던 미남자였다고 전해진다. 물론 미의 기준은 주관적일 수밖에 없고 시대에 따라 바뀔 수밖에 없는 것은 사실이지만, 역사상 한국(신라), 중국(당나라), 일본이라는 삼국에서 공통적으로 뛰어난 외모를 인정받은 남자는 김춘추뿐이었다. 통일신라를 이끈 주역이자 고구려, 당나라, 일본을 넘나들며 국제외교를 주도했던 인재였던 그는 그런 전방위적 행동들 덕분에 우연찮게도 외모에 대한 기록이 각국에 남게 되었다. 그에 대한 증언들을 한 번 살펴보자.

〈삼국사기, 태종무열왕 1년(654)〉
왕은 용모가 영특하고 늠름하여 어려서부터 세상을 다스릴 뜻이 있었다.

〈화랑세기, 제18세 춘추공〉
(무열왕의) 얼굴은 백옥같았고, 온화한 말투로 말을 잘했다. 큰 뜻을 지니고 있었고, 말수가 적었으며, 행동에는 법도가 있었다.

〈삼국사기, 진덕왕 2년(648)〉
이찬 김춘추와 그의 아들 김문왕(金文王)을 당나라에 보내 조공하였다. 당 태종이 광록경(光祿卿) 유형(柳亨)을 보내서 교외에서 그를 맞이하여 위로하였다. 이윽고 [궁성에] 다다르자 김춘추의 용모가 영특하고 늠름함을 보고 후하게 대우하였다.

〈삼국유사, 태종 춘추공〉

왕이 태자로 있을 때(648년, 46세) 고구려를 치고자 군사를 청하려고 당나라에 간 일이 있었다. 이때 당나라 황제가 그의 풍채(風彩)를 보고 칭찬하여 신성(神聖)한 사람이라 하고 당나라에 머물러두고 시위(侍衛)로 삼으려 했지만 굳이 청해서 돌아오고 말았다.

〈일본서기, 고토쿠(孝德) 천황 3년(647)〉

이 해 … 신라가 상신(上臣) 대아찬(大阿湌, 17관등 중 5등급) 김춘추(金春秋, 45세) 등을 보내서 … 김춘추를 인질로 삼았다. 김춘추는 용모가 아름답고 담소(談笑)를 잘하였다.

『화랑세기』는 위작 논란이 있으니 그냥 이해만 해두면 좋을 텐데, 내용상 『일본서기』의 기록을 참고했을 것으로 보인다. 그리고 당나라 기록으로는 직접 그의 외모를 언급한 것은 없고, 대신 이처럼 동반했던 신라인들이 당나라에서 보고 느꼈던 사실을 적어서 남기고 있다. 아쉽게도 고구려 측의 평은 없으나 이는 아마도 사실상 적대국 관계인 마당에 굳이 외교관으로 방문한 이의 외모나 평가하고 있을 만큼 한가하지 않았기 때문이 아닐까 싶기도 하다.

어쨌든 이처럼 김춘추는 국내에서는 물론 이웃나라인 당나라와 일본에까지 그 외모를 인정받는 진기록을 연출한 당대 최고의 미남이었다. 연개소문이 그에 비해 뒤지는 것처럼 보이는 이유는 동아시아를 다 돌아다녔던 김춘추와 달리, 직접 외교관으로 활약할 일이 없었기 때문일 것이다. 외국에서 찾아와서 그를 만나본 사신들의 증언만 남았으니 상대적으로 기록이 부족한 것이리라.

연개소문은 문화 정책에도 관심을 가졌다. 영류왕 때인 624년과 625년에 고구려는 이미 당나라로부터 도교를 수입한 바 있었다. 보장왕이 즉위한 이후에도 이 정책은 중단 없이 지속되었다. 643년 3월, 연개소문이 보장왕에게 다음과 같이 건의했다.

"중국에는 유교, 불교, 도교의 세 가르침이 균등하게 있다고 들었습니다. 이것들은 비유하자면 솥의 세 다리와 같아서 하나라도 없어서는 균형을 잃게 됩니다. 지금 우리나라에서는 유교와 불교는 모두 자리를 잡았는데 도교는 아직 널리 퍼지지 못했으니 나라가 완성된 것은 아닙니다. 당나라에 요청하여 도교를 수입하여 백성들에게 널리 전파함이 어떻겠습니까?"

보장왕이 달리 토를 달 수 있는 상황은 아니었다. 곧바로 당나라에 국서를 보내 도교의 전수를 요청하니, 당 태종은 도사(道士) 숙달(叔達, 혹은 서달叙達) 등 8명의 사람을 보냈고, 이와 함께 노자의 『도덕경(道德經)』을 보내주었다. 이를 환영하면서 고구려 정부에서는 불교의 사찰을 압수하여 이들이 머물 숙소로 삼았다.

하지만 그에 대한 반발도 당연히 있었다.

650년 여름 6월, 반룡사(盤龍寺)의 보덕(普德) 화상은 고구려가 새로 들어온 도교만을 우대하고 전통 종교인 불교는 천대한다면 국론이 분열

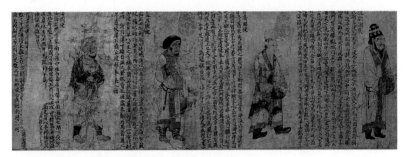

양직공도(좌측 왜, 우측 두 번째 백제 사신) 위키피디아

당염립본왕회도(순서대로 왜, 신라, 백제 사신) 위키피디아

이 시기보다 100년 전의 기록이지만 백제나 신라의 젊은 사신들은 동시대의 왜 사신과 극명히 비교가 될 정도로 오늘날 기준으로도 꽤나 수려한 외모의 소유자들이었음을 알 수 있다. 혹 100년 후의 김춘추도 젊었을 적 이와 같은 미남 스타일이 아니었을까 싶다.

되고 국운이 위태로워질 수 있음을 걱정하였다. 이에 여러 차례 정부에 재고해 줄 것을 요구했으나 받아들여지지 않았다. 이에 그는 남쪽의 완산주(完山州, 지금의 전주) 고대산(孤大山)으로 아예 거처를 옮겨버렸다. 위치를 보면 고구려가 아닌 백제의 영토여서, 아마도 완전히 망명을 했던 것으로 보인다.

이는 기존 불교계의 친도교 정책에 대한 집단적 반발을 상징하는 사건이었다. 보덕 화상으로 상징되는 불교계에서는 자신들의 기득권을 빼앗기게 되자 반정부 여론이 강하게 불었을 것이고, 그로 인해 다른 지방으로의 이주와 같이 아예 정권에 등을 돌리는 사례도 빈발했던 것으로 보인다.

어쨌든 이 당시의 친도교 정책은 연개소문의 고도의 계산된 정치적 기교였을 수도 있다. 기존 불교계가 가지고 있던 기득권을 허무는 것이 그의 목표였던 것 같기 때문이다. 불교의 사찰을 빼앗아 도교의 숙소로 전환했다는 것은 이를 상징한다. 근거는 없지만 아마도 불교계가 갖는 혜택들, 오늘날로 비유하자면 세금 면제 등의 혜택들을 원점에서 재검토하고자 한 것이다. 그 방법으로 대체 종교인 도교를 들여와 자연스럽게 경쟁 체제를 도입했고, 이로써 이미 기성세력화된 불교계의 정화를 꾀하고 이를 통해 국가재정의 확충까지 노렸던 것은 아니었을까?

그렇다고 하더라도 연개소문은 철저하게 불교세력을 억압하기만 했던 것은 결코 아니었다. 좀 더 후대의 일이지만 승려 출신이 평양성의 수비대장을 맡았던 사례 등을 감안해 보면 불교계의 영향력은 분명 건재했다. 외적인 이미지 탓에 연개소문이 억압적 정책을 폈다고 오인하기 쉬우나, 엄밀히 말해 연개소문은 일종의 탕평책으로서 도교를 불교 수준으로 격상시킨 것이지, 일방적인 무시와 탄압으로 일관했던 것은 아니라고 말할 수 있겠다.

이처럼 연개소문은 영류왕의 정책을 계승하면서도 보다 발전적인 방향으로 이를 활용하고자 했던 것이다.

그리고 시점은 불분명하지만 말갈족을 고구려 사회로 융합하려는 시도를 했던 것 같다.

가장 고구려와 인접해 있던 백산말갈은 수나라 시기에만 해도 독립적인 세력이었지만 당나라 시대로 넘어오면서 어느 순간 고구려에 병합되었다. 그 시기를 추측해 보자면 영류왕 시대 아니면 연개소문의 시대일 것이다. 그런데 이 무렵의 고구려 역사에는 말갈의 흡수합병에 대한 기록이 전혀 나오지 않는다. 영류왕 때 별다른 말갈과의 공조활동이 눈에 띄지 않는 반면, 연개소문은 전쟁에서 특히 말갈병사들을 적극적으로 활용하는 모습이 많이 보인다. 예를 들어, 645년 당 태종의 1차 침공 당시, 654년 거란 정벌, 655년 신라 33성 함락, 661년 신라 북한산성 공격 등 연개소문은 여러 차례 말갈병사들을 동원하여 전쟁을 수행했다. 이로 미루어 보자면 연개소문 집권 초기에 백산말갈과의 통합이 이루어진 것이 아닐까 추측된다. 물론 물증은 없지만, 백산말갈의 존재가 사라지는 시점으로 추정해보자면 그럴 개연성이 높다는 뜻이다.

수나라 말기인 600년대 초반에 추장 돌지계(突地稽, 혹은 도지계度地稽)가 속말말갈의 일파 1,000여 명을 이끌고 수나라에 귀화하여 영주(營州)에 정착하게 되었는데, 이는 고구려와 군사적 대립을 거듭하다가 밀려나서 도망을 친 것이었다. 이것을 다른 한편으로 생각해보면 원래 거주지에 잔류한 속말말갈의 다수 세력이 있었다는 것이고, 이들은 상대적으로 친고구려 성향일 가능성이 높음을 의미한다. 실제로 나중에 발해 건국의 초석을 다지게 되는 걸걸중상이나 그의 아들 대조영은 속말말갈 출신이면서 동시에 고구려의 별종, 즉 고구려에 복속된 자들이라고 묘사되는데, 이는 곧 이들이 돌지계와 결별한 친고구려 성향의 속말말갈인들이면서 결국 백산말갈처럼 어느 시점인가에는 고구려와 통합되게 되었음을 뜻하는 것으로 이해할 수 있다.

돌지계가 당나라에 투항하던 시점과 같은 때라면 영양왕 말부터 영류왕 초까지로 볼 수 있지만, 영양왕은 수나라와의 대전으로 국력을 다 소진하여 속말말갈을 통합할 여력이 있었을지 의문이고, 영류왕은 상대적으로 여유가 있었지만 626년 당나라의 요청으로 이웃나라인 백제, 신라와 화친할 정도였으니 대외 확장의 시도를 할 여건은 못되었다. 그렇다면 역시 주위 눈치를 보지 않는 성격이었던 연개소문 당시에 속말말갈과의 본격적인 통합이 이루어졌을 가능성이 있지 않을까 싶다.

연개소문이 쿠데타 직후 지방 성주들에게 자신의 정권을 인정할 것을 요구했고 이에 반하는 곳들은 무력으로 응징했다고 하는데, 이 말이 사실이라면 고구려 국내뿐만 아니라 가까운 말갈부족들도 그 대상이 되었을 수 있다. 그 과정에서 연개소문 정권에 동조하는 세력들은 자연히 고구려 사회로 받아들였을 가능성이 있고, 만약 그렇다면 그 시점은 642년부터 644년 사이의 일이었을 것이다. 혹 이보다 늦어져도 654년 거란 정벌보다 이전에는 말갈의 통합 시도가 이루어졌을 것으로 보인다. 왜냐하면 거란까지 손을 뻗치려면 그 전에 말갈부터 확실히 복속시키는 것이 거리상 합리적인 접근이기 때문이다.

고로 대략 640년대로 폭넓게 추정해보자면, 걸걸중상이 10대 후반에서 20대 초반 정도의 나이가 되었을 무렵이고, 이때 고구려 사회로 편입되어 태어난 바로 다음 세대는 사실상 고구려인의 정체성을 지니고 성장했을 것이다. 걸걸중상의 아들 대조영이 바로 이 통합 직전이나 직후에 태어난 세대여서 성장할 때 이미 고구려인이라는 인식을 가졌던 것 같고, 이것이 후대 역사에 기록으로 남겨지면서 발해의 건국세력에 대해 '고구려의 별종(別種)'이라는 표현이 사용된 것이 아닌가 한다.

이와 같이 고구려 사회에 편입된 속말말갈인들은 결코 2등 국민은 아니었던 듯하다. 당장 대조영만 해도 고구려 말기에 고구려 군대에서 장수가 되어 활약을 시작하기 때문이다. 이는 고구려가 단순히 무력으로 주변 말갈부족들을 정복했다기보다는 동등한 처우를 약속하고 평화적으로 통합해나갔을 가능성을 시사해준다.

이제 남은 것은 당나라 이슈였다. 당시 당나라는 아직 연개소문의 쿠데타에 대해 어떻게 대처해야 할지 결론을 내리지 못한 상태였다. 고구려의 쿠데타 소식을 전해들은 것이 벌써 작년인 642년 후반의 일이었고, 영류왕의 상에 대한 조문까지 마쳤음에도 그들은 여전히 대고구려 정책을 어떻게 가져가야 할지 뚜렷한 계획을 세우지 못하고 있었다. 한 신하는 당 태종에게 이를 빌미로 고구려를 정복해야 한다고까지 했지만, 그는 아직 고구려가 상중이라는 이해하기 어려운 핑계를 대며 이 제의를 받아들이지 않았다. 하지만 단재 신채호의 말마따나 동방 침략의 전략을 아직 완성하지 못했기 때문이었지, 거우 상중이라는 도의적 이유로 병력을 동원하지 않은 것은 아니었다. 당장 이들은 수개월 전에 즉위한 보장왕을 고구려의 태왕으로 정식 인정해야 할지 말아야 할지도 결정을 못 내리고 있었다.

643년 여름 6월, 태상승(太常丞, 종5품) 등소(鄧素)가 고구려에 사신으로 다녀와서는 요수 서편의 요서 지역에 있던 최전방 군사기지인 회원진(懷遠鎭)에 수비병력을 추가 배치하여 고구려에 방비해야 한다고 보고했다. 그는 고구려에서 무언가 대당 강경파의 적대적 기운을 감지했던 모양인데, 당 태종은 고구려의 본국 공격 가능성을 높게 보지 않았기 때문에 이 의견을 받아들이지는 않았다.

643년 윤6월 어느 날, 당 태종과 그의 신하들이 국사를 논하는 자리에서 고구려와 연개소문에 대한 이야기가 오고 갔다. 역시 호전적인 당 태종은 이때는 태왕 시해를 저지르고 권력을 독점하고 있는 연개소문 정권을 무너뜨리고자 하는 쪽에 좀 더 가까웠다.

"연개소문이 자신의 군주를 죽이고 국정을 제멋대로 하고 있으니 이는 정말 참을 수가 없는 일이오. 지금의 우리 병력으로도 그를 제압하는 것은 어렵지 않을 것이오. 다만 우리 백성을 수고롭게 할 수는 없으니, 거란이나 말갈 병사들을 동원해 그들을 공격하게 하는 것은 어떻겠소?"

말은 그렇게 했지만 내심은 자신이 직접 고구려와 전쟁을 벌이고 싶다는 것이었다. 고구려가 아직 상중이라는 상황을 황제쯤 되는 이가 이용했다는 말을 듣고 싶지 않았을 것이고, 외국의 이민족 병사들을 동원하자는 것은 그저 그런 속마음을 가리는 핑계에 불과했다.

사공 방현령(房玄齡, 578~648)이 그런 그의 마음을 읽고 사자성어로 자신의 의견을 대신했다. 굳이 군사력을 동원할 것까지 있겠느냐는 완곡

한 반대의 입장이었다.

"역사를 살펴보면 강대국이 약소국을 침범하지 않은 적이 없습니다. 하지만 폐하의 군사가 용기와 힘이 넘치는데도 군이 고구려를 공격하지 않는 것은 이른바 '지과위무(止戈爲武)', 즉 전쟁을 멈추게 하는 것이 곧 진정한 무(武)라는 격언 그대로입니다. 과거 수 양제가 세 번이나 요동을 정벌했지만 백성들이 빈곤해지고 나라가 파괴된 것은 사실상 여기서 기인한 것입니다. 폐하께서는 잘 살펴주시기 바랍니다."

사도 장손무기(長孫無忌)는 비슷하면서도 관점이 조금 달랐다. 지금은 상대방이 준비가 많이 되어 있을 테니 시간을 두고 빈틈을 노리는 편이 좋겠다는 의견이었다.

"연개소문은 스스로 큰 죄를 저지른 줄 알고 있으니, 당나라의 토벌을 두려워하여 국방을 철저히 하고 있을 것입니다. 그러니 폐하께서 잠시만 참고 기다리시면 저들은 점차 안심하여 더욱 나쁜 짓을 마음대로 행하게 될 터이니, 그러한 연후에 연개소문 정권을 무너뜨리더라도 늦지 않을 것입니다."

여러 논의 끝에 결국 당 태종은 고구려 정벌에 대한 자신의 욕심은 잠시 버려두고 연개소문이 세운 보장왕을 고구려 태왕으로 정식 인정키로 했다. 다음은 그에 대한 당나라 측 국서의 내용이다.

먼 나라를 관장하는 법은 전대 제왕의 아름다운 전례이며 세대를 계승하는 의식은 여러 왕대의 오랜 규례이다. 고구려국왕 고장(高臧)은 기본과 심성이 아름답고 민첩하고, 식견과 자질이 상세하고 바르며, 또한 예의에 대한 교육을 익혀 덕망과 의로움이 알려졌다. 처음 외국의 왕업을 계승하여 정성을 먼저 드러냈다. 마땅히 작위를 더할 만하므로 전례에 의거하여 상주국(上柱國) 요동군왕(遼東郡王) 고구려왕(高句麗王)이라 한다.

이는 결국 연개소문의 쿠데타를 당나라가 사후 승인했다는 의미가 된다. 군주의 시해는 당시 고대사회에서는 특히나 도덕적으로 문제 삼기 좋은 일이었는데도, 당 태종과 당나라 조정은 이를 결과적으로 인정했던 것이다. 그럼에도 나중에 고구려 침공 시 군주 시해를 그 사유로 드는 것은 자가당착이 된다. 아마도 시간이 지나서 당 태종은 이때 보장왕의 왕위 계승을 인정해준 것을 깊이 후회했을 것이다.

그렇다면 이상과 같은 연개소문 집권 초기의 정책들은 직전의 정권인 영류왕 때와 얼마나 차이가 있을까? 우선 대당 정책은 온도 차이는 있지만 아주 큰 차이는 없었다. 문화적으로도 도교의 수입을 지속하고 있었고, 외교관계도 정상적으로 이루어지고 있었다. 연개소문의 쿠데타 소식을 접한 당나라도 당장 특별히 강경한 움직임은 없었다. 영류왕은 온건파, 연개소문은 강경파라는 일반적인 인식과 달리 연개소문도 대외적으로는 온건한 모습을 보였다. 보통 연개소문을 강경파로 보는 이유로 그의 강한 카리스마와 당나라와의 전쟁을 들지만, 그가 강경파로 활동하게 되는 것은 정확히 말하면 전쟁 발발과 맞물린 시점이다. 처음부터 그랬던 것은 아니라고 볼 수 있다.

오히려 영류왕과 연개소문의 차이는 주로 대내적인 이슈에서 발견된다. 고구려 사회를 귀족층이 주도하는 과두정으로 지속할 것인가, 아니면 강력한 리더십을 갖는 입헌 제정 형태로 전환할 것인가 하는 가치관의 충돌이 더 커 보이는 것이다. 영류왕은 연개소문을 제거하고자 할 때도 여타 귀족들과의 협의를 통해 추진한 반면, 연개소문은 쿠데타 때는 물론 집권 이후에도 줄곧 한 명에게 권력을 모은 강력한 일인집권체제, 즉 태왕은 상징적인 존재로 남는 입헌군주제에 가까운 형태를 고수했다. 위기상황에서는 과두정보다 권력이 집중되는 방식이 훨씬 효율적이라는 생각이었던 것이다.

오늘날 민주주의 세계에 살고 있는 우리들은 지금의 가치관으로 과거를 재단하려고 하는 경향이 있는데, 역사적인 사건을 바라볼 때는 그런 선입관 내지 고정관념을 가지고 함부로 평가해서는 안된다. 순수하게 그 당시의 관점에서 그때의 현실을 있는 그대로 바라볼 수 있도록 노력해야 한다. 공화정은 민주적 방식이니 선이고, 제정은 독재에 해당되니 악이라는 이분법적 사고로 접근하기 쉬울 수 있어 노파심에 이야기하자면, 당시는 태왕이라는 절대권력이 이미 존재했고 이를 뒷받침하는 귀족들이 국정을 맡아 태왕과 어느 정도 긴장 관계를 가지고 나라가 운영되는 방식이었다. 여기서 귀족들이 다수이니 좀 더 공화정에 가깝다는 생각에 이를 정치적으로 옳은 것으로 보는 경향이 있다면 이는 과감히 버려야 할 생각이다. 과두정 체제 역시 허점이 있기 때문이다. 후대의 조선시대를 떠올려보면, 국왕이라는 절대권력 아래에 당파들이 서로 경쟁하여 국정을 농단했던 사례가 있지 않은가.

오히려 연개소문은 이 당시 고구려 사회가 귀족들의 집단이기주의에 빠져 있다고 진단한 것이고 이를 타파하기 위해서는 극단적이긴 하지만 강력한 리더십을 통해 낡은 체제를 무너뜨리고 새로운 질서를 구축해야 한다고 보았기 때문에 그러한 독재가 가능했던 것이다. 로마

공화정의 율리우스 카이사르 역시 원로원이라는 기득권 세력이 된 귀족 집단을 타파해야지만 로마사회의 건전성을 되찾을 수 있다고 믿었고, 이를 위해서 루비콘 강을 건너 스스로 종신독재관이 되어 로마사회의 변혁을 꿈꾸었던 것임을 잊어서는 안 된다. 여기서 연개소문의 잘못은 그렇게 형성한 권력의 후계구도를 잘못 설계했다는 점에 있다. 고로 비판은 그것에 집중되어야 할 것이다.

그리고 또 다른 차이로는 대남 정책을 들 수 있다. 영류왕은 626년 당나라의 중재로 더 이상 대남 공세를 하지 않겠다고 선언했다. 그런데 불과 3년만인 629년 가을 8월에 신라가 먼저 고구려의 낭비성(娘臂城, 위치 미상)을 공격하여 함락시킴으로써 영류왕의 대남 정책은 흔들릴 수밖에 없었다. 여담이지만, 이 낭비성 전투에서 이름을 알려 이후 신라의 영웅이 되는 이가 바로 김유신이었다. 어쨌든 그래서 9년 후인 638년 겨울 10월, 고구려는 준비 끝에 신라의 북쪽 변경인 칠중성(七重城)을 침공했지만 그것도 성공하지 못하고 한 달만에 패퇴하고 만다.

그렇다고 백제와 사이가 좋았느냐 하면 그것도 아니었다. 정확히는 백제와 신라가 워낙에 앙숙이어서 크게 마찰이 없었을 뿐 백제의 제30대 무왕 부여장(扶餘璋, ?~641, 재위 600~641) 역시 당나라에 고구려 정벌을 요청한 것을 보면 딱히 관계 개선의 움직임도 보인 바가 없었다. 결국 영류왕의 대남 정책은 혼선 끝에 실패로 종결되었다.

이에 반해 연개소문은 대남 정책을 확실하게 정했다. 그것은 '친백제 반신라'였다. 자신과 같은 해인 641년에 왕위에 올랐고 친위 쿠데타를 벌여 자신의 권력을 공고히 한 의자왕과 공식적으로 동맹을 맺고, 철저하게 신라를 공략하는 데에 공동으로 힘을 쏟기로 했던 것이다. 실제로 연개소문의 정책은 꽤 효과가 컸다. 멸망의 위협을 느껴 당나라에 완전히 사대정책으로 기울게 되었을 만큼 신라는 고구려와 백제 양국의 공세에 심하게 흔들렸다.

오늘날 이를 두고 연개소문의 실책이라고 일컫는 것은 우리가 이미 결과를 알고 있기 때문에 소급해서 판단하는 것일 뿐, 당시의 상황으로 봤을 때 백제가 신라보다 더 나은 카드였음은 누가 봐도 분명한 것이었다. 의자왕은 연개소문의 기대에 부응해 적극적으로 신라 공격에 매진했고, 그 덕분에 연개소문이 대당 전쟁에 전력을 쏟아부을 수 있었기 때문이다. 혹여나 만약 연개소문이 신라와 손잡고 백제를 적으로 돌렸다면, 당나라가 해군까지 동원해 남쪽으로부터도 북진해왔을 것이고 그렇다면 고구려의 운명은 668년이 아니라 645년에 이미 끝장났을지도 모를 일이다.

이처럼 연개소문은 영류왕이 실패했던 대남 정책을 확고히 함으로써 고구려가 나아갈 길을 분명히 했고, 이를 통해 이전 정권과의 차별화를 이루었던 것이다. 그는 뚜렷하지 못한 대내외 전략을 내세운 영류왕과 달리 자신의 집권을 기반으로 고구려 사회에 장기적인 비전을 제시하고자 했으며 일정 부분 그에 성공했다.

이와 같은 비전을 이루는 데 가장 큰 걸림돌이 되었던 것은 당나라였다. 이제부터 당나라가 연개소문 단 한 명을 상대로 일으켰던 치열했던 전쟁 속으로 직접 들어가 그 내막을 깊이 있게 살펴보도록 하자.

5.
폭풍 전야

643년 가을 9월, 신라의 사신이 당나라를 방문해 다음과 같이 청했다.

"백제가 우리 40여 성을 공격해 빼앗았고, 또 고구려와 병력을 연합하여 당나라로 오는 길을 막으려고 모의하고 있으니, 저희들은 어쩔 수 없이 전쟁에 휘말려 들었습니다. 부디 황제께서 군대로 구원해주시기 바랍니다."

고구려와 백제의 연합이 신라인의 입을 통해 드러나는 순간이다. 그 전부터 오랫동안 준비해온 양국 간 연합군이 본격적인 활동을 펼치기 시작했음을 의미했다. 당 태종이 사신에게 말했다.

"나는 귀국이 두 나라로부터 침략받는 것을 매우 안타깝게 여겨서 자주 사신을 보내 그곳 세 나라가 친하게 지내도록 하였소. 그러나 고구려와 백제는 돌아서자마자 생각을 뒤집어 귀국을 집어삼켜서 나누어 가지려 하고 있소. 귀국은 어떤 계책으로써 패망을 피하고자 하는가?"

이에 사신이 대답했다.

"저희는 형편이 곤궁하고 마땅한 계책이 없어서 그저 당나라에 위급함을 알려서 생존하기만을 바랄 뿐입니다. 폐하께서는 부디 불쌍히 여겨주시옵소서."

하지만 당 태종은 쉽게 그 청을 들어줄 생각이 없었다.

"내가 일부의 군사로 거란과 말갈을 거느리고 요동으로 곧장 쳐들어가면 귀국은 당장은 포위에서 풀려나 1년 정도는 조용히 넘어갈 수 있을 것이오. 다만 그 이후 지원병력의 파병이 지속되지 않으면 재차 침략을 해올 테니 곧 국제정세는 혼란스러워질 것이고 귀국도 편치는 못할 것이오. 이것이 첫 번째 계책이오. 나는 또한 귀국에게 수천 개의 예복과 붉은 깃발을 줄 수 있는데, 두 나라의 군사가 공격해왔을 때 진영에 그것들을 세워두면 그들이 보고는 당나라 군대가 도착한 것으로 여기고 분명 도망칠 테니, 이것이 두 번째 계책이오. 다음으로는 백제는 험난한 바다만 믿고 방비하지 않고 그 국민들은 연회에서 서로 즐겁게 놀기만 할 뿐이니, 내가 수십 수백 척의 배에 수만의 해군을 싣고 소리 없이 바다를 건너서 곧바로 그 땅을 습격하는 것이오. 그런데 귀국은 여자를 군주로 삼고 있어서 이웃나라들이 업신여기고 있으니, 내가 우리 황실 사람 한 명을 보내 귀국의 왕으로 삼되, 그가 혼자서는 왕의 직무를 수행하기 버거울 테니 마땅히 군사를 보내서 호위하게 하고, 귀국이 안정되기를 기다려서 그 다음부터는 그대들 스스로 지키면 될 것이오. 이것이 세 번째 계책이오. 그대는 잘 생각해보라. 이 중에 어느 것이 좋겠는가?"

신라 사신은 그저 "예"라고만 할 뿐 대답이 없었다. 당 태종은 사신이 재능 있는 자가 아니어서 군사를 청하고 위급함을 알리러 올 만한 인재가 아님을 탄식했다고 하는데, 이는 사실 말도 안 되는 일이다. 신라 사신 입장에서는 신하가 감히 자신의 왕에 대한 처분을 말할 수가 없었던 게 너무나 당연하다. 더욱이 당 태종의 제안이 허황되고 허무맹랑하여 차마 속마음을 시원하게 얘기할 수 없었을 것이다.

643년 겨울 11월, 고구려와 백제는 공식적으로 화친을 맺었는데, 그 목적은 1차적으로 신라의 당항성(黨項城)을 빼앗아 그들이 당나라와 교류하는 경로를 막는 것이었다. 의자왕은 군사를 출동시켜 신라를 공격했다.

이에 644년 1월 신라에서 재차 사신을 당나라로 파견했다. 이에 당 태종은 사농승(司農丞, 종6품) 상리현장(相里玄奬)에게 국서를 주며 고구려와 백제 양국을 협박하도록 했다.

상리현장이 고구려의 국경을 넘었을 무렵 막리지 연개소문은 이미 군대를 거느리고 신라를 공격해 두 성을 함락시킨 상황이었다. 어차피 마리오네트에 불과했던 보장왕으로서는 혼자서 사신 문제를 처리할 수가 없어서 신라와의 전투를 지휘하고 있던 연개소문을 호출했고, 그도 사안의 중요성을 생각하여 이내 평양성으로 복귀했다. 다만 한창 바쁜데 돌아와야 했으니 썩 기분은 좋지 않았었을 듯하다.

드디어 연개소문을 직접 만난 상리현장은 요약하자면 다음과 같은 내용을 담고 있는 당 태종의 국서를 보여주며 전쟁 중지를 제의했다.

신라는 우리 당나라를 따르고 있는 나라이니, 고구려는 백제와 함께 즉시 전쟁을 멈추도록 하시오. 만약 다시 신라를 공격한다면, 내년에는 군대를 파병하여 귀국을 토벌할 것이오.

그러나 이를 읽어본 연개소문은 이미 기분이 상한 상태에서 다음과 같이 강하게 주장할 뿐이었다.

"고구려와 신라가 원한 때문에 사이가 멀어진 것은 이미 오래된 일이오. 과거 수나라가 연달아 고구려를 침략했을 때, 신라가 그 틈을 타서 우리의 성과 마을 그리고 영토 500리(약 200km)를 강탈해갔소. 만약 우리 땅과 성을 반환하지 않는 한 전쟁을 중단할 일은 없을 것이오."

"이미 지나간 일을 어찌 다시 끄집어내서 논의하고자 하십니까?"

상리현장이 이처럼 하소연해보았지만 소용없었다. 자신감이 있었던 연개소문의 태도는 강경했다.

이때의 500리는 사실 수-고구려 전쟁 당시의 기록에는 나타나지 않는 이야기다. 혹 연개소문이 그보다 이전인 진흥왕 때의 일을 그 당시로 슬쩍 바꿔서 말한 것이 아니었을까 싶다. 551년 진흥왕 집권 시 백제와 연합하여 백제가 평양을 공격하는 동안 거칠부(居柒夫, 499~576) 등도 고구려를 침공해 10개의 군(郡), 즉 죽령(竹嶺) 너머 고현(高峴)까지의 지역을 점령했는데, 앞서 김춘추와의 대화에서 언급된 죽령 서북쪽 지역은 아마도 이를 말하는 것 같다.

상리현장은 결국 포기하고 발길을 되돌릴 수밖에 없었다.

한편 똑같은 협박을 받은 백제는 만일을 대비해 당장의 위협을 피하고자 당항성을 공격하고 있던 군사를 철수시켰다. 촉이 좋았던 건지 백제 측의 일보 후퇴는 백제 입장에서는 시의적절한 대처였다. 그 덕분에 당나라의 예봉은 백제 대신 고구려로 집중되었기 때문이다. 하지만 백제는 『구당서』의 기록대로 "두 마음"을 품고 있었으며, 실제로 내부적으로는 친고구려 정책을 끝까지 밀고 나갔다. 그에 대한 반대급부는 역시 고구려의 반신라 군사행동에 대한 동참이었음은 두말할 나위가 없을 것이며, 이후 백제가 어려워졌을 때 도와주기 위해 나서는 것도 결국엔 동맹국 고구려였다.

644년 2월, 상리현장이 귀국하여 있었던 일을 모두 보고하니 당 태종은 마치 기다렸던 반응이었다는 듯이 이처럼 대구했다.

"막리지 연개소문은 자신의 군주를 시해하고, 그 나라의 대신들을 다 죽였으며, 백성들을 잔인하게 학대하고 있어 모든 이들이 원한을 품고 있소. 지금은 또 내 명령까지 어기니 벌하지 않을 수 없소. 원래 군사를 일으켜 죄인을 쳐서 백성들을 위로하는 것에는 반드시 명분이 필요한 것인데, 그가 군주를 시해하고 아랫사람들을 학살한 구실을 내세운다면 무너뜨리기가 매우 쉬울 것이오."

당 태종 입장에서는 전쟁을 위한 명분 쌓기가 필요했던 것이다. 다만 이는 성경의 격언처럼 내 눈의 들보는 보지 못하고 남의 눈에 있는 티끌을 지적하는 격임을 본인만 미처 인지하지 못했다. 자신이 626년 쿠데타를 일으켜 형과 동생을 참살하고 아버지인 고조 이연을 협박하여 황제의 자리를 꿰찼다는 사실은 이미 머릿속에서 사라진 모양이었다.

간의대부(諫議大夫) 저수량(褚遂良, 596~658)이 반대의견을 개진했다.

"폐하의 용병술과 뛰어난 지략은 그 어느 누구도 따르기 어렵습니다. 하지만 지금 폐하께서 고구려를 토벌하려 하신다는 이야기를 들고 저는 혼란스러워졌습니다. 폐하의 군사가 요하(遼河)를 건너면 분명 승리하겠으나, 만에 하나 목표를 이루지 못할 경우 부득이 다시 군사를 일으켜 공격해야 할 것이고, 그렇게 된다면 그때에는 국가의 안위를 예측할 수가 없습니다."

이에 반해 무장 출신인 병부상서(兵部尙書) 이세적(李世勣, 584~669)은 당 태종의 마음을 제대로 읽었기 때문에 주전파로서의 의견을 내었다.

"그렇지 않습니다. 지난날 설연타(薛延陀)가 변방에 침입하여 폐하께서 추격하려 하실 적에 위징(魏徵)이 하도 간언하여서 그만두셨습니다. 만약 그때 추격하였더라면 한 필의 말도 살아 돌아가지 못하였을 텐데, 뒤에 다시 배반하여 오늘날까지 문제가 되고 있는 것입니다."

이에 당 태종은 좋게 말은 했지만 자신의 뜻을 결코 포기하지는 않았다.

"그 말이 맞소. 다만 한 번의 실수를 가지고 그를 원망한다면, 이후에 누가 나를 위하여 좋은 계책을 내겠소?"

당나라는 형식상 다시 한 번 장엄(蔣儼)을 사신으로 파견해 국서를 전했지만, 연개소문은 끝내 받으려고 하지 않았다. 어떤 이유에서인지 장엄은 감옥에 갇히게 되는데, 단순히 사신으로서의 그의 태도가 문제였던 것은 아닌 듯하다. 역사에 기록되지 않았지만 아마도 간첩 행위 등 모종의 반고구려적인 행동을 했기에 그에 대한 문책성 조치가 취해진 것이 아닐까 생각된다. 그는 6년 후에나 풀려나 당나라로 귀국하게 된다.

2005년도에 국내에 『토원책부(兎園策府)』라는 돈황문서의 존재가 알려졌다. 이 문서에는 당나라 과거시험에 출제될 예상 문제와 모범답안이 실려 있는데, 놀랍게도 동이, 즉 고구려를 정벌해야 하는 당위성과 그 방안에 대한 문답이 포함되어 있었다. 특히 고구려 정복이 이루어져야 천하통일이 완성된다는 점을 강조하고 있는데, 이는 중신들의 반대가 거센 상황에서 무리해서라도 전쟁을 추진하는 데 유리한 여론을 조성하려 했던 의도로 느껴진다.

결국 당나라는 연개소문의 쿠데타가 문제가 아니었던 셈이다. 남의 나라의 내정 문제가 당나라에 무슨 상관이 있었겠는가? 무엇보다도 당나라의 최우선 관심사는 다름 아닌 당나라가 세계의 중심이 되는 천하통일이었다. 이를 위해서는 독자적인 천하관을 가지고 있고 동아시아에 또 하나의 세력권을 구축하려고 하는 고구려가 가장 큰 장애물이 될 수밖에 없었다. 그리고 그 핵심적 인물인 연개소문은 그래서 당나라에서 눈에 불을 켜고 어떻게든 물리적으로 제거해야 하는 존재였던 것이다.

이러한 당 태종의 평생의 야욕 때문에 양국 간의 전쟁은 피할 수 없는 일이 되고 말았다.

6.
전쟁의 시작

여기서 먼저 양해를 구하고 이야기를 진행해야 할 것 같다. 앞으로 여러 차례 있을 연개소문 전쟁은 모두 당나라와 일부 신라의 관점에서 기록된 자료를 가지고 추적해나가는 수밖에 없다. 고로 역사의 승자들이 자신들에게 유리하게 기록한 것만 가지고 패자의 진실을 찾아나가는 작업이 필수불가결하다. 이는 매우 고난도의 작업인데, 당시의 자료들을 검토하다보면 한 책에서도 앞뒤가 모순되고 온갖 숫자들이 뒤죽박죽 엉켜 있어서 갈피를 잡기도 힘들기 때문이다. 얼마나 의도적으로 사실들을 고치고 섞고 만들어내었는지 절로 의심이 들 수밖에 없다.

따라서 이제부터는 기존의 자료들을 고구려의 관점으로 전환하여 재해석하여 풀어나가고자 한다. 문맥과 필요에 따라서는 당나라군과 고구려군의 주체와 객체를 바꾸어 묘사하고, 당시의 정황상 고구려군의 목적과 대응이 이러했을 것이라는 분석을 최대한 반영토록 하겠다는 것이다. 연개소문 전쟁은 당 태종이 공격 측이고 연개소문이 수비 측이긴 했지만, 전적으로 연개소문이 리드하고 끝까지 당 태종을 압도

했던 전쟁이었기 때문에 이와 같이 기술하는 것도 충분히 의미 있는 작업이 될 것이다.

참고로 전통적으로 중국의 여러 나라들은 자신들이 역사를 기록한 다는 특권 하나만으로 패배한 전투마저도 손쉽게 승리로 바꾸는 재주를 보여왔다. 예를 들어, 675년 신라와 당나라 간에 벌어졌던 최후의 전투에서 당나라 측은 칠중성, 매초성 등에서 마치 대승을 거둔 것처럼 기록하고 있지만, 신라에서는 칠중성을 잘 지켜냈고 매초성에서는 거꾸로 전투마 3만 필 이상과 그만큼의 병기를 획득했을 정도로 크게 승리를 한 것으로 적고 있다. 그렇다면 어느쪽이 맞을까? 이는 신라 측 기록이 맞다. 왜냐하면 신라 측에서는 자신들의 패배나 장군의 사망같은 불리한 기록도 동시에 기재함으로써 상대적으로 객관성을 잃지 않고 있고, 당나라의 기록과 마찬가지로 백제 영토 대부분과 고구려의 남단은 결과적으로 신라가 차지했음을 인정하고 있어 당나라군은 결국 당초 목표했던 바를 이루지 못하고 퇴각한 것이 증명되기 때문이다. 따라서 신라의 전쟁 승리로 보는 편이 훨씬 타당하다.

이처럼 모든 기록을 해석할 때는 그것을 남기는 자의 상황과 의도를 종합적으로 살펴보고 그 이면에 담긴 진실을 찾아내고 판단하려는 노력이 반드시 필요하다. 특히나 당 태종과 같이 자신에 대한 역사 기록마저 고치려 들 정도로 자존심이 강했던 인물의 기록은 확실히 여러모로 왜곡될 개연성이 높기 때문에 주의를 요한다.

여기서는 그럼에도 객관성을 유지하기 위해 당나라 측 기록을 최대한 있는 그대로 많이 수용하기는 했지만, 누가 봐도 명백히 곡필이 의심되는 부분은 지적하고 바로잡도록 하겠다. 또한 상대방의 피해는 과장하고 자신들의 피해는 축소하는 고의적인 행태도 종종 발견되는데 이 역시 정확히 그 의도를 파헤치고 진실을 찾아 고치는 시도를 해볼 작정이다. 매 건마다 관련 근거들을 들어 설명하지 못하는 점에 대해서는 양해를 구하며, 부득이 참고서적들을 봐주십사 부탁하고 이야기를 마저 진행토록 하겠다.

당 태종은 이미 고구려와의 전쟁을 결심한 상태였다. 그는 몇 달간의 준비를 거쳐 드디어 전쟁계획을 순차적으로 실행에 옮기기 시작했다.

644년 가을 7월, 당 태종은 영주도독 장검(張儉, 591~650)을 파견해 유주(幽州)와 영주(營州) 두 곳의 병력과 거란, 해(奚), 말갈 등 이민족 병사들을 이끌고 먼저 요동을 공격하여 고구려의 내부 동향을 파악하게 했다.

장검은 이해 상반기에 고구려군의 영주 공격이 있었을 때 이를 잘 막아낸 공로로 영주도독에 임명된 인물이었다. 그는 명을 받고 육로로 고구려 침공을 시도했는데, 요수(遼水)가 범람하여 실제 공격을 할 수 없는 상황이 되어 아무런 공적 없이 귀환하게 되었다. 이에 당 태종은 장검이 일부러 전투를 피한 것이라고 생각하여 문초하기 위해 11월에 소환했는데, 장검이 그곳 지형에 대해 보고 느낀 바를 상세히 보고하자 오히려 당 태종은 기뻐했다고 한다. 현지의 지리에 대한 정보가 턱없이 부족하던 차여서 비록 전투 경험은 못했지만 장검의 체험을 필요로 했던 것이다.

이는 요수 인근의 정보를 얻을 수 없었다는 뜻이고, 이곳은 고구려의 영향력 하에 있는 지역이었다는 것을 의미한다. 따라서 요수는 고구려의 영토였다. 이 당시 당 태종의 말대로 유주, 즉 오늘날 베이징 인근에서부터 요하까지의 2,000리 구간에는 당나라의 지방행정이 제대로 자리잡지 못했다고 한 것은 요하 서쪽의 요서 지역조차도 당나라의 지배력이 상시적으로 미치는 곳이 아니었음을 말해준다. 오늘날 차오양(朝陽)으로 불리는 영주는 요서 지역에서 당나라의 최전방 전진기지와도 같은 존재였다.

영주(차오양) 위키피디아

여담이지만, 단재 신채호는 이 요수 전투에서 당나라 측이 패배하여 의도적으로 그 사실을 감춘 것이라고 보았다. 혹은 고구려군을 상대해본 적이 있는 장검이 요수 건너 고구려군과의 조우를 두려워했다는 기록도 남아 있어서 강의 범람을 핑계로 일부러 전투를 회피했을 개연성도 높다.

당 태종은 홍주(洪州), 요주(饒州), 강주(江州)의 3주, 즉 오늘날 장시성(江

西省)에 해당되는 중국 동남부 지역들에 명령해서 장작도감 염입덕(閻立德)이 만드는 배 400척으로 군량을 운반하게 했다. 그리고 대리경(大理卿, 종3품) 위정(韋挺)을 궤수사(饋輸使)로 임명하면서 하북(河北) 지역의 여러 주들은 모두 위정의 명령을 받게 하여 군량 보급과 관련된 전권을 위정에게 부여했다. 또 소경(少卿) 소예(蕭銳)에게 명하여 하남(河南)의 여러 주의 식량을 싣고 해로를 통해 지원토록 했다.

이러한 동향은 여러 루트로 연개소문에게도 낱낱이 보고되고 있었다.

644년 9월, 막리지 연개소문은 곧바로 사신을 파견해 백금(白金)을 당에 선물로 가져가도록 했다. 일종의 대당 유화책이었다. 아직 연개소문은 전쟁을 피할 방법이 있는지 찾고 있었던 셈이다.

신하 저수량이 당 태종에게 자신의 의견을 말했다.

"막리지가 그 군주를 죽인 것은 세상이 용납하지 않는 바여서 이제 그를 토벌하려고 하는데, 금을 바치니 이는 뇌물일 따름입니다. 만일 군주를 시해하고 반역 행위를 한 자의 공물을 받고도 이러한 행위가 잘못이라는 생각을 하지 않는다면 어떤 이유로 고구려를 토벌하겠습니까? 저는 받아서는 안 된다고 생각합니다."

이를 옳게 여긴 당 태종이 그 말을 따라 선물을 받지 않겠다고 하자, 고구려 사신이 연이어 말했다.

"막리지가 관리 50명을 들여보내 황실에서 숙위(宿衛)하도록 하였습니다."

숙위란 공식적으로는 황제의 호위를 위해 궁궐에서 숙직하는 것을 의미하지만 실제로는 인질의 의미가 강했다. 그만큼 연개소문의 평화를 위한 노력이 엿보이긴 하지만 그 급이 낮았던 것이 문제였다. 고구려 왕실의 인사 정도는 포함되어 있어야 상대방의 체면이 섰을 텐데 말이다.

이에 당 태종이 화가 난 듯 사신에게 말했다.

"너희 관리들은 모두 고무(高武, 즉 영류왕) 밑에서 관직을 얻는 자들인데, 막리지가 군주를 죽였는데도 너희들은 복수를 하지 않고 지금 다시 그를 위하여 유세하며 계책을 꾸미니 용서할 수가 없구나!"

그리고는 사신들을 모두 감옥에 가두게 했다. 이는 앞서 당나라 측 사신 장엄을 고구려에서 억류한 것에 대한 보복성이었는데, 정확히는 당 태종이 일부러 갈등을 조장하여 전쟁의 필요성을 강조하기 위한 일종의 연기였던 것으로 보인다.

그런데 여기서 한 가지 주목할 점은 고구려 외교의 주체가 태왕, 즉 보장왕이 아닌 막리지 연개소문으로 표현되고 있다는 사실이다. 이는 실제로도 고구려에서 연개소문이 직접 자신의 이름으로 외교를 수행했을 가능성도 없지는 않지만 그럴 확률은 사실 낮고, 군주를 폐하고 새로운 군주를 선출한 불충한 신하를 벌한다는 의미로 전쟁을 준비하려는 당나라의 입장에서는 보장왕이 아닌 연개소문을 주체로 표현하면서 오히려 징벌의 대상으로 강조했던 것일 수도 있다.

즉, 당 태종은 앞서 보장왕의 즉위를 사후 추인한 것이 자신의 실책임을 새삼 뒤늦게 깨달았다. 이제 와서 번복하려고 하니 모양새가 빠질 수밖에 없었지만, 자신의 야욕이 훨씬 더 컸기에 무리해서라도 불충한 신하라는 프레임을 연개소문에게 덧씌우는 작업을 했던 것이다.

644년 겨울 10월, 당 태종이 직접 친정에 나서려고 수도 장안(長安, 오늘날 시안西安)의 노인들을 불러모아 다음과 같이 위로했다.

"요동은 옛 중국 땅이고 막리지가 자신의 군주를 죽였으므로 내 몸소 가서 공격하려고 하오. 여기 어르신들에게 약속하겠소. 아들이나 손자 중에 나를 따라가는 자는 내가 잘 보살펴줄 것이니 전혀 걱정할 것 없소."

그리고는 선물을 후하게 내어주었다. 그는 타고난 정치인이었다. 여론을 어떻게 이끌어나가야 할지 정확히 알고 있었으니 말이다.

하지만 신하들은 모두 당 태종에게 전쟁 반대의 의견을 개진했는데, 그는 이렇게 말하며 자신의 주장을 굽히지 않았다.

"나 역시 잘 알고 있소. 근본을 버리고 말단으로 가며, 높은 것을 버리고 낮은 것을 취하며, 가까운 곳을 두고 먼 곳으로 가는 이 세 가지 모두 지금 유리한 것은 아니오. 고구려를 정벌하는 것은 곧 그 모두에 해당될 것이오. 그러나 연개소문은 군주를 시해하고 또 대신들을 살육하고 즐거워하고 있으므로, 그 나라의 백성들이 간절히 구원을 기다리고 있소. 반대 주장을 하는 이들은 이런 상황을 잘 모르기 때문이오."

그리고는 군량 준비를 명했다. 크게 두 경로를 상정해 각각 식량 보관장소를 정했다.

① 육로인 영주(營州) : 북쪽의 육군용 군량 보관
② 해상의 옛 대인성(大人城) : 동쪽의 해군용 군량 보관

참고로 대인성은 『삼국지』에서 사마의(司馬懿, 179~251)가 동북방의 공손씨 집단을 정벌할 때 산동반도 등주의 섬에 군량 보관을 목적으로 쌓았던 성이었다. 장작대장(將作大匠), 즉 오늘날로 치면 공병대장이 되는 염입덕이 대인성으로의 군량미 수송을 책임졌다.

644년 11월, 당 태종은 방현령에게 자신의 부재중 업무를 맡기고 장안을 떠나 동쪽으로 이동하여 낙양(洛陽, 오늘날 뤄양)에 도착했다. 과거 수 양제를 따라 고구려를 침공한 경험이 있는 정천숙(鄭天璹)이 이 당시 퇴직하여 낙양에 머무르고 있었는데, 당 태종은 그의 견해를 듣기 위해 불러들였다. 그는 당 태종에게 자신의 의견을 솔직히 말했다.

"고구려땅은 멀어서 식량을 운반하기 어렵고 험하며, 고구려인은 공성전에 강하여 쉽게 항복시킬 수 없습니다."

당 태종은 듣고 싶었던 대답을 못 듣자 기분이 상했다.

"지금은 수나라 때와 비교하면 상황이 많이 다르니, 공은 그저 결과나 지켜보도록 하시오."

그는 인정하기 싫겠지만 결과적으로는 정천숙의 말이 옳았음이 증명된다.

그런 다음 대고구려 침공군을 아래와 같이 구성했는데, 일부 용어에 대한 설명을 먼저 하는 게 필요할 듯하다. 크게 해군과 육군으로 구분해서 보자면, 그중 해군, 즉 당시 표현으로 수군(水軍)은 군이 따지자면 오늘날의 해군처럼 해상전을 벌이는 것이 아니라 이동만 바다나 강을 통해 했다. 따라서 그들의 실질적 전투는 육상에서 이루어지는 것이 일반적이었다는 사실을 미리 지적해두겠다. 또한 행군(行軍)은 오늘날로 치면 군단에 대응되고, 대총관(大總管)은 총사령관, 부대총관(副大總管)은 부사령관, 각 총관(總管)은 개별 군대의 지휘관에 해당된다. 이해를 돕기 위해 이후에는 현대적인 용어로 치환하여 사용토록 하겠다.

1) 해군 : 평양도 행군(군단)

- 대총관(총사령관) : 장량(張亮)
- 부대총관(부사령관) : 상하(常何)
- 총관(지휘관) : 좌난당(左難當), 염인덕(冉人德), 유영행(劉英行), 장문간(張文幹), 방효태(龐孝泰), 정명진(程名振) 등
- 병력 : 양자강, 회수, 영남, 섬서 지방의 내륙 출신 병력 4만, 수도 장안과 낙양에서 모집한 병사 3천, 전함 500척
- 경로 : 유주에서 모인 후 내주(萊州, 오늘날 산동반도 일대)에서 연안 항해로 평양으로 진격

2) 육군 : 요동도 행군(군단)

- 대총관(총사령관) : 이세적(李世勣)
- 부대총관(부사령관) : 강하왕 이도종(李道宗)
- 총관(지휘관) : 장사귀(張士貴), 장검(張儉), 집실사력(執失思力), 계필하력(契苾何力), 아사나미사(阿史那彌射), 강덕본(姜德本), 국지성(麴智盛), 오흑달(吳黑闥) 등
- 이민족 군대 : 거란 번장 어구절(於句折), 해(奚) 번장 소지(蘇支), 연주자사 이현정(李玄正)
- 병력 : 보병과 기병 6만, 이민족 병사(숫자 미상)

- 경로 : 유주에서 모인 후 육로로 요동으로 진군
3) 본영 : 당 태종이 직접 지휘
  - 주력부대 : 당 태종의 친위대인 육군(六軍)
  - 경로 : 육로로 요택을 통과하여 후속 이동
  - 기타
    요택 도하작업 : 염입덕(閻立德)
    공성무기 제작 : 강행본(江行本), 구행엄(丘行淹)

　이 기록을 사실로 받아들인다면 육군 6만+α, 해군 4만3천이 전부이다. 총 10만3천 명이 넘는 규모였다는 말인데, 수나라가 612년에 동원했던 전투병력만 해도 1,133,800명에 이르렀던 것에 비하면 1/10이 채 안 되는 소수정예로 편성했음을 강조하는 듯하다.

　하지만 이는 순전히 거짓이다. 우선 이 숫자에는 당 태종이 직접 이끌었던 친위대가 포함되어 있지 않다. 그가 중간에 진영 건설에 6만 명을 투입할 수 있었다는 것은 자신의 휘하에 최소 그 이상의 병력이 있었음을 의미한다. 이것만 포함시켜도 육군 12만 이상, 해군 4만3천인데, 여전히 황제의 친정치고는 너무 부족해 보인다. 더군다나 당장 전쟁 후 귀국하는 병력이 육군 10만, 해군 7만으로 기록되어 있는데, 어떻게 파병했던 숫자보다 귀환병력이 더 많아질 수가 있겠는가? 육군은 그렇다 쳐도 해군은 오히려 배 가까이 늘어 있는데, 이건 분명 말이 안 된다.

　고로 학자들에 따라서 그 총원은 가지각색이지만, 당나라도 수나라만큼은 아니어도 대략 30만에서 50만 정도는 전쟁에 동원했을 것으로 보고 있다. 여기서는 보수적으로 30만으로 가정하고자 한다. 다른 사례이긴 하지만 실제로 648년 당 태종이 다시 고구려 침공을 계획하면서 동원하겠다고 언급한 숫자가 30만이기도 하고, 더 나중인 662년 당 고종 시대에도 35개 군의 총 35만 명이 동원되기도 했다. 640년 고창을 멸망시킬 때 이민족 병사를 포함해서 20만 명 가까이 파병한 것으로 추산되는데, 그때는 심지어 고창의 인구가 몇만 명도 채 되지 않았고 동원 가능한 병력도 기껏해야 1만 명에 지나지 않았는데도 그 정도였다. 또한 저 수나라 양제 이전에 598년 수 문제 당시 고구려 침공에 동원된 숫자도 30만 명이었다.

당시 당나라의 전체 병력 수를 한 번 알아보자. 정확히 알 수 없지만 대략 살펴보자면, 태종 집권 10년차에 부(府)를 절충부(折衝府)로 바꾸면서 전국에 총 634부, 수도권에 261부를 두었다고 하는데, 부당 정원이 800~1,200명 정도 되었다고 하니 평균 인원을 1,000명으로 보면 못해도 대략 60만 명 정도의 병력이 전국에 분포해 있었고 또 26만 명 정도는 수도권에 주둔하고 있었음을 알 수 있다. 아무리 황제가 친정한다 하더라도 전국의 모든 병력을 차출했을 리는 만무하므로 대략 절반 정도인 30만 명까지는 조금 무리해서라도 가능했을 것이다. 후대의 일이지만 당 현종 당시에 평로·범양·하동 절도사를 겸했던 안녹산의 휘하에 총병력 18만 명이 있었고 이민족 병력을 더해 20만 명 정도로 쿠데타를 일으켰던 사례를 떠올려보면 당나라 중앙군이 얼마나 파병할 수 있는지 미루어 짐작할 수 있을 것이다.

그럼 한 번 실제로 계산을 해보자. 요동도 군단의 총관급 이상이 최소 10명, 평양도 군단의 총관급 이상이 못해도 8명인 것을 기준으로 보수적으로 추정해보도록 하겠다. 우선 당나라 때의 기록을 참고해 보면 한 총관, 즉 개별 부대의 지휘관이면 보통 1만 명 내외를 지휘했을 것으로 보인다. 실제로도 당 태종의 측근인 장손무기가 1만1천 명을 거느린 사례나 부사령관급인 이도종(600~653)이 토산 공사에 자신의 병사 중 8천여 명을 매일 투입한 것을 보면 1만 명을 평균으로 잡아도 될 듯하다. 그리고 대총관, 즉 총사령관인 이세적이 주필산 전투에서 1만5천 명을 직접 지휘한 기록도 있어 지휘부는 상식적으로도 좀 더 큰 규모로 구성되어 있었을 것으로 보인다.

이렇게 계산해 보면 우선 육군은 10~12만, 해군은 8~10만 정도는 동원된 것을 알 수 있다. 여기에 당 태종이 진두지휘했던 주필산 전투에서 활약한 친위대 소속의 총관들이 장손무기, 우진달, 유홍기, 양홍례, 아사나사이, 이사마, 위지경덕 등 최소 7명이 발견되는데, 당 태종 직속의 병력도 분명 있었을 테니 이들을 합치면 못해도 8만 명은 더 존재했을 것임을 추정할 수 있다. 당 태종 휘하에 중무장 기병 1만여명이 백제에서 선물한 금칠 갑옷 등을 입고 종군하고 있었다는 기록이 이를 뒷받침해준다. 더욱이 당 태종이 직접 군사들을 배웅하면서 자신의 입으로 요하를 건너는 병력이 10만이라고 언급한 바 있으니 그의 본진은 대략 8~10만은 될 것이다.

이를 모두 합산해보면 육군은 총 18~22만, 해군 8~10만으로 대략 총 병력은 30만 정도는 되었을 것으로 이해할 수 있겠다. 숫자 미상의 이민족 부대를 포함시키지 않았음에도 이 정도이다. 즉, 당나라 역사서는 당 태종의 친위대나 외부 지원병력은 제외시키고, 또 본 병력에서 은근슬쩍 절반을 감하는 방식으로 기록을 축소하여 남긴 것이 아닐까 싶다.

당 태종은 낙양에 머물며 직접 조서를 작성해서 전국에 반포했다. 요지를 발췌하자면 다음과 같다.

고구려의 막리지 연개소문이 왕을 죽이고 백성을 학대함을 인정상 어찌 참을 수 있겠는가? 이제 유주와 계주(薊州)에 순행하고, 요동과 갈석(碣石)에 가서 그 죄를 물으려고 하니, 지나는 곳의 군영과 숙사에서 노력과 비용을 지출함이 없도록 하라. 내가 들르는 곳에는 진영을 꾸미지 말고, 음식을 사치스럽게 하지 말라. 건널 수 있는 물에는 다리를 놓지 말며, 행재소(行在所)에서 가깝지 않은 지역에서는 학생과 노인이 마중 나오는 것을 금지하라.

옛적에 수 양제는 백성들에게 잔인하고 포악하였는데, 고구려왕은 그 백성을 아끼고 어질게 다스렸다. 반란을 생각하는 군사를 이끌고, 편안하고 화목한 무리를 공격하였기 때문에 성공할 수 없었던 것이다. 하지만 지금은 내가 반드시 승리할 다섯 가지 조건이 갖추어져 있다. 첫째는 많은 군사로 적은 군사를 공격하는 것이요, 둘째는 순리로 반역을 토벌하는 것이요, 셋째는 질서로 혼란을 치는 것이요, 넷째는 편안함으로 고달 픔을 상대하는 것이요, 다섯째는 희망으로 원망을 대적하는 것이다. 어찌 이기지 못할 것을 근심하겠는가?

불과 얼마 전 "근본을 버리고 말단으로 가며, 높은 것을 버리고 낮은 것을 취하며, 가까운 곳을 두고 먼 곳으로 가는 이 세 가지는 모두 유리한 것은 아니오. 고구려를 정벌하는 것은 곧 그 모두에 해당될 것이오"라고 했던 당 태종이 이제 와서는 다섯 가지 승리의 요인이 있다고 주장하고 있으니 자가당착도 이런 자가당착이 없을 것이다.

겉으로는 어찌 되었든 그는 사소한 비용의 절감에도 만전을 기울였다. 과거의 실패 사례를 최대한 분석한 결과였다. 덧붙여, 단재 신채호가 정리한 당나라 입장에서 바라본 수나라의 패전 원인은 다음과 같다.

① 정예병 중심이 아닌 대규모 병력 위주의 구성(숫자 대비 실제 전투를 감당할 수 있는 병력은 부족)

② 변경부터 착실히 잠식하지 않고 곧장 평양으로 진격(보급로가 끊기고 후방지원도 받기 어려움)

③ 이동 중 식량은 개별 지참시키고 전쟁 중의 군량은 해상 운송(고구려 해군의 공격으로 보급로 차단)

④ 타국 원조 없이 단독 전쟁 수행(후방 교란의 필요성 제기)

이에 따르면 이번 당나라군은 ① 양보다 질을 중시하여 정예병 중심으로 구성, ② 평양성의 직접 공격 대신 국경선부터 차근차근 공략, ③ 해상 보급로 외에 육로로 가까운 영주(營州)에 보관창고 운영, ④ 외국 군대의 지원 요청 등을 계획했다. 이 조건들이 얼마나 충실히 지켜지는지는 두고 봐야 할 것이다.

645년 봄 1월에 이세적이 이끄는 요동도 군단이 유주(幽州)에 이르렀다. 그는 당 태종의 명령대로 이곳에 1차로 집결한 것이었다.

645년 2월 12일, 낙양에서 출발한 당 태종은 3월 9일에는 정주(定州, 오늘날 베이징의 서남쪽 약 200㎞)에 도착했다. 그는 주위의 신하들에게 말했다.

"요동(遼東)은 본래 중국의 땅인데 수나라가 네 번 군사를 출동하였으나 빼앗을 수 없었소. 짐이 지금 동쪽으로 정벌하는 것은 중국을 위해서는 자식과 형제들의 원수를 갚고, 고구려에게는 시해당한 군주의 원한을 풀어주기 위함이오. 또한 지금 천하가 다 통일되었으나, 오직 요동만 홀로 남아 있는 상황이오. 고구려가 강한 군사력을 믿고 작당 모의하여 우리와의 싸움을 유도한 것이니 전쟁은 이미 시작된 것이오. 내가 아직 늙지 않았을 때 남은 힘을 쏟아부어 이를 평정함으로써 후세의 걱정을 덜고자 하오."

당 태종은 앞서 노인들에게 그랬듯이 성문에서 지나가는 군사를 일일이 위로하고, 질병이 있으면 친히 살펴보아서 각 지역에 명하여 치료하게 하는 등 정치적인 제스처를 취하면서 자신에게 유리한 여론을 조성하는 데 힘을 썼다. 하지만 장손무기는 이에 대한 불만을 표했다.

"온 세상을 거느리시는 분이 주변에 관리라고는 고작 열 명뿐이니, 이러다가는 세상 사람들이 황제의 자리를 무시하겠습니다."

당 태종은 대수롭지 않다는 듯이 반응할 뿐이었다.

"요하(遼河)를 건너는 10만의 군사가 모두 집안을 버리고 떠나왔는데 나는 열 명이 따르는 것만도 오히려 많다고 부끄러워할 일이니, 공은 다시는 그런 말을 하지 마시오."

당 태종이 보름 후인 3월 24일 정주에서 출발할 때에는 몸소 활집과 화살통을 차고, 직접 비옷을 안장 뒤에 매었다.

　같은 시기에 이세적의 요동도 군단은 영주의 치소인 유성(柳城, 오늘날 랴오닝성 차오양朝陽 부근)을 지나면서 대대적으로 군의 위세를 펼쳤는데, 이를 통해 고구려군에게 마치 이들이 회원진(懷遠鎭)쪽을 향해 진군하는 것처럼 보여주기 위함이었다. 그러면서 정작 군대는 북쪽으로 양쪽에 담장을 쌓아 보이지 않게 만든 길로 이동시켰다. 이들의 진군 방향은 요하를 우회하는 경로였다.

　그리고 며칠 후 이제 막 초여름에 접어드는 4월 1일이 되었다. 요동도 군단이 통정진(通定鎭, 오늘날 랴오닝성 신민현新民縣)에서 요수를 건너 현도성에 나타났다. 이때의 현도성 전투기록은 남아 있지 않지만 대군의 공격을 받아 쉽게 함락되었거나 고구려군이 자발적으로 퇴각하여 당나라가 차지한 것으로 보인다.

　다시 4월 5일, 육군 부사령관인 강하왕 이도종이 병력 수천을 거느리고 신성(新城)에 먼저 도착했다. 휘하에 있던 절충도위(折衝都尉) 조삼량(曹三良)이 기병 10여 명을 이끌고 곧바로 성문 앞에서 도발해도 신성은 그저 굳건히 방어만 할 뿐 나와서 결코 반격에 나서지 않았다. 연개소문이 세운 고구려군의 기본전략은 당나라 군대를 최대한 오래 붙잡아두어 진을 빼놓는 것이었기 때문에 굳이 나와서 교전을 벌일 필요가 없었다. 당나라의 3대 격전지 중 하나인 이곳 신성에서의 이후 전투상황은 기록으로 남아 있지 않지만, 당나라 군대의 피해가 상당히 컸던 지역이라고 한다. 이 다음 요동성 전투에 신성에서도 대규모로 지원병력을 보낼 수 있었던 점은 그만큼 고구려군의 피해는 거의 없었다는 사실을 시사한다.

이상이 당나라군의 첫 번째 공격 루트였다. 이세적의 본진이 요하 중류를 넘어 고구려의 북쪽 영토, 즉 전략적 요충지인 신성부터 차근 차근 공략하면서 남하해 들어가는 작전이었다.

영주도독 장검(張儉)은 이민족 병사들을 거느리고 남쪽으로 이동하여 요하 하류를 건너 4월 5일 건안성(建安城)에 나타나 공격에 나섰다. 건 안성은 요하의 하구에 위치해 바다에 가까운 고구려의 요충지 중 한 곳이었다. 장검 자신이 작년에 요하를 탐색하고 돌아간 적이 있기 때 문에 고구려군의 주의를 분산시키기 위해 요하 하류를 건너는 별도의 경로로 별동부대로서 투입되었던 것 같다.

첫 전투에서 그의 부대는 고구려 병사 수천 명을 죽였다고 하는데, 그 다음 장검의 행방은 묘연해진다. 또한 이때의 당나라 측 피해 상황 은 나와 있지 않은데, 건안성이 당나라의 3대 격전지로 피해가 컸던 지역으로 손에 꼽히고 있고 이후 지휘관이 교체될 정도였으니 장검의 부대는 거의 전멸당하다시피 큰 피해를 입고 물러난 것으로 추측된 다. 참고로 이곳 건안성은 이보다 좀 더 나중에 해군 총지휘관인 장량 이 바통을 이어받아 포위공격을 했는데도 역시나 결국 함락에는 실패 하고 만다.

이것이 당나라군의 두 번째 공격 루트였다. 요하 끝자락에 위치한 중요 거점인 건안성을 함락시켜 고구려 내지로 들어가는 길을 여는 것이 목적이었다.

마찬가지로 4월 초경, 해군 총사령관인 장량(張亮)은 평양도 군단을 거느리고 산동반도의 동래(東萊)에서 바다를 건너와 비사성(卑沙城) 공격에 착수했다. 비사성은 오늘날 요동반도 끝자락에 위치한 산성으로 비정되는데, 네 면이 모두 깎아지른 듯한 절벽으로 되어 있고 오직 서문으로만 오를 수 있는 천혜의 요새였다. 그 덕분인지 비사성의 수비군은 한 달가량 잘 버텨내었다.

그러던 중 5월 2일 한밤중에 장량 휘하의 지휘관인 부장(副將) 정명진(程名振)이 병력을 이끌고 서문을 공격해왔고, 드디어 부지휘관(부총관) 왕대도(王大度)가 가장 먼저 성문을 오르는 데 성공했다. 비사성은 결국 함락되었고, 그곳의 주민 8천 명이 사로잡혔다. 따로 지휘관(총관) 구효충(丘孝忠)을 압록수(鴨淥水)에 파견했는데, 그 이후 아무런 기록이 없는 것으로 보아 고구려 해군에게 당한 것이 아닌가 싶다.

당나라 해군은 비사성 전투 이후 더 이상 활동을 보이지 않는다. 호의적으로 이해해주자면 옛 대인성에 비축해둔 전쟁물자를 해상으로 요동 지역에 수송하는 역할에 집중했던 것일 수도 있지만, 각 부대 지휘관인 행군총관들을 최소 다섯 이상 보유하고 있던 대병력이었는데도 일개 수송부대로 기능했다고 보기에는 문제가 있다. 이후 유일하게 보이는 군사작전은 건안성 전투에 투입된 것이었는데, 그조차도 큰 피해만 입은 채 아무런 성과 없이 끝나고 만다. 전쟁 종료 후 장량이 모반을 빌미로 당 태종에게 처형을 당하게 되는 것은 혹 고구려 해군의 적극적인 방해공작에 일방적으로 당함으로써 군 전체 전략에 차질을 빚었던 것에 대한 책임을 동시에 물었던 것은 아니었을까?

이들 해군의 이름은 명백히 '평양도 행군', 즉 평양 방면 군단이었다. 이들의 임무는 따라서 고구려의 수도인 평양 공략이 핵심이었을 텐데 그 이름에 걸맞는 어떠한 활동도 전해지는 것이 없다. 그렇다면 이는 결국 고구려 해군에 의해 이들 당나라 해군의 발이 완벽히 묶여버릴 수밖에 없었다는 사실을 간접적으로 말해주는 것이 아닐까. 이번 전쟁에 대한 기록이 육군 쪽은 풍부하게 남아 있지만 거의 비슷한 규모였던 해군 세력에 대해서는 이처럼 거의 없다시피 하다는 점은, 쉽게 말해 차마 기록으로 남길 만큼의 유의미한 실적이 없었다는 것을 의미하고, 나아가 더 노골적으로 해석해보자면 거듭된 패배로 인해 사실상 기록으로 남길 수 없을 정도로 처참한 수준의 결과를 낳았던 것은 아니었겠는가 짐작된다.

어쨌든 이것이 당나라군의 세 번째 공격 루트였다. 기본적으로 평양 공략을 본질적인 임무로 가지고는 있었지만, 추가적으로 요동반도에 거점을 마련해 해로의 안전을 확보하여 군수물자의 내륙 조달을 원활히 하도록 지원하고, 나아가 건안성 등 직접 내륙 공략에도 투입되는 것 역시 이들의 임무였다. 비록 이 공격 루트의 평양 침공 계획은 완전히 실패하고 말았지만, 당 태종이 설계했던 큰 그림이 이와 같이 주도면밀한 기획에 근거했던 것은 확실하다.

이렇게 크게 위치별로 공격 루트가 정해져 나중에 결과야 어찌 되었든 지금은 본격적으로 가동되고 있었다. 이제 남은 일은 당 태종의 본진이 전쟁터로 건너오는 것이었다. 그의 진격로가 바로 네 번째 공격 루트가 된다.

4월 15일, 신성에서 전공을 올리지 못하자 이세적과 강하왕 이도종의 육군 주력군은 신성과 요동성 사이에 있는 개모성(盖牟城)으로 남진했다. 이곳은 고구려군의 군량이 보관된 장소여서 전략적 중요성이 높은 곳이기도 했다. 그래서 막리지 연개소문은 가시성(加尸城)의 군사 700명 등 추가적으로 지원병력을 개모성 방어에 투입하기도 했다. 하지만 당나라군은 전쟁 초기여서 아직 사기가 높고 힘에도 여유가 있던 상황이었다. 그들은 개모성을 완전히 포위하여 맹공을 가했고, 지휘관(행군총관) 강행본이 고구려군이 쏜 화살에 맞아 전사했을 정도로 이 공방전은 매우 치열하게 전개되었다.

그러나 10일간의 격전을 끝으로 4월 26일 마침내 개모성은 기세등등했던 당나라군에게 함락되고 만다. 고구려 측은 주민 1만 명 이상이 사로잡혔고 식량 10만 석을 잃었다. 고구려로서는 아까운 패배였지만, 당나라 입장에서는 개전 후 처음 맛보는 제대로 된 승리였다. 당나라는 이후 개모성을 개주(蓋州)로 새로 명명하여 이를 기념했다.

이세적의 요동도 군단은 곧바로 더 남쪽으로 요동성(遼東城)을 향해 진격했다.

요택

그 사이 당 태종은 4월 10일 유주(幽州)에 도착하여 병사들에게 잔치를 베풀어 위문하고는, 다시 4월 20일 북평을 지나 군대를 이끌고 동쪽으로 향했다. 그의 군대가 도하하려는 지점은 바로 요하 하류의 늪지대인 요택(遼澤)이었다. 과거 수나라의 대군이 넘었던 곳이기도 했는데, 당시에는 고구려군의 격렬한 반격을 당해야 했지만 이번에는 사전에 북쪽과 남쪽의 여러 루트로 공격로를 분산시킴으로써 당 태종이 건너기 전에 미리 안전을 확보해둔 상태였다.

당 태종의 본진은 5월 3일 이곳 요택에 도착했다. 이세적의 군대가 북쪽으로 신성 방향으로 요하를 건넜다면 이번에 당 태종은 가운데에서 도하를 시도한 것이었다. 의도적으로 진격 방향을 서로 달리함으로써 고구려군이 당군의 진격로를 예측하지 못하도록 한 고도의 술책이었다.

다만 이 경로는 진흙이 200리(약 80㎞)에 걸쳐 있어서 사람과 말이 쉽게 통과할 수 없는 지리적 약점이 있었다. 앞서 영주자사 장검이 파악해왔던 현지 정보가 그래서 중요했던 것이다. 당 태종은 미리 준비해온 대로 장작대장 염입덕에게 흙을 넓게 깔아 다리를 만들어 군대의 이동을 원활히 할 수 있도록 조치하게 했다.

이때 당 태종은 다음과 같이 명령을 내렸다.

"지난날 수나라의 고구려 침공 당시 종군한 군사들의 해골이 사방에 널려 있으니 참으로 슬프고 한심한 일이다. 해골을 묻어주는 의리가 무엇보다 우선되어야 하니 모두 거두어 묻도록 하라."

당 태종의 심리전이 엿보인다. 그는 수나라와 자신은 다르다는 점을 줄곧 강조하고자 했던 것이다.

이곳 요택은 중국에서 20세기 후반에도 대대적인 치수사업을 벌여야 했을 정도로 홍수가 나면 대책이 없다는 지리적인 문제가 오랜 기간 있어왔다. 조선시대에도 청나라로 사신들이 파견되어 갈 때 이곳을 지나갔는데, 연암 박지원(朴趾源, 1737~1805)도 『열하일기』에서 요택에 대해 이런 기록을 남겼다.

지형이 움푹 들어간 까닭에 비가 조금만 와도 진창이 되어버린다. 봄에 얼음이 녹을 무렵 잘못해서 진창에 빠지면 사람이건 말이건 순식간에 잠겨버린다. 바로 앞에서 일이 벌어져도 구해내지 못할 정도이다. 요동의 천 리는 부드러운 흙으로 되어 있어 비가 내리면 반죽이 되어 녹아버리듯 하여 자칫 사람의 허리나 무릎까지 빠지고 간신히 한 다리를 빼도 또 다른 다리가 다시 깊숙이 빠져버린다. 발을 빼려고 노력해도 무언가 땅속에서 잡아당기는 것 같아서 어느새 온몸이 잠겨서 흔적도 없이 사라지고 만다.

박지원이 이 글을 쓴 것이 1780년 사행 때이니 연개소문 전쟁으로부터 1천 년 이상 지난 후에도 여전히 이곳 요택은 요서와 요동을 물리적으로 가르는 자연 방벽의 역할을 하고 있음을 알 수 있다.

당 태종은 5월 10일 요택의 동쪽에 도착했다. 불과 일주일이 채 안 걸린 것이었다. 그리고 이는 고구려군의 예측을 벗어난 당군의 이동이었음을 말해준다. 고구려군의 요하에서의 요격이 없었다는 것은 당나라군의 전략이 초반에는 잘 먹혀들어가고 있었다는 뜻이기도 했다. 확실히 그가 수나라의 시행착오를 깊이 분석하고 사전에 철저한 준비를 해왔음이 엿보이는 결과였다.

하지만 이러한 순조로운 출발이 오히려 당 태종에게는 독이 되었다. 들뜬 기분에 자만심에 빠져 초반에 실수를 하게 만든 것이다. 요수를 건너자 곧바로 교량을 철거하여 퇴로를 스스로 끊어버림으로써 병사들의 결의를 다지게 한다는 그 의미는 좋았지만, 이 즉흥적인 판단은 나중에 그의 결정적 실책으로 남게 된다. 조금만 생각해봐도 육상 보급로로 활용할 수 있는 길 하나를 스스로 없애버린 셈이니, 이는 고구려군의 활약에 따라서는 당나라군의 본국으로부터의 보급로 운영에 치명적인 문제가 불거질 수도 있는 위험천만한 행동이었다. 이때만 해도 승리하여 돌아갈 것만 생각했기에 미래의 일까지는 미처 내다볼 수 없긴 했을 것이다.

한편으로 당나라에서 준비해둔 국제공조의 한 축도 가동에 들어갔다.

645년 여름 5월, 당나라 군대가 고구려를 침공하는 동안 신라의 제27대 선덕여왕 김덕만(金德曼, ?~647, 재위 632~647)도 신라군을 파병하여 고구려군의 후방을 치도록 했다. 당나라에는 공식적으로 5만 명을 파병했다고 했지만 그렇게까지 무리할 수는 없었던지 실제로는 3만 명을 동원했는데, 어쨌든 이제 신라도 당나라의 고구려 정복을 돕기 위해 참전국이 되어 출병한 것이었다. 신라군은 고구려의 남쪽 국경을 넘어 수곡성(水谷城)을 점령하고는 그 사실을 당나라에 통보했다.

하지만 연개소문은 이러한 신라의 움직임에 이미 준비가 되어 있었다. 그가 사전에 백제와 동맹을 맺은 것이 선견지명이 되어 빛을 발하는 순간이었다. 신라군의 참전 소식을 접한 백제는 곧바로 신라의 국방력이 약화된 틈을 타서 신라 서쪽의 7개 성을 공격하여 함락시켰다. 신라 입장에서는 배보다 배꼽이 큰 손해 보는 장사가 되고 말았다.

이후 북진했던 신라군의 행방은 알 수 없는데, 아마도 대장군 김유신이 백제군 방어전에 투입되는 것으로 보아 제 코가 석 자인 마당에 더 이상 대고구려 전쟁을 수행할 여유는 없었을 것이다.

요동성 함락

4월 29일경 이세적의 육군 본진은 요동성의 포위에 들어갔다. 거란 등 이민족 군대는 성의 남쪽을 공격했고, 부사령관 강하왕 이도종과 제1군 지휘관인 장사귀 등은 성의 서남쪽 방면을 담당했다.

당시 요동성은 수비병 2만 명과 주민 4만 명, 군량 50만 석이 비축되어 있는 고구려의 핵심 방어기지 중 하나였다. 오늘날 중국의 랴오닝성 랴오양시(遼陽市)에 위치했던 것으로 추정되는 요동성은 그래서 수나라 군대도 이곳을 공략하기 위해 무던히도 애를 썼던 것이었다. 이번 고구려군의 방어전략에 있어서도 요동성의 중요성은 결코 작을 수 없었다.

요동성은 지형이 험했는데, 성 주위로 물을 끌어들여 방어용 해자를 만들어두었고, 성벽은 높게 조성되어 있어 한눈에 보아도 함락시키기 어렵다는 느낌을 줄 정도로 위압적이었다.

이때 연개소문은 신성(新城)과 국내성(國內城)의 보병과 기병 4만을 보내서 요동성을 지원하도록 했는데, 이 지원군은 5월 8일에 요동성 서쪽에 도착했다. 당시 당나라군 내에서는 고구려군보다 수적으로 열세라는 판단 하에 수비에 집중하면서 당 태종이 이끄는 본진이 도착할 때까지 기다리자는 의견이 많았다. 이에 이도종이 자신의 의견을 말했다.

"적이 숫자가 많은 것을 믿고 우리를 만만하게 보고 있고 또 멀리서 와서 지쳐 있을 테니 지금 이들을 공격하면 분명 우리에게 승산이 있습니다. 제가 선봉으로 먼저 적군을 쓸어버린 다음 황제를 만나 뵙겠습니다."

절충도위 마문거(馬文舉) 역시 자신 있게 말했다.

"강한 적과 만나 대적하지 않는다면 무엇으로 진정 용사임을 증명하겠습니까?"

그렇게 전투의 결행이 결정이 되었고, 마문거가 선봉장으로 나서서 공격에 나섰다. 하지만 본격적으로 맞붙어 싸우게 되자 고구려군의 공세에 밀려 지휘관 장군예(張君乂)의 부대가 패퇴했고 그 때문에 초전에 당나라 군대가 패배하고 말았다.

이도종이 흩어진 군사를 수습하여 높은 곳에 올라가 바라보니, 고구려군의 진영에 취약점이 있음을 발견하고는 기병 4천으로 급히 요격에 나섰다. 이를 본 이세적이 자신의 병력을 이끌고 협공하자 결국 고구려 지원군은 1천여 명의 사망자를 남기고 퇴각했다. 파견된 고구려군 병력 중 2.5%에 해당되는 손실로 다행히 피해가 크지는 않았다.

이 직후에 당 태종이 도착했다. 그는 요동성 근처 마수산(馬首山)에 6만 명의 군대로 진영을 설치하도록 한 뒤 요동성 외곽 전투에서의 논

공행상을 했다. 패전을 승전으로 바꾼 강하왕 이도종을 칭찬하고 선봉 마문거는 특진시켜 중랑장의 직급을 내려주어 공을 치사하는 한편으로, 패장인 장군예는 목을 베어 전군에 경각심을 주었다. 이때의 당나라군의 피해상황은 알 수 없지만 부대 지휘관인 행군총관을 처형할 정도로 첫 피해는 예상 외로 컸음을 짐작할 수 있다. 또한 이번 고구려 침공에서 요동성의 전략적 중요성이 매우 크다는 점을 감안하여 자칫 작은 패전이 전체의 전황을 악화시킬 수도 있다는 점에서 일부러 강력한 처벌을 했을 가능성도 있다.

이세적이 요동성을 공격하여 밤낮을 쉬지 않은 지 12일만인 5월 10일에 당 태종의 본진이 합세하여 요동성을 겹겹이 포위하니 공격 측의 북소리와 고함소리가 천지를 흔들 정도였다.

당 태종이 수백 명의 기병을 거느리고 요동성 아래에 가보았는데, 병사들이 흙을 가져와 해자를 메우는 작업을 하고 있었다. 이를 보고는 그 역시 직접 무거운 짐을 받아서 자신의 말로 실어나르니 신하들도 잘 보이기 위해서 앞다투어 흙을 짊어지고 날랐다. 더하여 그는 자신의 친위대에서 전군(前軍)을 맡고 있는 유홍기(劉弘基) 등을 요동성의 참호를 메꾸는 작업에 투입했다.

당 태종의 본진이 합세한 이후 요동성 공격은 더욱 치열해졌다. 성전체를 완전히 포위하고 사방에서 동시다발적으로 공격을 가해 방어군의 기력을 철저히 소진시켰으며, 땅굴을 파고 여러 차례 공격 시도를 함으로써 고구려군에게 쉴 틈을 전혀 주지 않았다. 당시 당 태종은 높은 곳에 올라가서 직접 보면서 지휘를 했는데, 친위대 소속인 위지

경덕(慰遲敬德)에게 군악대를 맡겨 병사들의 사기를 높이도록 했다. 일종의 심리전이었다. 이는 고구려도 마찬가지였다.

요동성에는 주몽사(朱蒙祠)라는 사당이 있었는데, 그곳에는 하늘이 내려준 것이라는 쇄갑(鎖甲)과 작살창(鈺矛)이 보관되어 있었다. 한창 성의 포위공격이 격렬해지자, 미녀를 단장시켜 여신으로 세우고는 무당이 말했다.

"주몽이 기뻐하시니 성은 반드시 안전할 것입니다."

미신을 통해서라도 요동성 방어군의 사기를 진작해야 했을 정도로 점차 성내 분위기는 안 좋아지고 있었다.

이세적이 포차(抛車)를 배치하여 무거운 돌을 300m 가까이 날리니 맞는 곳마다 무너졌다. 고구려군은 나무를 쌓아 망루를 만들고 그물을 쳐서 막아보았지만 점점 상황은 역부족이 되어가고 있었다. 당나라군은 또다시 충차(衝車)로 성벽과 성루를 부수었다.

이때 마침 겨울비가 처음으로 맑게 개면서 강한 남풍이 불어오기 시작했다. 당 태종은 이때다 싶었던지 급히 정예군사들을 보내 요동성의 서남쪽 망루에 불을 지르게 했고, 성 안으로 불길이 번져 집들이 거의 다 타버렸다. 당나라 병사들이 성벽을 오르자 고구려군은 방패로 막아섰다. 당나라 병사들이 장창을 들고 돌격했고 고구려군이 힘을 다해 싸웠으나 결국 이기지 못했다.

5월 17일, 요동성은 마침내 함락되었다. 사망자가 1만여 명이고, 생포된 병사가 1만 명, 주민이 4만 명이고, 식량이 50만 석이었다. 개모성 다음의 두 번째 승리이자 실적으로는 첫 번째 가는 성과였다. 이후에 당나라는 요동성을 요주(遼州)로 삼았다.

당초 당 태종은 본국의 정주(定州)에서 요동성 앞 황제 본영까지 30리 간격으로 봉화를 설치하고, 요동을 정복하면 봉화를 올리기로 계획했었는데, 이날 드디어 봉화를 올려 본국으로 승전보를 전했다. 수나라가 끝내 실패했던 요동성 공략을 자신은 기어코 이루어냈다는 자신감의 표출이었던 셈이다. 가장 큰 목표물이었던 요동성을 무너뜨리자 이제 나머지는 쉬울 것이라는 지레짐작이기도 했다.

백암성 공방전

이 다음에는 백암성(白巖城) 공방전이 시작되었다. 백암성은 산을 등지고 물가에 붙어 있는 데다가, 깎아지른 듯이 높이 솟은 바위 또는 낭떠러지라는 이름 그대로 사면이 험하고 가파라서 공략하기에는 매우 까다로운 지형이었다.

연개소문은 오골성(烏骨城)에서 병력 1만여 명을 빼서 백암성을 지원토록 했다. 오골성은 오늘날 랴오닝성에 위치한 봉황성으로 추정되는 곳으로 전선에서 한발 물러나 있는 후방기지였는데, 이번 방어전략에서는 최전선의 기지들을 지원해주는 역할을 했다. 개모성, 요동성에 이어 백암성까지 무너지면 고구려군은 연속 패전을 기록하게 되는 것이어서 아무리 대범한 연개소문이라 할지라도 점차 불안감이 드는 것은 어쩔 수 없었을 것이다.

요동도 군단 소속의 지휘관 계필하력(契苾何力, ?~677)은 고구려 지원군을 기병 800명으로 요격했다. 계필하력이 앞장서서 지휘하던 중 고구려군에게 포위되어 고구려 장수 고돌발(高突勃)에게 허리를 창에 찔렸다. 2년 후 고구려 재침공군의 총사령관이 되는 설만철(薛萬徹)의 동생 설만비(薛萬備)가 이때 단기로 뛰어들어 가까스로 그를 구출해 내었다. 계필하력은 더욱 분이 나서 상처를 동여매고 싸움에 나섰고 부하 기병들도 용감히 싸워 가까스로 고구려 지원군을 격파하고 수십 리를 추격하여 날이 저물 때까지 1천여 명을 죽였다. 10% 정도의 피해였지만, 이들 지원군 중 일부는 백암성 입성에 성공했으니 계필하력의 노력은 헛된 것이 되고 만 셈이었다.

5월 28일, 이세적은 백암성 서남쪽으로 이동하고 당 태종은 서북쪽에 주둔했다.

다음날 돌궐 출신의 우위대장군(右衛大將軍) 이사마(李思摩)가 선봉장으로 백암성 공략에 나섰는데, 실력 좋은 고구려군이 쇠뇌로 쏜 화살을 맞고 낙마했다. 급하게 실려 나온 그의 상처를 당 태종이 직접 돌봐주었는데, 이후 이사마는 이때의 상처로 인해 죽고 만다. 다시 이세적이 당차(撞車)로 성문을 부수려고 했지만 성안에서 돌과 화살이 빗발치듯 쏟아져 내렸다. 이대로면 당나라군의 백암성 함락은 단시일 내에 끝나지 못할지도 모르는 상황이었다.

그런데 사실 당 태종의 군대가 도착하기 전 요동성 전투가 한창일 때에 백암성 성주 손대음(孫代音)이 밀사를 파견해 항복을 타진해왔다. 이는 당 태종 입장에서는 뜻밖의 횡재였다. 당나라군이 백암성에 도착하면 칼과 도끼를 던지는 것으로 신호할 것을 정하면서 한 가지 걱정을 덧붙였다.

"저는 항복하기를 원하나 성에는 따르지 않는 자가 있습니다."

당 태종이 당군의 깃발을 그 심복에게 주면서 일렀다.

"항복할 때 이것을 신호로 성 위에 꽂아 세우도록 하시오."

얼마 후 성 위에 당나라의 깃발을 꽂힌 것을 본 성 안의 사람들은 당의 병력이 이미 성에 올라온 것으로 오인하고 우왕좌왕했다.

여기까지는 계획대로 순조롭게 잘 진행되었지만, 손대음은 곧 항복하기로 한 것을 후회하고는 문을 열지 않았다. 당 태종이 그가 약속을 번복한 것에 화가 나서 진영에 명을 내렸다.

"성을 빼앗으면 포로와 물건들 모두 장군과 병사들에게 상으로 나눠 주겠다!"

하지만 손대음이 곧바로 재차 항복 의사를 밝히자 당 태종은 그 항복을 받아들여 앞서의 포상을 없던 것으로 하려고 했다. 이에 이세적은 무장한 병사 수십 명을 대동하고 와서 강하게 항의했다. 마치 당 태종을 황제로 대우하지도 않는 모양새였다.

"병사들이 앞다투어 화살과 돌을 무릅쓰고 죽음을 돌보지 않는 것은 승리 후의 약탈에 욕심을 내기 때문입니다. 이제 겨우 성이 함락되려고 하는데 어찌 다시 그 항복을 받아들여 병사들의 기대를 저버리려 하십니까!"

당 태종은 내심 이 항명 사태에 당황했겠지만, 겉으로는 그 말이 타당하다고 사과하면서 다음과 같이 제안했다.

"장군의 말이 옳소. 그러나 병력을 풀어 살육을 자행하고 그 처자를 사로잡는 것은 내 차마 못하겠소. 장군 휘하의 공이 있는 자는 내 개인 재산에서 상을 내어줄 터이니 장군은 이 성은 좀 봐주기 바라오."

두루뭉술하게 표현되어 있지만 아마도 이세적 자신에 대한 포상도 포함된 이야기였을 것이다. 이렇게 이세적은 포상에 대한 확답을 받고 나서야 물러났다.

그리고 6월 1일 마침내 손대음이 백암성의 성문을 열고 항복했다. 성 안의 주민 1만 명과 병사 2,400명이 당나라에 귀순한 것이다. 당나라군은 성안에 보관 중이던 양식 2만 8천 석도 확보했다. 강가에 천막을 설치한 후 당 태종은 그들의 항복을 받고 먹을 것을 하사했으며 80세 이상 노인들에게는 비단을 선물했다. 그리고는 백암성을 암주(巖州)라 하고, 손대음을 그대로 자사(刺史)로 임명했다.

당 태종은 다른 성 출신으로 백암성에 와 있던 병사들도 별도의 처벌 없이 양식과 무기를 주어 가고 싶은 데로 갈 수 있게 해주었다. 앞서 요동성 장사(長史)가 부하에게 죽임을 당했을 때 그 부하가 그의 처자를 데리고 백암성으로 피신해 와 있었는데, 당 태종은 그가 의리가 있는 사람이라고 칭찬하고는 비단 5필을 주고 요동성 장사를 위해 상여를 만들어 평양으로 돌아가게 해주었다. 계필하력을 찔렀던 고돌발도 붙잡혀 죽임을 당할 뻔 했지만 선처를 받아 풀려났다. 연달은 승리로 기분이 좋아진 당 태종의 자신감 어린 행동이었다.

당나라 군대는 연속 승전 후 자신들이 확보한 곳 중 가장 규모가 크고 중심적인 위치에 있는 요동성에 주둔했다. 이곳에 머물러 잠시 휴식을 취하면서 대고구려 전략을 재점검하고자 했던 것 같다. 이들이 왜 이때 전략 회의로 며칠을 소모했는지는 끝에 밝혀보도록 하겠다. 어쨌든 이들은 6월 11일 요동성에서 재출격했다. 목적지는 이번 전쟁의 최종 격전지가 될 안시성(安市城)이었다.

당의 마지막 승전, 주필산 전투

645년 6월 20일, 당 태종은 안시성 북쪽으로 진군하여 진영을 설치했다.

이때 연개소문은 대대로 고정의(高正義)를 총지휘관으로 하여 북부 욕살 위두대형 고연수(高延壽)와 남부 욕살 대형 고혜진(高惠眞)을 선봉으로 고구려군과 말갈병력 총 15만을 주어 안시성을 구원하도록 보내왔다.

당 태종이 가까이 있는 신하에게 말하기를

"지금 고연수에게는 세 가지 방법이 있다. 군사를 정비하여 안시성과 연합하여 보루를 쌓고 험준한 높은 산에 의지해 성 안의 곡식을 먹으며 말갈을 풀어 우리의 자재를 약탈하면, 우리가 공격해도 쉽게 함락시킬 수 없고 돌아가려 하면 진흙과 바닥에 고인 물에 막혀 앉아서 우리 군사를 피곤하게 할 터이니, 이것이 그들의 상책이다. 그리고 성 안의 무리들과 함께 밤에 달아나는 것은 중책이다. 끝으로 자신의 지혜와 능력을 제대로 파악하지 못하고 우리와 싸우는 것은 하책이다. 경들은 보라. 저들은 반드시 하책으로 나올 것이니, 저들을 사로잡는 것은 눈앞에 있다."

총지휘관 고정의는 나이가 많았고 그만큼 경험도 많았는데, 그는 선봉 고연수에게 다음과 같이 전략을 제시했었다.

"듣기로는 중국이 어지러우면 영웅들이 모두 일어난다고 하오. 당나라 황제는 총명하고 용감하여 그의 앞에 무너지지 않은 적이 없고 싸움에 상대할 적이 없으므로, 안으로 여러 영웅을 제거하고 밖으로 이민족을 복속시켜 천하를 평정하고 독립하여 황제가 되었으니, 이는 한 시대에 뛰어난 인재임에 틀림없소. 이제 국력을 모두 기울여 이곳까지 쳐들어왔으니 당장은 대적할 수 없을 것이오. 지금으로서는 병력을 멈추고 전투를 회피하면서 지구전으로 시간을 끌어 오래 버티고, 중간중간 기습 병력을 파견해 보급로를 차단하는 것이 최선의 방안일 듯하오. 한 달이 못되어 군량이 떨어지게 되면 싸우고 싶어도 싸울 수가 없고, 돌아가려 해도 돌아갈 길이 없게 되니 이는 싸우지 않고도 이길 수 있는 방법이오."

하지만 좀 더 젊었던 고연수는 이 의견을 따르지 않고 군대를 이끌고 안시성에서 40리(약 16km) 떨어진 곳에 주둔했다.

당 태종은 고구려가 드디어 자신의 계책에 빠졌다고 판단하고는, 고구려군이 머뭇거리며 오지 않을 것을 염려하여 좌위대장군(左衛大將軍) 아사나사이(阿史那社尒)에게 명령하여 돌궐 기병 1천을 이끌고 가서 고구려군을 유인하게 했다. 고구려군의 선봉은 언제나 말갈 정예병사들이 담당했기 때문에 전투가 시작되자마자 아사나사이의 군대를 패퇴시켰고 이로 인해 고연수는 당나라 군대를 쉽게 생각하게 되었다. 30리가량 더 전진하여 안시성 동남쪽 8리(약 3km) 되는 곳의 산기슭에 진영을 설치하고 주둔했다.

다음날인 6월 21일, 당 태종이 여러 장수를 모두 불러 계책을 물었다. 장손무기가 대답했다.

"제가 배운 것은 곧 적과 전쟁을 할 때에는 반드시 먼저 병사들의 마음을 관찰해야 한다는 것입니다. 제가 마침 군영을 지나오면서 병사들이 고구려군이 가까이 왔음을 듣고 모두 전투준비를 하는데 얼굴에 자신감이 내비치는 것을 보았습니다. 이는 필승의 병사들입니다. 폐하는 스무 살 이전에 이미 전쟁에 참전하여 뛰어난 작전으로 승리하셨습니다. 모두 위에서 뛰어난 계획을 세우고 여러 장수들이 이를 받들어 이루었기 때문에 가능했던 것입니다. 고로 저희는 오직 폐하의 지휘를 기다릴 따름입니다."

당 태종이 기분 좋게 웃으며 말했다.

"여러분이 사양하니 내 마땅히 여러분을 위하여 생각해보겠소."

그리고는 장손무기 등과 더불어 기병 수백을 거느리고 높은 곳에 올라가 주변 지형과 고구려군의 동태를 살펴보았다. 고구려군과 말갈군이 병력을 합하여 진을 쳤는데 길이가 40리(약 16㎞)에 달했다. 천하의 당 태종도 이를 바라보고는 두려워하는 기색을 보였다.

이를 본 강하왕 이도종이 계획의 수정을 제안했다.

"고구려가 총력을 기울여 황제의 군대를 막으니 평양의 수비가 반드시 약할 것입니다. 제게 정예병사 5천만 주신다면 그 핵심을 공략하여 수십만의 군대를 싸우지 않고도 항복시킬 수 있습니다."

마치 『삼국지』에서 위연이 제갈량의 북벌 당시 파격적으로 제안하였던 자오곡을 통한 장안 급습의 계책이 떠오르는 일이다. 당 태종은 이 의견을 받아들이지 않았지만, 결과적으로는 이 당시 상황에서는 강하왕 이도종의 계획이 더 적합했을 것이다. 하지만 의사결정권자는 이도종이 아니라 당 태종이었다.

그는 사신을 고연수에게 보내 다음과 같이 전하게 했다. 계책의 실행을 위한 시간 끌기의 목적이었다.

"나는 귀국의 포악한 신하가 그 군주를 죽인 까닭에 죄를 물으러 왔을 뿐 교전을 벌이는 것은 내 뜻이 아니다. 귀국의 국경에 들어오니 군수물자와 양식이 공급되지 않아 불가피하게 여러 성을 빼앗은 것이다. 귀국이 당나라의 신하가 되는 예를 따른다면 잃은 것을 모두 돌려받을 것이다."

고연수는 이를 전해 듣고는 우선은 당나라군의 동향을 살피면서 대기했다. 사실 이때의 당 태종의 발언은 우연찮게도 당 침공군의 내실을 이실직고한 셈이었다. 나중에 면밀히 들여다보겠지만 이 당시 당군은 보급이 문제가 되어 실제로 위태로운 상황에 처해 있었기 때문이다.

당 태종은 그날 밤 여러 장수들을 불러 계획을 설명하고 각각 명령을 내렸다. 이세적은 보병과 기병 1만5천 명을 거느리고 안시성 서쪽 산고개에서 진을 치고, 장손무기와 우진달(牛進達)은 정예병력 1만1천 명을 기동부대로서 거느리고 산의 북쪽에서 협곡으로 나와 그 뒤를 공격하게 했다. 당 태종 자신은 보병과 기병 4천 명을 거느리고, 깃발을 감추고 고구려군의 진영이 있는 북쪽 산 위로 올라갔다. 그리고 여러 군대에게 명령을 내려 북과 나팔 소리가 들리면 일제히 돌격할 것을 지시했다.

이어서 담당자에게 얘기해서 항복을 받을 장막을 미리 준비하게 했다.

"내일 낮이면 이곳에서 고구려의 항복을 받을 것이다."

계획의 완벽함을 과장하는 일종의 허세(blufffing)였지만 자기 자신에게 자신감을 주기 위해서라도 이런 너스레가 필요했으리라.

또다시 이튿날인 6월 22일, 고연수 등이 이세적의 군사가 적은 것을 보고 먼저 병력을 이끌고 공격을 시작했다. 장손무기는 계획에 따라 고구려군의 후미를 치기 위해 달리기 시작했다. 당 태종은 이들 군대의 움직임을 보고, 드디어 북을 치고 나팔을 불며 깃발을 들도록 명했다. 그리고 여러 군대가 소리를 지르며 일제히 돌격에 나섰다. 고연수는 급히 병력을 나누어 이를 막았다.

전투는 말 그대로 격렬했다. 한때 고구려군의 선봉을 맡고 있던 말갈군이 황제의 친위대인 육군(六軍)을 뚫고 황제의 본진까지 육박하여 당 태종의 목숨까지 위협할 정도였는데, 이때 설인귀(薛仁貴, 615~684)라는, 당시 무명의 용사가 기이한 복장을 하고 크게 소리치며 말갈군 진영에 뛰어들어가 분투하며 전세를 역전시키는 역할을 했다. 당 태종은 이때 두각을 나타내며 활약한 31세의 젊은 군인 설인귀를 나중에 유격장군(遊擊將軍, 종5품)으로 승진시켜 무공을 기렸다. 뿐만 아니라 이세적의 흑기(黑旗)를 사용하는 북부 군대가 고구려군에 포위되어 전황이 위태로운 지경에까지 이르러 천하의 당 태종도 이때만큼은 크게 당황하지 않을 수가 없었다.

하지만 행운의 여신은 최종적으로는 당나라군의 손을 들어주었다. 이세적은 장창 보병 1만 명을 지휘하여 공격해 들어왔고, 장손무기는 고구려군의 후방을 습격했다. 연이어 당 태종이 산에서 달려 내려와 공격에 합세하자 고구려군은 마침내 붕괴되고 말았다.

결국 고구려군은 최종적으로 1만여 명의 사망자를 남긴 채 전장에서 후퇴했다. 고연수와 고혜진은 4만 가까이 남은 병력을 수습하여 산을 등지고 의지하여 굳게 수비에 들어갔다. 당 태종이 여러 군대에 명하여 이를 포위하게 했고, 장손무기는 동천(東川)의 교량을 모두 철거하여 고구려군의 퇴로를 차단해버렸다. 당 태종은 말을 타고 고구려의 보루를 살펴보다가 말에서 내려 스스로 감탄해 하며 이와 같이 혼잣말을 했다.

"고구려가 총력을 다했지만 내가 한 번에 깨뜨렸으니, 이는 하늘이 나를 도운 것이다."

드디어 6월 23일, 고연수와 고혜진은 이미 돌이킬 수 없는 상황임을 인식하고는 항복을 청했다. 이때 잔여 병력 중 대다수인 3만 명은 탈출을 위해 결사적으로 전투를 벌이고 달아난 것으로 보인다. 이날 좌무위장군 왕군악(王君愕)이 고구려군과 싸우다가 진영이 무너지면서 전사했는데, 이 기록이 고구려군의 잔여 세력이 이미 항복했다는 사실과 상충되는 것을 보면 그가 탈출을 감행하는 고구려군을 끝내 막아내지 못했음을 시사하는 것으로 판단된다. 당나라 역사서에는 당 태종이 마치 이들 3만 명을 아무런 조건 없이 놓아준 것처럼 기록되어 있지만 역사서마다 포로의 숫자도 중구난방으로 기재될 만큼 이때의 전공은 혼돈 그 자체이다. 아마도 승전을 과장하느라 어느 정도 가필이 된 것으로 짐작된다.

어쨌든 남아서 항복한 고연수와 고혜진이 병영의 문에 들어가 절하고 엎드려 목숨을 청하니, 당 태종이 뿌듯하다는 듯이 질문을 던졌다.

"동방의 멋모르는 것이 지방 한 귀퉁이에서 제멋대로 날뛰다가 대군과 맞서서 결전까지 벌이니 우리 같은 경험 많은 이를 이겨내지 못한 것이 당연하다. 이후에도 감히 천자(天子)와 다시 싸우겠는가?"

고연수와 고혜진은 땀을 흘리며 대답할 수가 없었다. 기록에는 없지만 이들은 스스로 희생하여 항복을 함으로써 당나라군의 관심을 돌리고 나머지 3만 명의 탈주를 도왔던 것은 아니었을까?

어쨌든 당 태종은 이들 중 고구려인 3,500명은 당나라 본토로 보내기로 했지만, 예외적으로 말갈 병사 3,300명은 당 태종의 진영까지 육박해왔을 만큼 기동력이 좋아 지극히 위험한 존재였기 때문에 참수해서 구덩이에 묻어버렸다. 그들이 당 태종을 전투 중에 얼마나 놀라게 했었는지 미루어 짐작할 수 있을 듯하다. 그리고 노획물로는 말 3만 마리, 소 5만 마리, 갑옷 5천 벌 등이 있었다.

당 태종은 파발을 통해 본국의 태자에게 승전의 소식을 알리고, 아울러 여러 신하들에게 다음과 같이 자랑 한마디 하는 것을 잊지 않았다.

"내가 친히 군사를 지휘하니 이와 같았소. 잘 보았는가?"

이 전투를 기념하여 당 태종이 있던 산을 주필산(駐蹕山), 즉 황제가 머물렀던 산이라고 명명했다. 흔히들 승전 시 이를 기념하기 위해 하는 행동이다. 후대에 발해를 멸망시킨 거란도 부여부를 황룡부로, 상경성을 천복성으로 개칭하기도 했었다. 또 적진을 공격하여 처부순 기록화를 그려서 남기도록 하고, 전공을 기념하는 글을 돌에 새기게 했다. 그리고 고구려의 패전장수에게도 나름 관용을 베풀어 고연수를 홍려경(鴻臚卿)으로, 고혜진을 사농경(司農卿)으로 임명했다. 물론 이들에겐 이름뿐인 직책이긴 했지만 당 태종이 얼마나 기분 좋아했는지를 잘 알 수 있는 일이다. 나중 일이지만 고연수는 자신의 행동과 처지를 비관하다가 중간에 세상을 뜨고, 고혜진은 당나라군이 철군할 때 수도 장안까지 함께 가게 된다.

시간이 좀 더 흘러 671년에 설인귀가 신라 문무왕에게 보낸 글을 보면 제1차 연개소문 전쟁을 빗대어 "주필 전투(駐蹕之戰)"로 표현하고 있고, 663년에 제작된 『유인원 기공비』에서도 고연수와 고혜진의 군대를 격파한 것을 가장 큰 공으로 묘사하고 있어, 이 주필산 전투가 연개소문 전쟁 당시 당군의 최대 전공임을 알 수 있다.

어쨌든 이 초전의 패배는 고구려에도 큰 충격이어서 아마도 전장과 가까운 곳에 위치했던 듯한 후황성(后黃城, 위치 미상)과 은산성(銀山城, 안시성 동북 약 40㎞)의 주민들은 모두 탈출하여 멀리 달아났다. 그 바람에 당나라 군대가 이곳들을 쉽게 접수할 수 있었을 정도였다고 한다.

이때 신라인 설계두(薛罽頭)라는 이가 이 전투에 참여했었는데, 그는 골품제에 불만을 품고 621년 당나라로 이주했던 인물이었다. 고구려군 진영 깊숙이 들어가 적극적으로 싸우다가 전사했는데, 종료 후 결과를 정리할 때 그의 전공이 높이 인정받았다.

당 태종이 그가 누구인지 묻고는 신라인이라는 대답에 이와 같이 감탄했다.

"우리나라 사람도 오히려 죽음을 두려워하여 형세를 관망하고 앞으로 나가지 못하는데, 외국인이 우리를 위해 목숨을 바쳤으니 어떻게 그 공을 갚겠는가?"

그리고 그의 평생의 소원이 "특별한 공을 세워 높은 관직에 올라 고관대작의 옷을 입고 칼을 차고서 황제를 보위하는 것"이라는 말을 전해 듣고는 자신의 옷을 벗어 시신을 덮어주고 대장군(大將軍, 정3품)의 관직을 주고 장례를 치러 주도록 했다.

한참 후대의 일이지만 한반도 일부 지역에서는 설인귀를 신라인이라고 하는 이야기가 전해져 내려왔는데, 사실 같은 성씨의 설계두를 이름이 비슷한 설인귀로 잘못 이해하여 신화로 고착화된 것이 아닌가 싶다.

이 무렵 척후병이 고구려 스파이를 붙잡아왔는데, 그의 이름은 고죽리(高竹離)였다. 그런데 의외로 당 태종은 결박을 풀어주었다. 심지어 그가 사흘 동안 밥도 먹지 못했다고 하자, 식사도 내주도록 했다. 그리고는 신발까지 새로 주어서 보내며 연개소문에게 말을 전하라고 했다.

"돌아가거든 막리지에게 전하거라. 만약 군대의 동정을 알고 싶거든 내가 있는 곳에 곧바로 사람을 보내어 듣고 가라고 말이다."

당 태종의 승리에 대한 자만감이 엿보이는 대목이다. 하지만 아직 그는 본격적인 위기가 무엇인지는 모르고 있었다.

이 일화는 그저 고구려가 스파이를 전장 곳곳에 투입하여 운영하고 있었음을 반증해 주는 사례일 뿐이다. 고구려는 이처럼 스파이를 잘 활용했는데, 스파이들은 당나라 내지인 영주부터 신라의 김유신 자택에 이르기까지 널리 활동을 했다. 그리고 이처럼 전쟁 중에도 적지를 가리지 않고 다방면으로 배치되어 적극적으로 적군의 동향을 파악하는 데 일익을 담당했다. 일부 노출이 되어 상대방의 기록에 남게 된 경우를 제외하면 대부분은 성공적으로 첩보 활동을 했음을 짐작할 수 있다. 당나라 군대에서 암호화된 글을 주고받아야 했을 정도로 고구려 스파이들의 활약은 만만치 않았다. 연개소문은 『손자병법』의 「용간(用間)」, 즉 첩보전을 정확히 구사할 줄 아는 인물이었다.

여기까지만 봐서는 고구려의 패색이 짙은 상황이어야 했을 것이다. 하지만 실제 전황은 그와 반대로 흘러갔다.

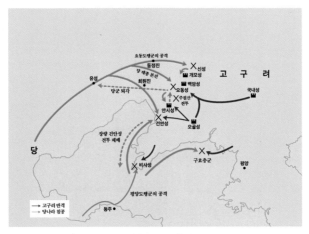

제1차 연개소문 전쟁도

이 당시 당나라군에게 문제가 된 것은 고구려 지원군의 본진인 고정의의 10만 군사가 그대로 남아 있었다는 사실이었다. 당나라군은 6월 23일 고구려 지원군의 선봉을 무찌른 이후에 8월 10일 안시성 공략에 나설 때까지 무려 50일 가까이 주필산 인근을 벗어나지 못했다. 이는 총지휘관인 고정의 자신의 말대로 지구전을 통해 당나라군의 진을 빼놓겠다는 작전이 그대로 이행되고 있었음을 의미한다.

당군의 병부시랑 양홍례가 기병과 보병 24개 군을 이끌고 고구려군과 교전했던 것이나, 전군대총관 유홍기가 별개로 주필산에서 전투를 벌였던 것은 앞선 단 한 번의 주필산 전투로 모든 상황이 종료되지 않았음을 말해준다. 즉, 당군은 여전히 주필산에서 고정의의 고구려군과 지리한 전투를 이어가고 있었다. 사대주의적 관점에서 『삼국사기』를 쓴 보수주의자 김부식(金富軾, 1075~1151)조차도 이 주필산 전투에서 당나라가 고의로 패전을 기록하지 않았을 것이라고 의심할 정도였다.

고정의는 짐작건대 전투보다는 방어에 치중했던 듯하다. 50일 가까운 시간 동안 그의 작전은 그저 당나라 군대를 그 자리에 붙잡아두는 것이었다. 이를 통해 당나라군의 군량을 소진시키고 힘을 빼서 고구려군 주력이 반격을 준비할 시간을 버는 것이 궁극적인 목표가 아니었을까? 1차적으로는 안시성 바깥에서 진을 빼게 만들고, 2차적으로는 기력이 소진된 상태에서 무모한 공격을 유도하게 하여 아예 체력을 방전시키도록 한다. 그와 동시에 한편으로는 당나라군의 후방 보급로를 차단하여 본진을 고립시키고 결국 혹독한 겨울 추위 속에 퇴각하게 만든다. 이렇게 완전히 그로기 상태로 만들어버리겠다는 전략이 아니었을까 싶다. 이는 고구려군이 의도적으로 주필산과 안시성의 국지전으로 당나라군을 몰아넣은 느낌이 강하게 들기에 가능한 추론이다.

이후 안시성의 전투는 60여 일 동안 치열하게 벌어지게 되는데, 이때의 승리는 안시성의 단독 전투로 보기보다는 성 외부의 지원군 또한 사력을 다해 당나라의 대군을 괴롭혀주었기에 가능했던 협동전략의 결과로 보아야 할 것이다.

연개소문의 반격은 한니발(Hannibal Barca, B.C.247~B.C.183/181)에 대항해 로마가 취했던 파비우스 전략(Fabian strategy)과 같은 것이었다. 그의 첫 번째 반격은 결코 흔들림 없는 지구전이었다.

그러던 중인 645년 가을 7월 10일, 고구려의 사신이 일본에 도착했다. 그의 방문 목적은 정확히 알려져 있지 않지만, 시점상으로는 한창 당나라 군대와 접전을 벌이던 시기에 파견된 것은 분명했다. 최근에 제36대 천황으로 등극한 고토쿠 천황(孝德天皇, 596~654, 재위 645~654)이 고구려 사신에게 다음과 같이 말했다.

"과거는 짧지만 앞날은 길 것이오. 그러므로 천황이 보낸 사신과 고구려의 신의 아들(神子)이 보낸 사신은 온화한 마음으로 서로 이어 왕래하길 바라오."

같은 시기에 일본을 방문 중이던 백제의 사신이 홀대받은 것에 비하면 이건 최고의 대우였다. 고토쿠 천황은 고구려의 태왕을 신의 아들이라고 불렀는데, 이는 아직 천황제가 공식적으로 도입되기 이전이긴 했어도 일본 입장에서는 매우 이례적으로 고구려를 높여 부른 것이었다. 이보다 좀 더 후대의 일이긴 하지만, 발해에서 스스로 천손(天孫)임을 천명했을 때 일본 측의 거부반응이 거셌던 것과 비교해 보면 이때의 반응은 같은 일본이 맞나 싶을 정도로 천양지차였다.

이러한 일본 측 대응을 보면 이미 한창 전쟁 중이던 고구려가 이제와 일본에 병력 지원을 요청하기 위해 사신을 보낸 것이 아니었음을 알 수 있다. 오히려 이 시점에 고구려는 내부적으로 승리를 확신했고, 전쟁 이후를 대비하고자 미리 외교활동을 재개했다고 보는 것이 좀 더 타당할 것이다.

7월에 일본에 도착하려면 최소한 6월 초에는 고구려에서 출발하여

야 했을 텐데, 그렇다면 요동성 전투 이후 백암성 전투 무렵에는 최소한 사신 파견이 결정되었다는 것을 뜻한다. 이는 곧 이 무렵 고구려의 대대적인 반격이 준비되어 있었다는 간접적인 증거가 될 수 있을 것이다. 실제로도 전투 종료 시 분석을 해 보겠지만 이때부터 본격적으로 연개소문의 반격이 시작되었음이 입증된다.

잠시 눈을 당나라 해군으로 돌려보자.

7월 22일에 장량의 평양도 군단은 건안성(建安城) 부근까지 진출해 있었는데, 아직 진지를 견고하게 구축하지 못한 상태에서 군사들이 많이 진지를 벗어나 불을 땔 풀들을 베고 있던 와중에 마침 이런 장량의 군대를 본 고구려군이 기습공격을 가하자 장량의 군대는 크게 놀라 당황했다. 겁에 질린 지휘관 장량이 아무것도 못 하고 바보같이 앉아만 있자 휘하의 지휘관(총관) 장금수(張金樹) 등이 나서서 군사를 이끌고 고구려군을 겨우 물리쳤다.

자세한 설명은 없지만 건안성 전투는 당나라의 3대 격전으로 꼽히는데, 당나라 군대의 피해가 컸다고 하니 앞서의 장검 부대에 이어 장량 부대도 만만치 않은 피해를 입었을 것으로 보인다. 이 이후의 전투 기록이 없고 장량의 군대도 더 이상 활동 내역이 나타나지 않는 것은 건안성 전투에서의 패배를 간접적으로 말해준다. 전쟁 종료 후 장량은 모반을 이유로 처형되는데, 이러한 패배의 누적이 당 태종의 마음을 떠나게 했을 수도 있다.

이들은 건안성 공략에 결국 실패하고 8월 초에는 다시 비사성으로 후퇴해 있었다. 이로써 연개소문은 최전선 두 핵심지역, 즉 북부의 신성과 남부의 건안성을 끝까지 지켜내며 당나라군의 육상 활동을 제한하는 데 성공했다. 심지어 바다에서는 고구려 해군이 활약하여 장량의 해상 보급에도 차질을 빚게 만들었고, 결과적으로 당나라군은 모든 보급로가 끊기는 초유의 상황에 직면하게 된다.

이렇듯 연개소문의 두 번째 반격은 당군의 보급로 차단이었다.

뿐만 아니라 연개소문의 긴 팔은 당나라 너머에까지 뻗쳐 있었다. 북방의 강자 돌궐을 밀어내고 초원을 차지한 설연타(薛延陀)는 당나라 입장에서도 처치 곤란한 존재였다. 중국의 한족은 대대로 북방의 유목민족에 대한 강한 트라우마를 가지고 있었는데, 대를 거듭하여 나타나는 북방민족들은 중국 역사상 모든 정주 국가들에게 위협이 되어 왔다. 설연타 역시 마찬가지였다. 돌궐을 축출할 때까지만 해도 당나라와는 동맹관계였지만 막상 설연타가 초원의 패자가 되자 다시 당나라의 잠재 적국으로 상정되게 된 것이었다.

이는 고구려 입장에서는 좋은 신호였다. 연개소문은 그런 설연타에게 은밀히 외교의 손길을 내밀었다. 당시 설연타의 지도자는 진주가한(眞珠可汗, ?~645)이었는데, 645년 7월경, 즉 주필산 전투 이후의 시점에 그에게 연개소문은 말갈인을 사신으로 파견해 군사동맹의 체결을 제의했다. 단재 신채호는 이 말갈인의 이름을 "오족루(烏族婁)"라고 『조선상고사』에 기재하고 있지만 근거는 확실하지 않다.

이때의 협상은 성공적이었다. 진주가한이 그해 9월에 사망하여 파트너가 그의 아들 다미가한(多彌可汗, ?~646)으로 바뀌긴 하지만, 설연타는 당 태종이 고구려 원정에 나가 있는 동안인 8월이나 9월경에 본격적으로 움직이기 시작했다.

설연타가 공격한 곳은 하주(夏州)라는 지역이었는데, 오늘날 중국의 중북부에 위치한 산시성(陝西省)의 북쪽쯤 되는 곳이었다. 고구려 침공을 위해 떠나 본국의 방어가 허술한 틈을 타 당나라군의 후방을 정밀 타격한 것이었다. 이들이 동원한 병력도 기병 수만으로 적지 않은 규모여서, 당황한 당 태종은 함께 고구려 원정 중이던 돌궐인 집실사력(執失思力)의 군대를 철수시켜 설연타 방어전에 투입해야 했을 정도였다.

설연타가 퇴각한 시점은 그해 12월이었으니, 연개소문은 정확히 필요한 시점에 외교전에서도 승리를 거두었다. 이것이 그의 세 번째 반격이었다.

마지막 격전지 안시성

이제 드디어 제1차 연개소문 전쟁의 하이라이트인 안시성(安市城) 공방전의 차례이다. 고구려군의 최종 반격은 통렬했다.

당 태종이 백암성 전투에서 승리했을 때 이세적에게 이렇게 말한 적이 있었다.

"듣기로는 안시성은 지형이 험하고 정예병력을 갖추고 있으며, 그 성주가 재능과 용기가 있어 막리지의 쿠데타 때도 성을 지키고 항복하지 않아, 막리지가 이를 공격했으나 함락시킬 수 없어 그에게 주었다고 하였소. 건안성은 험준한 곳이긴 하지만 방어력이 약하니 만일 불의에 기습한다면 이들이 병력을 지원받기 전에 이길 수 있을 테니, 공이 먼저 건안성을 공격하는 것이 좋겠소. 건안성이 떨어지면 안시성은 우리에게 완전히 포위된 상태가 되므로, 이것이 병법에 '성에는 공격하지 않는 곳이 있다'고 말하는 것이오."

육군 총사령관 이세적은 이에 반대의견을 개진했다.

"그렇지 않습니다. 건안성은 남쪽에 있고 안시성은 북쪽에 있으며 우리 군량은 모두 요동성에 있는데, 지금 안시성을 지나 서쪽으로 건안성을 공격했다가 만약 고구려인들이 우리 군량 보급로를 끊고 게다가 우리의 퇴로가 막힌다면 어떻게 하겠습니까? 먼저 안시성을 공격하여 무너뜨린 다음 건안성을 함락시켜야 합니다."

당 태종은 이세적의 의견을 존중했다.

"공으로 장수를 삼았으니 어찌 공의 계획을 따르지 않겠소? 다만 일을 그르치지 않도록 유의해주시오."

사실 이 대화는 조작의 냄새가 느껴지는데, 왜냐하면 무오류의 황제에게 결점이 있어서는 안 된다는 점 때문에 은근슬쩍 이 안시성 전투의 패배에서 당 태종의 책임을 덜어주기 위한 모종의 장치 같다는 느낌이 강하게 들기 때문이다. 또한 건안성의 방어력이 약하다고 했지만 얼마 후 장손무기는 건안성에 병력이 많이 있다며 모순되는 의견을 피력한다. 당나라군 수뇌부는 한 입으로 두 말을 한 셈이다.

분명 이미 앞서 수나라의 패전 원인을 분석해봤을 때 후방을 놔둔 채 수도 평양성을 직접 공략한 것이 패착이었다는 사실을 알고 지금과 같이 차근차근 진군하고 있던 것이었는데, 이제 와서 잘못되면 그 탓은 부하인 이세적 때문이라고 복선을 깔아두는 것은 상관이자 최종 결정권자로서 무책임한 행동일 뿐이다.

그런데 여기서 주목할 부분은 이세적의 보급에 대한 언급이다. 이때의 회의는 시점상 6월 초 요동성에 복귀했을 때의 대화를 기록한 것으로 보이는데, 이 무렵 벌써 군량을 걱정해야 하는 상황이 벌어지고 있음을 시사하고 있는 것이다. 그의 말에 따르면 당나라군의 보급기지는 군량 50만 석이 보관되어 있던 요동성이었고, 그곳과의 교통로가 막히면 더 이상 보급이 어렵다는 말은, 당나라 본국에서의 육상 및 해상 보급로 모두에 문제가 생긴 상황이라는 점을 간접적으로 말해준다. 안시성 전투가 끝나는 시점에 이 당시 보급 문제가 실제로 어떠했는지 짚어보도록 하겠지만, 어쨌든 고구려군의 전방위적인 활약 때문에 당나라군의 전황은 점점 어두워져 가고 있는 상황이었다.

645년 7월 5일, 고정의의 고구려군과 지구전에 휘말린 것과 별개로 강하왕 이도종을 포함한 일부 부대를 먼저 안시성 동쪽으로 파견하여 공성전을 준비토록 했다. 안시성을 쭉 둘러본 이도종은 성의 방어준비가 예상보다 잘 되어 있음을 알게 되었고, 이곳을 함락시키기 위해서는 성벽을 넘어서는 획기적인 공격방안이 필요하다고 느꼈다. 그래서 그는 7월 중순부터 휘하 장병들 중 8천여 명을 전담으로 투입하여 성의 동남쪽 모퉁이에 토산(土山)을 쌓기 시작했다.

나뭇가지로 흙덩이를 쌓아 올려 토산을 만들고 그 중간에 다섯 개의 길을 내어 나무를 걸치고 그 위를 흙으로 덮는 작업을 쉬지 않고 반복하면서 토산의 방향을 점점 안시성에 가깝게 이동해갔다. 물론 안시성에서도 마찬가지로 기존 성벽에 담을 덧쌓으며 성의 높이를 키워서 이에 대응했다.

그렇게 토산 작업이 어느 정도 진척되어 가고 있던 무렵인 8월 10일에 당 태종이 이끄는 본진도 드디어 안시성 남쪽으로 진영을 옮겨서 본격적인 공성전을 준비했다.

먼저 항복했던 고연수 등을 성벽 아래로 보내 성의 포기를 종용했지만, 처음에는 굳게 지키기만 할 뿐 아무런 반응도 하지 않았다. 그러다 안시성 사람들이 황제의 깃발과 일산을 발견하고는 갑자기 성 위에 올라가 북을 치고 소리를 질러대며 황제에게 야유를 던졌다. 당 태종이 자신을 놀리는 도발에 버럭 화를 내자, 옆에서 이세적이 성을 함락시키는 날에는 남자를 모두 구덩이에 묻어 죽여버리겠다고 공언했다. 안시성 사람들이 이 말을 전해 듣고는 더욱 치열하게 방어에 임하니 오랫동안 공격을 거듭해도 함락될 기미가 보이지 않았다.

당나라에 항복해 있던 고연수와 고혜진이 당 태종에게 안시성을 우회하자는 의견을 개진했다.

"안시성 사람들은 가정을 소중히 여겨 모두가 자발적으로 나서서 싸우므로 빨리 함락할 수는 없습니다. 오골성(烏骨城)의 욕살은 늙어서 성의 방비에 능하지 못할 테니, 병력을 그쪽에 집중하면 하루 만에 이길 수 있을 것이며, 도중에 있는 나머지 작은 성들은 필시 그 기세만 보고도 스스로 포기할 것입니다. 그런 후에 그 성들의 물자와 양식을 거두어서 진군하면 평양도 결코 지키지 못할 것입니다."

당시 오골성은 최전선에서 한발 물러난 위치에서 전방을 지원하는 거점의 역할을 하고 있었다. 참고로 말하자면, 여기서는 누구인지 명시되어 있지 않은 오골성 성주의 이름이 단재 신채호에 따르면 '추정국(鄒定國)'이라고 하는데, 혹 『동사강목』에서 잘못 인용한 것일 수도 있어 정확하지는 않다.

다른 신하들도 같은 의견이었다.

"장량의 병력이 비사성에 있으니 부르면 이틀이면 도착할 것입니다. 고구려가 준비 안 된 틈을 타서 전력을 집중해 오골성을 점령하고, 압록수를 건너 곧바로 평양을 무너뜨리는 것은 어렵지 않은 일입니다."

당 태종이 이에 따르려고 하자, 홀로 장손무기가 반대했다.

"천자의 친정(親征)은 여러 일반 장수들과는 달리 불확실성을 노리고 요행을 바랄 수는 없는 노릇입니다. 지금 고구려군이 건안성과 신성에 10만이나 됩니다. 만약 우리가 오골성으로 향한다면 그들은 우리의 뒤를 추격해올 게 분명합니다. 먼저 안시성을 격파하고, 건안성을 점령한 연후에 남진하는 것이 가장 바람직한 계책입니다."

기록에 따라서는 장손무기의 발언에 나오는 10만의 위치가 건안성과 신성이 아니라 안시성으로 나와 있기도 한데, 건안성과 신성에 10만이 배치되어 있는 것은 물론이고 또한 안시성 인근에도 10만이 존재했으며, 이들은 성내가 아니라 성 밖의 주필산 일대에서 당나라군을 괴롭히던 고연수의 군대 10만을 가리킨 것일 수도 있다. 즉, 각각 10만을 지적한 그의 발언이 기록에 따라서 개별적으로 남게 되었을 것으로 이해할 여지가 있음을 말해둔다.

결국 당 태종은 장손무기의 말을 듣고 오골성 공격 계획을 무효화하고, 급히 여러 장수에게 지시를 내려 안시성을 공격하도록 했다. 하지만 안시성의 방비는 당 태종과 그의 장군들의 예상을 넘어서는 수준이었다.

이세적은 자신이 맡은 성의 서쪽을 순차적으로 하루에도 예닐곱 번을 공격해 들어왔다. 당나라 군사들이 포석(抛石)과 당차(撞車)로 성루(城樓)와 성에 덧댄 담(雉堞)을 무너뜨리면, 안시성에서는 무너지는 곳마다 곧바로 목책(木柵)을 세워 방어했다. 이렇듯 안시성의 수비병사들은 방어에도 철저했지만 밤을 틈타 성 밖에 몰래 나와 당나라군 진영을 습격하는 등 다양한 방식으로 당나라군을 괴롭혔다.

온갖 시도를 다 해보아도 안시성을 함락시키지 못하자 당 태종은 강하왕 이도종이 맡고 있는 토산에 마지막 기대를 걸었다. 작업 중간에 이도종이 발을 다치자 당 태종이 친히 그를 위해 침을 놓아주었을 정도로 그는 안시성 공략에 매달리고 있었다. 이곳을 넘지 못하면 자신의 이름을 걸고 추진해온 고구려 정복 계획이 수포로 돌아갈 수밖에 없었으니 그럴 만도 했다. 그렇게 하루에 8천 명 이상의 인력을 투입하여 토산 작업을 밤낮으로 쉬지 않고 진행하여 60일 만인 9월 중순에 드디어 토산 위에서 성 안을 내려다볼 수 있을 정도까지 완성했다. 그러는 사이 어느덧 가을도 끝나가고 겨울이 다가오고 있었다.

이도종은 과의도위(果毅都尉) 부복애(傅伏愛)에게 지시하여 병력을 거느리고 토산 꼭대기에 주둔하면서 본격적인 공성 작전에 들어가기 전까지 고구려군에 대비하게 했다. 그런데 하필 토산이 무너지면서 성을 덮쳐 성의 일부가 무너졌다. 그런데 불행히도 이때 마침 부복애가 통솔지역을 잠시 떠나 있었다. 결국 이를 틈탄 고구려군 수백 명이 성이 무너진 곳으로 신속하게 달려나가 싸워서 마침내 토산을 탈취했고, 참호를 파서 접근을 막고는 불을 붙여 당나라군이 가까이 오지 못하도록 하고 방패를 둘러쳐서 철저하게 수비에 들어갔다.

당 태종이 진노하여 책임자인 부복애를 사형시키고, 여러 장수에게 명하여 총공격을 하게 했다. 사흘 동안 내내 맹공을 퍼부었지만 안시성은 꿈쩍도 하지 않았다. 부복애의 상관이었던 이도종이 도저히 낯을 들 수가 없어 당 태종에게 자신을 처벌해줄 것을 청했다. 당 태종은 이와 같이 말했다.

"너의 죄는 당연히 죽을 것이나, 패전의 책임을 물어 죽이는 것보다 패배했어도 다시 등용해 큰 공을 세우게 하는 것이 낫다고 믿고 있다. 또한 개모성과 요동성을 격파한 공이 있는 까닭에 특별히 너를 용서한다."

결국 힘없는 실무자만 처벌받고 당 태종의 친척인 이도종은 살아남은 결과가 되었다. 역시 유권무죄 무권유죄는 시대를 초월하는 진리였다.

처절한 퇴각작전

야심차게 준비한 토산 공격까지 무위로 돌아간 직후 당 태종은 고구려 침공이 실패로 돌아갔다는 사실을 절실히 깨달았다. 초반 고구려 측의 연속 패전에도 불구하고 연개소문이 당나라군을 상대로 겹겹이 처놓은 덫에 걸렸던 당 태종은 스스로 옴짝달싹할 수 없는 상황에 처했다는 점을 겨우 인정하게 된 것이었다. 그래서 그는 체면이 구겨지는 것을 무릅쓰고 9월 18일 마침내 전군의 퇴각을 명령했다. 그가 내세운 이유는 두 가지였다. 첫째, 요동 지역이 일찍 추위가 닥쳐와 풀이 마르고 물이 얼어 병사와 말이 오래 머물기 어렵고, 둘째, 요동성에 보관해온 양식이 다 떨어져간다는 것이 그것이다.

음력으로 9월 중순이 넘어가고 있으니 곧 10월의 겨울 날씨가 들이 닥칠 것은 뻔히 예견된 일이었다. 고로 첫째로 날씨를 철군의 사유로 든 것은 맞는 말이었다. 그러면 두 번째 퇴각 사유인 양식 부족은 어떻게 된 일일까? 출정 전에 육상과 해상 보급로를 이미 다 구축했고, 또 고구려의 성들로부터 군량을 탈취한 게 다량으로 있었는데도 그렇게 금세 식량이 떨어졌다는 말을 어떻게 이해해야 할까?

이에 대해 먼저 정밀하게 접근한 적이 있는 『새로 쓰는 연개소문傳』의 저자 김용만이 계산한 방식을 차용해 나름대로 분석해보자. 당나라군의 총원은 기록마다 차이가 있지만 그 중에서 가장 많은 것을 택했고, 곡식량은 더 탈취한 게 있을 수도 있지만 여기서는 역사서에 기록된 숫자만 그대로 이용하도록 하겠다.

- 귀환 시 총 인원 : 총 17만 명 중 육군 10만 명 및 귀환 시 동행한 고구려 백성 7만 명
- 탈취 곡식량 : 개모성 10만 석, 요동성 50만 석, 백암성 2만8천 석, 이상 총 62만8천 석
- 잔여 곡식량 : 요동성 10만 석
- 인당 소비량 : 1일 3승 (= 0.03석)
- 기존 소비일수 : 528,000석 ÷ (17만 명 × 0.03석) = 약 104일
- 잔여 소비일수 : 100,000석 ÷ (17만 명 × 0.03석) = 약 20일

당나라군은 본국을 출발할 당시에는 동반해온 식량을 소비했을 테니 언제쯤 그럼 식량 수송에 차질이 빚어진 것일까?

9월 20일에 요동성에 남은 10만 석이 전부였다는 사실을 기반으로 역산해보면, 약 100여 일 전에는 수송이 끊겨 사실상 그간 탈취한 식량만으로 연명했다는 결과가 나온다. 물론 저 17만 명은 정확한 수치는 아니다. 왜냐하면 당나라에서 이 전쟁의 동원 병력 수와 피해 수치를 많이 왜곡했기 때문이다. 하지만 우선은 가장 마지막에 기록된 수치를 인정해서, 육군 10만 명과 고구려 백성 7만 명을 합친 17만 명을 총 모수로 상정하고 계산해 보도록 하자(물론 해군은 자체적으로 해상 공급이 가능했을 것으로 보아 이 계산에서는 제외한다).

이렇게 두고 소급해서 계산해 보면 대략 6월 초에는 당나라 본국에서의 군량 수송에 문제가 발생했다는 결과가 나오는데, 이때는 마침 당나라군이 백암성 공략을 마무리하고 안시성 공략에 나서기 전 요동성에 복귀하여 머물고 있던 시점이다. 왜 이들이 요동성에서 귀중한 시간을 소모했는지 궁금했었는데, 이유는 바로 여기에 있었다. 보급로가 초반부터 고구려군에 의해 철저하게 차단당한 상황에서 당 태종과 장군들은 전쟁 지속이냐 회군이냐를 두고 고민했던 것이다.

안시성은 이들 앞에 계륵이었다. 어찌해서 공들여 정복해도 그간의 인적 물적 손실이 커서 큰 이익을 보기는 어렵고, 그렇다고 이곳을 무시하고 진격하기에는 가뜩이나 보급로가 위협받고 있는 상황에서 요동성이라는 최후의 보급처마저 차단당할 우려가 있었기 때문이다. 결국 이들은 알면서도 울며 겨자 먹기로 안시성 전투에 나선 것이었고, 역시나 이를 이미 간파하고 있던 연개소문이 파견한 고정의의 15만 대군에 의해 두 달 가까운 시간을 지구전으로 빼앗겼다. 고연수와 고혜진의 선봉군은 어찌 격파할 수 있었지만 잔여 병력에 의해 계속해서 시달린 것은 치명적이었다. 더욱이 안시성에서도 토산까지 동원하여 어떻게든 공략해보고자 했으나 결국 공성전은 실패로 돌아가고 말았던 것이다. 뒤늦게 이곳을 놔두고 고구려 내지로 침공해 들어가는 것은 이길 확률이 낮은 도박에 불과했다.

그러니 당나라군 입장에서는 이제 회군밖에는 달리 방법이 없었다. 상식적으로 봤을 때 10만 석으로는 17만 명이 20일 버티는 것이 고작이었다. 아껴 먹는다 해도 최대 한 달 안에 동날 게 뻔했다. 이들이 몇 차례 전투에서 확보했던 수만 마리의 가축들은 모두 어디론가 사라지고 동원했던 말 1만 필 중 2천 필밖에 남지 않았다는 이후의 평가는 전투에서 사살당한 때문이기도 하겠지만 남은 것들마저도 식량 부족으로 잡아먹어서 더 줄어든 것일지도 모르겠다.

체면 불구하고 급히 퇴각을 결정한 당나라군은 먼저 요주(요동성)와 개주(개모성) 두 곳의 백성들을 강제로 차출하여 요하를 건너 유주(幽州) 방면으로 보내고, 후퇴 시의 안전 확보를 위해 일부러 안시성 아래에서 마지막 무력 시위를 한 다음 요동성으로 퇴각하기 시작했다. 성 안에서는 의외로 군사를 밖에 내보내지 않았다. 아마도 당나라군의 퇴각이 미끼일까 봐 좀 더 지켜봤을 것이다. 다만 성주는 성 위에 올라와 놀리듯이 작별 인사를 했다. 당 태종은 그가 성의 수비를 잘 한 것을 칭찬하며 비단 100필을 선물로 남겼다. 그리고 연개소문에게는 별도로 활집을 선물했다. 연개소문이 명궁이라는 소문을 듣고 굳이 활집을 선물한 것이 아닐까 싶지만, 어쨌든 어차피 퇴각 시에는 이것들 모두 불필요한 짐에 불과했으니 생색이나 내자는 것이었을까? 그는 태연한 척 연기를 했지만 속마음은 아마도 타들어갔을 것이다.

그리고 이세적과 이도종에게 명하여 보병과 기병 4만 명을 거느리고 후군(後軍)이 되도록 했다. 많은 병력을 후방 방어로 돌렸다는 것은 그가 그만큼 고구려군의 추격을 두려워했다는 것을 의미한다. 10만 육군 중 4만 명이면 40%를 방어에 투입한 것이니 고구려군의 추격을 얼마나 공포스럽게 느꼈는지 대략 짐작해볼 수 있겠다.

그들은 불과 이틀만인 9월 20일에 요동성에 이르렀고 바로 다음날 요수를 건너기 시작했다. 이 무렵의 요택(遼澤)은 진흙과 고인 물이 가득한 땅이 80리(약 30km)에 걸쳐 있어서 옴짝달싹 못 할 정도였다. 장손무기와 양사도(楊師道) 등이 1만여 명을 투입해서 풀을 베어 길을 메우고, 물이 깊은 곳은 수레를 다리로 개조하여 길을 만들었다. 이때는 당 태종 자신도 직접 나서서 자신의 말로 나무를 옮겨 일을 도울 수밖에 없었는데, 그 정도로 귀국은 진정 고생길이었다.

겨울 10월 1일 요택의 포구(蒲溝)에 이르러 말을 멈추고 길 메우는 작업을 독려했다. 군대가 요택의 넓은 진창 구역인 발착수(渤錯水)를 건널 때는 기온이 떨어지고 눈보라가 휘몰아치는 바람에 병사들의 옷이 젖어 얼어 죽는 자가 많았다. 분명 당 태종은 자신이 철거해버린 요택에 설치했던 길이 떠올랐을 것이다. 굳이 처음에 만용을 보이지만 않았어도 이런 고생은 하지 않았어도 됐을 테니 말이다.

이들이 겨우 전방기지인 영주에 도착한 것은 10월 11일의 일이었고, 13일에 거란과 해족의 수령들에게 연회를 베풀고 선물을 주었다. 이때 연회에 참석했던 이들 중에는 굴가(窟哥)라는 이가 있었는데, 그의 이름은 나중에 다시 등장하니 기억해둘 만하다. 그런 다음 일주일도 더 지난 10월 21일에야 태자와 만나 임유관(臨渝關, 만리장성 끝의 산해관 서남쪽)에 들어갈 수 있었다. 종합해보면 요수를 건너기 시작한 9월 21일부터 영주에 도착한 10월 11일까지 무려 20일이나 걸린 퇴각이었다. 앞서 5월에 건너올 때만 해도 불과 7일 만에 도하했던 길을 그보다 훨씬 긴 시간을 들여 되돌아가야 했던 것이다.

그런데 왜 이들은 굳이 힘든 길로 가야 했을까? 몇 가지 이유를 들 수 있다. 첫째, 이곳이 군량을 아낄 수 있는 최단거리라는 이유에서였거나. 둘째, 이쪽 길이 고구려군의 반격에 대비할 수 있는 가장 안전한 길이었거나. 그도 아니면 셋째, 이곳밖에는 사실상 퇴로가 없었기 때문이었거나. 물론 셋 다일 수도 있다.

우선 이세적이 이용했던 신성 방향의 길이 있었지만, 이곳은 고구려의 신성이 멀쩡히 존재했기에 다시 이용할 수가 없었다. 영주도독 장검이 건너왔던 요하 하류도 검토해볼 수 있겠으나, 역시 건안성이 건재했으니 마찬가지 이유로 제외되었다. 그럼 해로를 이용하는 방법이 있는데, 어찌 건안성을 우회한다 하더라도 이는 고구려 해군의 활동으로 사실상 차단되어 있었던 데다, 전군을 모두 태울 수 있는 선박을 때맞춰 준비할 수 있을지조차 미지수였다.

기록으로는 차마 남기지 못했겠지만, 당나라군의 퇴각 시 후방에 이세적과 이도종의 정예 4만 명을 배치하여 고구려군의 추격을 막았다고 한 것은 그만큼 고구려군의 반격이 거셀 것임을 예측했기 때문이다. 따라서 실제로도 추격전이 벌어졌으리라는 추측은 쉽게 할 수 있다.

그렇다면 이처럼 당 태종이 직접 진두지휘했던 전쟁의 실제 결과는 어떠했을까? 전쟁 종료 후 당나라 측에서 정리한 전공을 한 번 살펴보자.

- 함락한 성 : 현도성, 횡산성(橫山城), 개모성, 마미성(磨米城), 요동성, 백암성, 비사성, 협곡성(夾谷城, 혹은 맥곡성麥谷城), 은산성(銀山城), 후황성(後黃城)의 10곳
- 격전지 : 신성, 건안성, 주필산
- 이주 주민 : 요주(요동성), 개주(개모성), 암주(백암성)의 총 7만 명
- 고구려군 피해 : 사망자 4만여 명, 포로 1만4천 명

이에 비해 당나라 측의 피해는 믿기 힘들 정도이다. 숫자를 몇 개 빠트리지 않았나 다시 보게 될 정도이다.

- 당나라군 피해 : 육군 10만과 해군 7만 중 사망자 약 2천 명, 말 1만 필 중 80% 죽음

이게 과연 말이 될까? 우선 당나라군의 총병력은 처음에 약 10만이라고 소개되어 있지만, 전쟁 종료 후 오히려 늘어나 총 17만 명이라고 기록되어 있다. 이미 앞서 계산해 보았다시피 모수를 이리저리 축소했음을 알게 되었으니 여기서는 넘어가자. 하지만 사람은 2천 명이 죽었는데 말은 8천 필이 죽었다는 것부터가 납득하기 어려운 넌센스다. 말이 저만큼 죽었으니 병사들도 그에 거의 비례하여 죽음을 맞았다고 보는 것이 타당할 것이다.

병력 수는 이처럼 조작이 가능하니 넘어가더라도 그럼 장수의 손실을 비교해보면 어떨까? 실명 기준이긴 하나, 당나라 측 기록에 근거했음에도 역시 당나라의 피해가 더 컸음을 알 수 있다.

- 고구려 : 북부 욕살 고연수(포로), 남부 욕살 고혜진(포로), 백암성 성주 손대음(항복)
- 당나라 : 행군총관 강행본(사망), 좌무위장군 왕군악(사망), 이사마(부상 후 사망), 행군총관 장군예(패전 후 처형), 계필하력(부상), 장문간(처형) 등

또한 격전지로 표현된 신성과 건안성 전투에서 고구려 측 방어군보다 당나라 공격군의 피해가 컸고, 주필산 전투 역시 초반에 당나라군은 고구려군의 선봉을 붕괴시킨 공적 외에는 계속 끌려다닌 것이 전부였다. 안시성도 규모는 알 수 없지만 들인 공에 비해 얻은 소득이 전혀 없었다. 의도적으로 밝히지 않은 숫자들을 알 길은 전혀 없으나 분명 고구려군 사망자보다는 훨씬 많았을 것으로 생각된다.

더욱이 함락했다고 한 10개 성 중에 전공을 자랑할 만한 곳은 개모성, 요동성, 백암성, 비사성 정도에 불과한데, 그나마 백암성은 성주가 자진 항복하여 얻은 곳이었다. 횡산성이나 마미성, 협곡성은 아예 전쟁 중 한 번도 언급되지 않은 곳이고, 현도성은 전투 기록도 없으며, 심지어 은산성과 후황성은 고구려군이 전략적으로 버린 성에 불과했다. 결국 제대로 된 실력으로 정복한 곳은 세 곳, 시도는 했지만 대패한 곳은 안시성, 신성, 건안성 세 곳, 거론은 되었지만 결국 공격할 시도조차 못한 곳으로는 오골성, 국내성, 그리고 멀리 평양성 등이 있다.

게다가 함락시킨 성들조차도 대부분 당나라군이 퇴각한 이후 고구려에 의해 수복되었다. 이상과 같이 피해는 감추고 전공은 부풀리려고 한 노력이 뻔히 눈에 보이는 부분이다.

다만 고구려 입장에서 가장 안타까운 손실은 분명 비사성이었을 것이다. 비사성은 재탈환에 실패한 듯한데, 왜냐하면 이후에 당나라는 요동반도 남단을 기점으로 하여 고구려 해안가와 내륙을 공략하는 전략을 지속적으로 취해 나가기 때문이다. 이때 비사성을 잃지 않았거나 되찾는 데 성공하기만 했더라도 이후의 당나라 측의 행동반경이 넓어지는 효과를 미연에 방지할 수 있었을 텐데 아쉬울 따름이다.

그리고 당나라 측 기록에 신성, 건안성, 주필산의 세 차례 전투에서 당나라 군사가 죽은 것이 태반이었다고 하는데, 물타기를 위해 고구려군도 많이 죽었다고 쓰고는 있지만 정확히 이 기록이 전하고자 하는 바는 본질적으로 당나라군의 뼈아픈 손실이었다. 이 전쟁은 당나라의 결정적 패배임이 분명했다.

『고려사』에서 최영(崔瑩, 1316~1388)이 한 말에 따르면, 당 태종이 침공해 왔을 때 고구려는 승군(僧軍) 3만 명으로 이들을 무찔렀다고 한다. 이는 고구려를 계승한 고려의 최고 무장이 한 이야기니 어느 정도 역사적 사실을 반영한 언급일 것이다. 당나라의 대군에 비해 고구려는 그에 못 미치는 병력으로 이들을 막아내었다는 의미이니 지금껏 당나라 측 역사서에 날조 수준으로 기록된 온갖 승리의 기록들을 어디까지 믿어야 할지 모르겠다. 보수적인 사대주의자인 『삼국사기』의 저자 김부식조차도 당나라군의 패배기록이 많이 사라진 것을 의심할 정도이니 말이다.

아마도 당 태종의 사후 장손무기가 그의 실록을 편찬하는 책임자가 되었던 점을 참고해 보면, 자신도 제1차 당-고구려 전쟁에 참전했던 당사자였으니 사실 그대로 기술하여 당군의 치부를 낱낱이 드러내는 데에 심적 거부감이 들었을 공산이 커 보인다. 추측건대 그 때문에 승리는 강조하고 패배는 감추는 역사조작을 감행했을 것이다. 하지만 부분부분 그러한 낌새를 눈치챌 수 있는 기록들이 남겨지는 것까지는 차마 손이 미치지 못했던 듯하다. 그래서 오늘날 우리가 당시 기록의 논리적 허점들을 발굴하여 역사적 실체를 조금씩 짚어나갈 수 있는 것이다.

무엇보다도 당 태종은 스스로 이번 전쟁의 실패를 솔직히 인정했다. 당 태종은 이후 고구려 침공의 실패를 깊이 후회하고는 탄식하여 이와 같이 말한 바 있다.

"만일 위징이 살아 있었다면 내가 이번 출정을 하지 못하게 말렸을 텐데!"

위징(魏徵, 580~643)은 당 태종의 치세를 극찬한 『정관정요』에도 여러 차례 등장하는 인물로, 당 태종 앞에서도 거침없이 직언을 했던 것으로 유명했었다. 당 태종은 누군가 자신을 말렸어야 한다고 생각했을 만큼 이 전쟁 자체를 자신의 크나큰 실책이라고 받아들였던 것이다.

『삼국사기』에는 다음과 같은 김부식의 평이 기록되어 있다.

당 태종은 총명하고 좀처럼 보기 드문 황제였다. 난을 평정하고 국가를 다스리는 것은 완벽에 가까웠고, 병력을 운용함에 이르러서는 기묘한 계책이 끝이 없고 향하는 곳마다 감히 대적할 자가 없었다. 그런데도 고구려를 침공할 때에는 안시성에서 패배하였으니 그 성주는 진정 영웅호걸로 평범한 사람이 아니었다고 하겠다. 하지만 역사에 그 이름이 전하지 않고 있으니 매우 애석한 일이다.

그렇게 완벽한 인간으로 포장되어 있는 당 태종이 겨우 고구려 안시성의 성주 한 명에게 그토록 당했으니 역사기록에서 그 성주를 홀대함이 당연했을 것이다. 참고로 후대의 박지원의 『열하일기』나 안정복의 『동사강목』 등에서는 그의 이름을 양만춘(楊萬春, 또는 梁萬春)이라고 전하고 있다.

하지만 좀 더 깊이 들어가 보면, 이 안시성 전투는 결국 당 태종의 라이벌인 연개소문의 존재감을 감추기 위해 의도적으로 휘하 장수 한 명을 고육지책으로 띄워준 것에 지나지 않는다. 연개소문도 어쩌지 못한 뛰어난 무명의 장수와 당 태종의 대결 구도로 프레임을 전환함으로써 당 태종은 사실 연개소문에게 패했다는 사실을 가리고자 하였던 것이다.

결과적으로 당 태종은 자신이 그토록 반면교사로 삼고 싶어 했던 수 양제와 동일한 결말을 맞이하고 말았다. 수나라는 육군과 해군을 분리 운영했는데, 해군의 단독 공격은 평양성에서 대패로 마감된 데다 육군의 본진은 요동성 공격에서 막히자 별동부대로 우회 공격을 했던 것이 결정적 패착이었다. 그래서 당나라는 육군을 주력으로 삼고 해군은 보조적 수단으로 삼아 통합적 운영을 한다는 차별화를 했다. 또 국경부터 차근차근 각 성을 점령해나가면서 보급로를 안전하게 확보한다는 전략을 채택하여 수나라의 실패를 반복하지 않겠다는 작전을 세웠었다. 그럼에도 결과는 왜 똑같아졌을까?

1812년 나폴레옹의 러시아 원정은 참혹한 패배로 마무리되었지만, 1941년의 히틀러는 자신이 하면 다르다는 생각으로 다시 러시아 원정을 벌였다. 전략은 다르게 세웠어도 결과는 역시 동일했다. 문제는 '다르게' 하는 것이 중요한 게 아니라는 점이었다. 핵심은 자신은 준비가 완벽하게 되었다고 착각하더라도 실제로는 상대국의 정확한 사정을 잘 몰랐다는 사실이다. 러시아는 정확히 고구려가 했던 것처럼 작전을 구상했다. 청야전술을 통해 적군을 내륙 깊숙이 끌어들여 보급에 차질을 빚게 하고 적군이 익숙지 않은 날씨를 이용해 일거에 반격하고 적을 섬멸하는 작전이 그것이었다.

고구려는 수나라건 당나라건 상대방이 수립한 전략에 휘둘릴 필요가 없었다. 어차피 시간과 기후는 고구려의 편이었다. 공격 측은 이기지 못하면 지는 것이지만 방어 측은 지지 않으면 이기는 것이었다. 기다리면 자연히 전황은 수비 측인 고구려에 유리해질 수밖에 없다는 것이 1차적으로 고구려에게 유리한 측면이었다.

게다가 고구려에는 최고의 전략가이자 스스로 유능한 용병가이기도 한 연개소문이 있었다. 그는 일단 당나라군을 고구려군이 익숙한 영토 안에 묶어두고, 스파이를 통해 적군의 상황을 실시간으로 정확히 파악하여 복합적으로 시의적절한 대응을 했다. 특히 당나라군의 치명적 약점인 보급로를 그는 꿰뚫고 있었다. 요동성의 함락은 뼈아픈 손실이었고 백암성의 배신은 예상치 못한 변수였지만, 그 외의 일들은 거의 그의 생각대로 움직였다. 북부의 신성과 남부의 건안성을 두 주축으로 하여 당나라군의 진격에 제동을 걸고, 중부에서는 빼앗긴 요동성을 대신하여 안시성과 주필산 일대를 2차 방어진으로 삼아 끝없이 당나라군 본진을 붙잡고 괴롭혔으며, 후방의 오골성과 국내성을 백업(backup)으로 하여 필요시마다 적시적소에 지원부대를 투입하여 당군을 효율적으로 공략했다. 또한 한편으로는 당군의 시선을 내륙으로 돌려놓은 사이에 고구려 해군의 전방위적 활약으로 당나라의 해상 보급로까지 완벽하게 차단하면서 당나라군을 전진할 수도, 그렇다고 후퇴할 수도 없는 지경으로 몰아넣는 데 성공했다.

게다가 연개소문은 쿠데타를 통해 집권한 인물이었는데도 손대음 한 명을 제외하고는 전쟁 기간 도중 이탈자가 발생하지 않았다. 이것으로 보아 그는 고구려 내부의 결속을 잘 이루어낸 듯하다. 따라서 그의 쿠데타에 대한 고구려 사회의 일종의 지지가 어느 정도 있었던 것은 아니었겠는가 하는 짐작을 하게 된다. 심지어 그에 반대하던 안시성주조차도 대당 전쟁에서는 같은 편이 되어 한마음으로 전투에 임했으니, 이런 일은 반대파까지도 무시할 수 없었던 연개소문의 탁월한 카리스마와 뛰어난 리더십이 있었기에 가능했을 것이다.

반대로 당나라군 입장에서는 적지에서 약탈한 군량만으로 버텨야 하는 상황에 처하자 이성적 판단이 어려워지고 점차 심리적으로 공포감에 휩싸였다. 군량을 계산해 보니 딱 퇴각하는 만큼만 남는 상황이라면 더 이상의 진격은 의미가 없어진다. 피해를 최소화하며 어떻게든 빠른 속도로 본국으로 퇴각하는 것 외에는 다른 선택이 없었다. 고구려의 연개소문이 세운 대전략이 보기 좋게 적중한 것이다. 초반에 기선을 내준 것처럼 보였지만 그것은 당나라군을 더 큰 함정에 빠트리고자 치밀하게 세운 계책이었음이 밝혀지는 것이다.

당 태종은 이번 연개소문 전쟁에서 얻은 병을 치유하기 위해 귀환길에 병주에서 두 달 여의 휴식기간을 갖고는 이듬해인 646년 3월 7일에야 비로소 수도 장안에 도착할 수 있었다. 앞서 임유관에 도착했을 때 태자가 나와서 기다리고 있었는데, 계절이 두 번 바뀔 동안, 즉 반년이 지나도록 당 태종은 옷을 갈아입지 않아 구멍이 나 있을 정도였다고 하면서 이때 처음 옷을 갈아입었다고 한다. 그만큼 고생이 격심했음을 알 수 있다. 이후에 피부병으로 고생한 것을 보면 요택을 급하게 건너면서 각종 피부질환에 걸린 것 같다.

한숨을 돌리고 난 후인 3월의 어느 날, 앞서 『이위공문대』라는 책에서 당 태종과 고구려 침공에 대한 전략을 논했던 바로 그 이정에게 당 태종이 질문했다.

"내가 온 천하의 병력을 거느리고도 한낱 고구려에게 곤란한 지경에 처한 것은 무엇 때문이겠소?"

이정은 즉답을 피했다.

"아마 이도종이 잘 알 것입니다."

당 태종이 강하왕 이도종을 돌아보며 물으니, 이도종이 주필산에 있을 때 고구려의 빈틈을 타서 평양을 기습하자고 했던 말을 다시 설명했다. 당 태종이 유감스럽다는 표정을 지으며 말했다.

"당시에는 상황이 매우 긴박했기에 기억이 나지 않소."

646년 여름 5월에 보장왕 명의로 막리지 연개소문이 사신을 보내 사죄하고 아울러 미녀 두 명을 선물로 바쳤다. 당 태종이 이들을 고구려로 돌려보내며 사신에게 말했다.

"돌아가서 너희 군주에게 전하도록 하라. 아름다움이란 원래 많은 이들이 소중히 여기는 것이고 이 미녀들 역시 매력적이지만, 그들이 가족을 떠나 마음 아파하는 것이 불쌍하게 생각되어 받지는 않겠다."

그런데 당 태종이 연개소문에게 활집을 선물로 남긴 것에 대해 그가 아무런 사례도 하지 않자 당 태종은 단단히 삐쳐서인지 고구려와의 모든 외교관계를 중단하겠다고 했다. 물론 그런 개인적인 사소한 이유 때문만은 아니었다. 비록 연개소문이 사신을 통해 글을 보내왔지만 내용이 거만했고, 또 당나라의 사신을 맞이할 때에도 태도가 고압적이었기에 그런 조치를 취했다고 한다. 물론 연개소문의 이러한 사신 파견은 당나라를 왕래하며 조정의 분위기와 국경의 수비상황을 정탐하는 것이 목적이었을 테지만 말이다.

한 번 자존심에 크게 상처를 입은 당 태종은 고구려를 재차 토벌할 것을 이미 작정하고 있었다. 구겨진 체면을 다시 펴는 것 외에 당 태종이 할 수 있는 것은 아무것도 없었다. 역사에 명군으로 남기 위해 온갖 노력을 다해온 그였기에 마지막에 명성에 오점을 남기는 것만큼은 피하고 싶었을 것이다.

7.
연이은 전쟁

한참을 쉬고 난 후인 647년 2월, 당 태종이 다시 군사를 보내려고 하니 조정에서 대신들이 의논하여 다음과 같이 의견을 개진했다.

"고구려는 산에 의지하여 성을 축조하였기 때문에 단시일 내에 함락시키기는 어렵습니다. 앞서 고구려를 침공하였을 때 그곳 백성들은 전쟁으로 농사를 제대로 지을 수가 없었고, 또 지금은 계속되는 가뭄으로 백성의 태반이 식량이 부족한 상황입니다. 이에 만약 소수병력을 수시로 파견하여 번갈아 그 강역을 침범케 하면 저들이 번번이 출동하여 피로가 누적될 것이고, 또한 농사를 지을 인력이 부족해져 수년 내에 자연히 민심이 이반될 것입니다. 그렇게 된다면 압록강 북쪽은 싸우지 않고도 얻을 수 있습니다."

당 태종은 이 말이 타당하다고 생각하여 받아들였다. 그는 대규모 병력을 통한 친정(親征) 대신 고구려의 점진적인 국력 소진 프로젝트를 채택한 것이다. 이는 연개소문도 내심 원치 않는 상황전개였다.

실제로 이 국지전의 반복을 통해 전력 소모를 유도하는 계획은 향후 당나라의 대고구려 정책의 기본전략이 되었다. 공격 측은 준비되는 대로 몇 차례고 국지전을 벌인 뒤 불리하면 퇴각해버리면 그만이었지만, 수비 측은 언제 상대방이 쳐들어올지 몰라 항상 긴장하고 방비해야 하는 고단한 일상이 반복될 수밖에 없었다. 이는 그만큼 수비 측에게 자원의 불필요한 소모를 불러일으키는 악질적인 계책이었다.

양국의 객관적인 국력 비교는 현실적으로 어렵다. 유일하게 수치로 비교할 수 있는 것은 인구인데, 시기에 따른 편차는 크지만 대략 당나라는 4천만 명 내외를 유지했던 것으로 보이고, 고구려는 멸망 당시 350만 명가량이었던 것으로 파악된다. 고구려 말기 전쟁과 기근 등으로 사망자나 유랑자가 많았던 것을 감안해 보면 고구려의 원래 인구는 거의 500만 가까이 되었을 것으로 추정되는데, 그렇다 해도 당나라에 비하면 국력이 약 1/10 남짓한 수준이었을 것이다. 그런 만큼 당나라가 전력을 다해 고구려를 끊임없이 흔든다면 분명 고구려는 그 피로도가 계속 누적될 수밖에 없는 불리한 구조였다.

당 태종 말기부터 시작하여 아들 대인 당 고종의 치세에도 당나라 군의 '펀치(punch)'가 아닌 '잽(jab)'을 통한 고구려 괴롭히기는 계속되었고, 실제로 그 피해는 줄곧 고구려에 내상을 입히게 되었다. 그 영향은 점차 경제의 피폐화라는 결과로 나타났다. 이후에 몇 가지 겉으로 드러난 모습만 우선 살펴보자.

648년 9월에 3일 동안이나 노루 떼가 강을 건너 서쪽으로 달려가고 이리 떼도 서쪽으로 이동했다. 동물들이 서식지를 떠나 집단 이동을 했던 것은 먹을 것이 부족해진다든가 하는 자연환경 탓이 아니었을까 싶기도 하지만, 동물들의 이동을 통해 고구려인들의 생존을 위한 이주를 상징하는 기록일 수도 있다.

650년 가을 7월에 서리와 우박이 곡식을 해치는 바람에 흉년이 들어 많은 백성들이 굶주렸다. 또 656년 여름 5월에는 수도 평양에 쇠처럼 강한 비, 즉 폭우가 내렸다. 자연재해에 빗대어 악화된 지역경제 상황을 보여주는 듯하다.

659년 가을 9월에 아홉 마리의 호랑이가 한꺼번에 평양성 안으로 들어와서 사람을 잡아먹으므로 잡으려 했으나 잡지 못했다. 작은 일화이긴 하지만 이렇게 호랑이가 집단으로 사람들이 거주하는 지역에 출몰했다는 것은 이 무렵의 고구려 사회의 운영 시스템 자체에 근본적으로 문제가 발생하였고, 심지어 중심지인 수도에서도 그 문제가 해결되지 못하고 있음을 상징적으로 나타내주는 사례로 볼 여지가 있다. 평상시 같았으면 큰 문제가 되지 않았을 수도 있지만 수도 한복판에서조차 치안 유지가 어려워진 상황으로 결국 사회적 이슈가 된 것이다.

660년 가을 7월에 평양의 강물이 3일 동안이나 핏빛이었다. 같은 시기에 백제가 멸망한 것을 상징하는 것일 수도 있겠으나, 이를 글자 그대로 받아서 해석하자면 대동강에 적조현상(red tide)이 발생했음을 의미한다. 이것은 날씨가 무더워 플랑크톤의 번식이 증가하기 때문인데, 이렇게 되면 어패류가 집단 폐사하고 사람도 물을 길어 먹기 힘들어져 사회경제적으로 심각한 문제가 된다. 여러모로 사회의 불안정성을 보여주는 한 사례이다.

그리고 고구려 멸망 이후이지만, 669년 여름 5월에 천정군(泉井郡), 비열홀군(比列忽郡), 각련군(各連郡) 등 세 군의 백성이 굶주려서 신라 정부에서는 창고를 열어 긴급 지원을 했다는데, 이들 지역은 고구려의 남부에 해당된다. 고구려 사회의 경제 상황이 이때를 전후해서도 지속적으로 개선되지 못하고 있었음을 말해주는 기록이다.

몇 가지 기록으로 남겨진 대표적 사례들만 살펴본 것이지만, 이처럼 고구려 경제가 점차 악화일로를 걷고 있었던 것은 커다란 흐름이었던 것은 분명해 보인다. 한 번의 대전이 아닌 반복되는 국지전이 가져오는 폐해는 고구려에 내상을 심어주기에 충분했다. 이에 대한 근본적인 대처가 필요했지만 상황은 그리 호락호락하지 않았다. 연개소문도 한동안은 당나라의 대규모 육상전투를 상정하여 요동방어망을 강화하는 데 주력할 수밖에 없었다. 그러나 당나라는 비밀리에 전략을 조금씩 수정해가면서 고구려의 약점을 찾아내기 시작했다.

647년 3월, 당나라는 대고구려 침공군의 인사발령을 확정했다. 제1차 당-고구려 전쟁의 유경험자인 이세적과 우진달을 재투입하면서 병력은 그때보다 소수로 편성했다. 두 군단은 모두 해전에 익숙한 자들을 선발하여 배속시켰다. 이는 당나라군의 실제 목적이 육군보다 해군에 있었음을 말해준다.

- 해군(청구도 군단)
  총사령관 : 좌무위대장군(左武衛大將軍) 우진달(牛進達)
  부사령관 : 우무위장군(右武衛將軍) 이해안(李海岸)
  병력 : 1만여 명
  경로 : 산동반도 내주(萊州) 출발

- 육군(요동도 군단)

　총사령관 : 태자첨사(太子詹事) 이세적

　부사령관 : 우무위장군(右武衛將軍) 손이랑(孫貳郎), 우둔위대장군(右屯衛

　大將軍) 정인태(鄭仁泰)

　병력 : 3천 명 + 영주도독부 병력(숫자 미상)

　경로 : 영주(營州) 출발, 고구려 신성 방향으로 진군

　이로부터 두 달 후인 여름 5월, 이세적의 군대가 요수를 건너 남소성
(南蘇城), 목저성(木底城)에 진주했다. 이때 성에서 출격한 고구려군은 당
나라군을 전투에서 패퇴시켰는데, 이들은 겨우 고구려의 성 바깥 주
위만 불태우고 회군해버렸다. 왜였을까? 아직 고구려에 당나라군의 주
된 진격로는 육상임을 인식시켜줌으로써 바로 직후에 감행할 해상 공
격으로부터 관심을 돌리려 함이었을 것이다.

　다시 두 달 후인 가을 7월, 우진달과 이해안이 고구려 국경을 침범
하여 모두 1백여 차례 싸워 석성(石城)을 공격하여 함락시켰고, 거기서
더 전진해서 적리성(積利城)까지 진격해왔다. 고구려 군사 1만여 명이 출
전하여 이해안과 맞서 싸웠지만 2천여 명의 피해를 입었다. 대략 20%
의 손실이었다. 하지만 이때도 당나라군은 곧바로 회군했다. 이곳 석
성은 이후 언젠가 다시 고구려군에 의해 재탈환되었다.

　너무도 멀쩡히 회군한 것은 의아스럽긴 하지만, 당나라군은 고구려
힘 빼기와 비사성을 근거지로 한 해안 탐색이 우선이었던 모양이다.
왜 이들과 이후의 당군이 계속 해상 공격을 시도했는지는 차차 밝혀지
게 될 것이다.

이해 겨울 12월, 보장왕이 둘째 아들 막리지 고임무를 당나라에 보내 다시 한 번 공식적인 사과를 했다. 아마도 마찬가지로 당나라 내부 상황을 염탐하는 것이 목적이었겠지만, 당 태종은 겉으로는 이를 받아들이는 척했다. 이후의 공격에 대해 고구려 측이 대비하지 못하게 하도록 연기를 한 셈이었다.

당 태종은 이 무렵 이미 본격적으로 해상 공격 준비를 차근차근 진행하고 있었다. 같은 해 8월, 송주자사(宋州刺史) 왕파리(王波利) 등에게 명령하여 중국의 강남 지역 12주의 기술자(工人)들을 징발하고 대형선박 수백 척을 만들어 고구려 정벌을 준비하고자 했다. 아마도 이렇게 건조된 함선들은 바로 다음 해인 648년 봄 1월에 구성된 고구려 침공군을 위해 사용된 것 같다. 이번에는 아예 육군 없이 해군만 파병했다.

- 청구도 군단 총사령관 : 우무위대장군 설만철(薛萬徹)
- 부사령관 : 우위장군(右衛將軍) 배행방(裴行方)
- 병력 : 3만여 명
- 경로 : 산동반도 내주(萊州) 출발

이번 공격은 시간이 지연되어서 9월에야 본격적인 공세를 펼칠 수 있었다. 바다를 건넌 후 바로 전해에 우진달과 이해안이 적리성을 공격했던 것보다 더 동쪽으로 이동하여서 압록수로 들어와 박작성(泊灼城, 압록강 입구에서 수로로 약 50㎞) 남쪽 40리(약 16㎞) 되는 곳에 도달하여 진영을 세우니, 박작성의 성주 소부손(所夫孫)이 보병과 기병 1만여 명을 거느리고 나와 막아섰다. 설만철이 부사령관 배행방을 보내 보병과 여러 부대를 거느리고 공격하자 소부손이 전사하고 고구려군이 무너지고 말았다. 곧바로 배행방이 병력을 보내 성을 포위했다. 비록 성주는 잃었다지만 박작성은 산에 의지하여 방어 시설이 잘 되어 있고 압록수로 전면이 가로막혀 있는 난공불락의 요새였기 때문에 단기간 내의 함락은 현실적으로 불가능한 일이었다.

연개소문은 곧바로 고구려 장수 고문(高文)에게 오골성과 안시성 등의 병력 3만여 명을 동원하여 박작성을 구원토록 했는데, 두 진으로 나누어 배치했다. 설만철이 군사를 나누어 이에 대응하니 고구려군이 패했다고 한다. 당나라 군대는 이 전투 후 귀환했지만 설만철과 배행방은 복귀 후 장군직에서 제명당하고 유배형에 처해졌다. 이것을 보면 사실은 전쟁 실패의 책임을 물은 것으로 보아야 할 것이다. 다 이긴 전투를 놔두고 그대로 돌아왔다는 것은 납득하기 어렵기 때문이다.

다만 이전과 마찬가지로 이번 전투도 고구려 정복보다는 해안 탐색이 목적이었다. 더 멀리 이동하면서 점차 어떻게 하면 고구려 본토를 공략할 수 있을지 세부적인 정보를 취득하고자 했던 것이다.

그 사이인 648년 여름 4월, 요동반도 남단에 위치한 오호도(烏胡島)의 장수 고신감(古神感)이 병력을 거느리고 바다를 건너 공격했다. 오호도는 당나라의 대고구려 전쟁을 위한 보급기지이자 해상수비의 최전선이었기 때문에 진(鎭)이 설치되어 있었는데, 좀 더 후대의 발해시대의 교통로를 보면 산동반도 등주에서 오호도까지 300리이고 여기서 다시 요동반도 도리진까지 200리라고 했으니 앞서의 대인성(大人城)보다 좀 더 요동반도에 가까운 지역임을 알 수 있다. 고신감은 이곳을 담당하는 진장(鎭將)이었다.

아마도 본국의 국지전 수행 지시를 받고 행동했을 것으로 보이는데, 그는 고구려군의 보병과 기병 5천을 만나 역산(易山)에서 싸워 격파했다. 그날 밤에 또 다른 고구려군 1만여 명이 고신감의 함대를 습격했으나 고신감이 복병을 이용하는 바람에 실패하고 말았다. 고신감의 군대는 곧바로 돌아가지 않고 해안가에 머물고 있었음을 알 수 있는데, 해상의 함대 습격은 아마도 고구려 해군을 통해 이루어진 것이 아닐까 생각된다. 결과는 그렇게 기록되어 있지만 물러난 측이 고신감인 것을 보면 그의 작전 실패로 봄이 타당할 것이다. 하지만 그의 움직임 역시 바로 직후에 있었던 설만철의 박작성 전투에 대한 예행 연습의 차원이 아니었을까 싶기도 하다.

그런데 왜 고신감은 오호도로 퇴각하지 않고 요동반도의 해안가에 정박하고 있었던 것일까? 그것은 바로 비사성이 여전히 당나라의 지배권 하에 있었기 때문이었다. 즉, 고신감은 당나라 지배하의 지역에 머물렀던 것이고, 이를 고구려에서는 당나라군을 피해 육상이 아닌 해군으로 우회공격했던 것임을 알 수 있다.

그러던 중 648년 6월, 당 태종이 장손무기와 고구려 침공 계획에 대해 회의를 했다. 1년 넘게 국지전 도발을 통해 고구려에 내상을 입힌다는 전략이 어느 정도 성과가 있었다는 판단에 따른 것이었다.

"고구려는 우리 군사의 침입에 지쳐서 인구가 줄고 곡식의 수확이 없는데도, 연개소문이 성책(城柵)만 증설하여 백성들은 굶주려서 구렁텅이에 쓰러져 죽으니, 그 피폐함은 이루 말할 수 없소. 내년에 30만 군대를 징발하고 공이 총사령관(大總管)이 된다면, 한 번의 출전으로 전멸시킬 수 있을 것이오."

이들의 반복되는 공격에 연개소문 입장에서는 내륙 방비에 신경을 쓰지 않을 수가 없었다. 하지만 그의 그런 정책은 고구려의 경제성장 잠재력을 갉아먹을 수 있었다는 평가를 받았다. 그래서 그 이후의 구체적인 방법론을 논의하는데, 어떤 신하가 한 가지 아이디어를 내었다.

"대군이 동쪽으로 정벌에 나서려면 반드시 한 해를 견딜 식량을 준비하여야 하고, 가축과 수레로는 실어 나를 수 없으니 또한 배를 만들어 해로로 운송해야 합니다. 수나라 말에 검남도(劍南道, 오늘날 쓰촨성四川省 일대) 지방은 피해가 없었고, 요동전쟁(遼東之役)에도 검남은 참여하지 않아 그 백성들이 경제적으로 여유가 있으므로 그들에게 배를 만들게 함이 좋겠습니다."

요동전쟁이라 함은 곧 연개소문 전쟁을 일컫는 당나라의 표현이었다. 당 태종은 그 의견을 채택했다. 해로를 이용하는 전쟁 계획이었다. 줄곧 고구려 해안 탐색을 통해 준비해왔던 바로 그 전략이었다. 그런데 검남은 중국 서부 내륙 지방에 위치한 곳인데 여기에서 배를 만든다는 게 말이 되나 싶기도 하다. 양쯔강을 따라서 배들을 운반하여 바다를 건너 고구려를 공격하겠다는 계획이었는데, 들이는 노력 대비 과연 효과가 있을지 의문이 절로 들지만 좀 더 지켜보도록 하자.

바로 다음 달인 7월, 당 태종은 곧바로 좌령좌우부(左領左右府) 소속의 장사(長史) 강위(強偉)를 검남도(劍南道)로 보내 큰 나무들을 베어 배를 만들게 했다. 그리고 따로 사신을 보내 양쯔강(長江)의 물길을 따라 무협

(巫峽, 쓰촨성 동쪽)에서 강주(江州, 오늘날 장시성江西省), 양주(楊州, 오늘날 장쑤성江蘇省)에 이르러 산동반도 내주(萊州)로 나오도록 했다. 무모한 프로젝트였지만 당나라는 황제의 말 한 마디에도 일사천리로 움직이는 고대 전제국가였다. 하지만 반발도 만만치 않았다. 멀리까지 수송해야 하는 일이다보니 이에 불만을 품은 오늘날 쓰촨성(四川省) 지역에 거주하던 이민족들이 반란을 일으키는 등 소란이 끊이지 않았다.

더불어 당 태종은 협주자사(陝州刺史) 손복가(孫伏伽)에게 병사를 모집하게 하고, 또 내주자사(萊州刺史) 이도유(李道裕)에게 명령하여 군량과 병기를 삼산포(三山浦)와 오호도(烏胡島)에 비축하게 했으며, 월주도독부(越州都督府)에도 대형선박 및 두 배를 연결한 쌍배 등 무려 1,100척을 건조하여 대기하도록 했다. 모두 앞으로 고구려를 침공할 때 사용할 것들을 사전에 준비하게 한 것이었다.

특히 오늘날 요동반도 끝자락에 위치한 다롄(大連)의 옛 지명인 삼산포와 요동반도 남단 오호도를 보급기지화했는데, 제1차 전쟁 당시 이보다 본국인 산동반도에 더 가까웠던 대인성의 보급로가 고구려 해군에 의해 무력화된 것을 반성하여 좀 더 고구려 영토에 가까운 곳에 보급기지를 운영하겠다는 의지의 산물이었다. 이를 보면 다른 내륙의 성들은 모두 고구려가 수복했음에도 요동반도 끝의 비사성은 여전히 당나라에서 차지하고 있었음을 알 수 있다.

이해에 김춘추는 당나라에 사신으로 가서 당 태종과 협상을 통해 향후 신라의 미래를 결정하게 될 중요한 협약을 맺었다.

이찬(17관등 중 2등급) 김춘추는 셋째아들 김문왕(金文王)과 함께 당나라를 방문했다. 그에 대한 당 태종의 대우는 유달랐다. 광록경(光祿卿) 유형(柳亨)을 보내서 교외에서 그를 맞이하게 했고, 김춘추가 국학(國學)에 가서 강론(講論)을 참관하기를 청하자 이를 허락하면서, 그 당시 새로 편찬한 진나라의 역사서 『진서(晉書)』를 선물하기도 했다.

그러던 어느 날 당 태종은 김춘추를 조용히 불러 만나서는 금과 비단을 후하게 주면서 솔직한 생각을 물었다.

"경의 속마음은 무엇이오?"

김춘추의 대답은 이러했다.

"우리나라는 바다 건너 치우쳐 있으면서도 황제를 따른 지 이미 여러 해가 되었습니다. 그런데 백제는 강하고 교활하여 여러 차례 제멋대로 침략을 해왔고, 지난해에는 군사를 크게 일으켜서 깊숙이 쳐들어와 수십 개의 성을 함락시켜 당나라로 통하는 길을 막았습니다. 만약 폐하께서 당나라의 군사를 빌려주어 흉악한 것을 쳐 없애지 않는다면 우리나라의 백성은 모두 그들에게 붙잡히게 될 것이고, 산 넘고 바다 건너 이렇게 오는 것마저 다시는 하지 못할 것입니다."

바로 당군과의 협공으로 백제를 멸망시키자는 것이었다. 당 태종은 생각 끝에 이 제안을 수용하기로 했다. 이때의 협상 내용은 극비리에 보관되었다가 나중에 밝혀지게 되는데, 그것은 백제와 고구려의 멸망 후 영토 분할에 대한 것이었다. 당시 당 태종의 답변은 이러했다.

"내가 두 나라를 평정하면 평양 이남의 백제 영토는 모두 신라에 주겠소."

이는 마치 먼 훗날 가쓰라-태프트 밀약(1905년 7월 29일)처럼 미국은 필리핀을, 일본은 조선을 지배한다는 양국 간 비밀 협약과 진배없었다.

협상 타결의 대가로 김춘추는 신라의 전통 의복을 버리고 중국의 제도를 따르겠다고 밝혔고, 649년 1월부로 신라는 당나라의 관복을 받아들이게 되었다. 그리고 그 다음 해부터는 당나라의 연호(年號)인 정관(貞觀)을 채택하여 신라가 당나라의 우산 아래에 들어갔음을 공식 선언하게 된다. 한참 더 이후인 664년에는 여성들의 복식마저도 당나라 스타일을 도입하여 최종적으로는 신라 고유의 문화를 버리고 중화풍으로의 전환을 완료하게 된다.

김춘추는 649년 2월 본국으로 돌아오는 길에 바다 위에서 고구려의 순라병을 만났다. 지난번 연개소문을 독대한 다음 가택연금을 당했던 위태로운 경험에 이어 두 번째로 맞은 일생일대의 위기였다. 이때 다행이었던 점은 그에게는 충성스러운 부하가 있었다는 사실이다. 김춘추를 수행하던 온군해(溫君解)가 그를 대신하여 고위직이 쓰는 모자와 옷차림을 하고 배 위에 앉아 김춘추인 양 행세를 했고, 순라병은 정말로 그를 김춘추라고 여기고는 가차 없이 잡아 죽였다. 그의 희생 덕분에 김춘추는 작은 배를 타고 가까스로 본국에 돌아올 수 있었다. 왕은 이 소식을 듣고는 감동하여 온군해를 대아찬(17관등 중 5등급)으로 추증해주고, 또 그 자손에게 후하게 상을 내려주었다고 한다.

당 태종의 죽음

그러나 당 태종의 헛된 꿈은 결국 이루어지지 못했다. 다음 해인 649년 여름 5월, 향년 52세의 나이로 그의 수명이 다한 것이다. 그의 죽음과 함께 30만 대군의 재침공 계획은 전면 무효화되었다. 고구려에서도 보장왕이 사신을 보내 그의 죽음을 조문토록 했다.

그는 죽기 직전에 요동전쟁(遼東之役), 즉 대고구려 전쟁을 그만두라는 유언을 남겼다고 한다. 648년 병상에 누워 위독한 상태였음에도 불구하고 당 태종은 다시 고구려를 정벌하려고 했다. 이 소식을 듣고 그의 충신 방현령이 다음과 같이 글로써 간언했던 것이 통한 것이다.

"폐하는 위세와 명성 그리고 공덕이 이미 충분하다고 할 수 있고 토지를 개척하고 강역을 넓혔으니 또한 이제 그만해도 될 것입니다. 그런데 폐하는 사람의 목숨을 소중히 여기시면서도, 이제 죄가 없는 병사들을 전장으로 몰아내 비참하게 죽게 하는 것은 불쌍하지 않은 것입니까? 지난번에 고구려가 신하의 절개를 어겼다면 죽이는 것도 옳으며, 백성을 습격하여 빼앗고 소란하게 했다면 멸망시켜도 옳으며, 나중에 중국의 근심이 될 것이라면 없애버리는 것이 옳을 것입니다. 하지만 지금은 이 세 조건이 하나도 충족되지 않습니다. 굳이 중원을 수고롭게 하여, 내적으로는 고구려 군주의 시해에 대한 원한을 풀어주기 위해서이고, 외적으로는 신라 침략에 대한 복수라고 하지만, 어찌 얻는 것은 적고 잃는 것은 많다고 하지 않겠습니까? 폐하께서는 고구려가 스스로 반성하고 새롭게 될 수 있도록 놔두시고, 전쟁 준비는 당장 그만두고 모집한 병사들을 집으로 돌려보내면, 자연히 온 세상이 평화롭게 될 것입니다. 부디 노자(老子)가 얘기한 '만족할 줄 알면 치욕당하지 않을 수 있고, 멈출 줄 알면 위태롭지 않을 수 있다'는 교훈을 따르시기 바랍니다."

정말 한 군데도 틀린 말이 없는 충성스러운 진언이었다. 특히나 그가 강조한 바대로 동시대인들도 이미 당 태종의 고구려의 정벌 사유에 대해 고의적으로 부풀려진 것으로 인식하고 있었음을 알 수 있다. 명분 없는 전쟁에 대한 당 태종의 집착은 이제 그의 죽음과 함께 멈추게 하는 게 옳았다. 그러나 불행히도 당 태종의 후계자인 고종 이치(李治, 628~683, 재위 649~683)는 이 유언을 따를 생각이 전혀 없는 인물이었다.

연개소문은 최대 경쟁자였던 당 태종이 시야에서 사라지자 대외관계의 재정비에 들어갔다.

653년 가을 8월, 전략적 파트너 관계인 백제의 의자왕이 두 달 전인 6월에 사신을 파견하여 협의했던 것이 최종 확정되었다. 드디어 일본 고토쿠 천황과 의자왕이 양국 간 우호 관계를 공식적으로 선언한 것이다. 원래부터도 밀접한 사이였지만 그 관계를 공식화하는 발표였다. 연개소문이 바라 마지않던 국제적 공조체제의 남쪽 고리가 최종 완성된 것이었다.

뿐만 아니라 연개소문은 일본과의 직접 외교에도 관심을 기울였다.

654년 연말경 사신을 보내 고토쿠 천황의 상을 조문했고, 655년과 656년에도 사신을 파견해 선물을 보냈다. 그리고 656년 가을 8월 8일에는 고구려의 사신단 81명이 일본을 방문하여 선물을 전했다. 사신단을 이끌고 온 대사는 달사(達沙)이고 부사는 이리지(伊利之)였다. 그리고 바로 다음 달인 9월, 이번에는 일본에서 고구려로 대사, 부사 각 1명과 판관 3명 등으로 구성된 사신단을 파견했다. 여전히 양국 간의 관계는 살아 있었다.

또 659년 말경 파견한 사신 을상하취문(乙相賀取文) 등 100여 명이 660년 1월 1일에 일본의 쓰쿠시(筑紫), 즉 오늘날 규슈 북부에 도착했다. 5월 8일 그들은 오늘날 오사카에 있었던 나니와관(難波館)에 도착했고, 2개월쯤 머물다 가을 7월 16일 임무를 마치고 귀국했다. 이들의 정확한 임무가 무엇이었는지는 알 수 없지만 백제를 포함한 남부의 국제적 공조체제를 위한 것임은 틀림이 없을 것이다.

이렇듯 연개소문은 고구려를 중심으로 한 합종책(合從策)을 지속 유지하기 위해 힘을 쏟았지만, 의외의 곳에서 그의 대전략은 큰 차질을 빚게 된다. 당나라의 거란, 신라와의 연횡책(連衡策)이 큰 힘을 발휘하기 시작한 것이었다.

654년 겨울 10월, 연개소문은 장군 안고(安固)를 파병하여 말갈 병력과 함께 거란을 공격하게 했다. 이때의 거란은 이보다 앞서 648년 11월에 당나라에 귀부하여 송막도독(松漠都督)으로 임명받은 추장 굴가(窟哥)가 지배하고 있었다. 굴가는 앞서 645년 당 태종이 제1차 연개소문 전쟁에서 패하고 후퇴할 때 영주에 돌아와 거란인들에게 베풀었던 연회 자리에 있었던 인물이기도 했다. 당 태종은 그간 공을 들여서 거란의 굴가를 포섭해왔는데, 그 결실이 648년에 있었던 것이다. 이는 고구려의 한쪽 방어막이 적에게 노출되는 효과를 불러왔다. 참고로 송막(松漠)은 오늘날 중국 베이징 서북부 중에서도 몽골과의 접경지역에 넓게 분포해 있는, 고비사막을 포함하는 지역이어서 명칭에 사막(漠)이라는 글자가 들어 있는 곳이었다.

고구려는 이에 준비 끝에 무력을 동원해 거란 토벌에 나섰던 것이다. 친당 반고구려로 돌아선 거란을 그대로 놔둘 경우 향후 있을 당나라군의 재침에서 그들이 고구려 북부 영토를 공격해올 가능성이 높았기 때문이었다. 이는 고구려로서는 어떻게든 피해야 할 경우의 수였다.

양측 군대가 조우하자 고구려군은 활을 쏘면서 공격을 했는데, 초원의 거칠 것 없는 환경 그대로 바람이 거세게 불어 화살이 거꾸로 되돌아오자 거란이 이틈을 타서 반격해왔다. 이로 인해 고구려 병사 500명이 죽고 말 700여 필을 빼앗겼다. 고구려군은 초원 방향으로 퇴각했는데, 다시 거란이 들판에 불을 놓고 화공으로 공격해오자 병사들을 많이 잃었다. 결국 남은 병사들은 신성(新城)까지 퇴각해야 했다.

이렇듯 최종 전투결과는 거란의 승리였다. 거란은 고구려군의 시신을 모아 승전기념물인 경관(京觀)을 만들고 당나라에도 이 소식을 전했다. 아마도 고구려는 가까운 거란 영토를 공격했지만 반격을 받았던 모양인데, 돌궐의 몰락 이후 거란이 당나라에 부속되어 있는 사실을 타파하고자 했던 군사적 모험이 아쉽게도 실패로 돌아감으로써 북방 민족과의 국제적 공조는 무위로 돌아갔다. 이는 연개소문으로서는 잠정적으로 크나큰 손실이었다.

이에 연개소문은 방향을 바꾸어 다시 신라 공격에 나섰다.

655년 봄 1월, 고구려가 백제, 말갈과 연합하여 신라의 북쪽 변경을 침범했다. 바로 전년도에 선덕여왕의 위를 이어 신라 제29대 태종 무열왕이 된 김춘추는 즉시 당나라에 사신을 보내 구원을 요청했다. 이때의 연합군은 신라의 33개 성을 함락시키는 막대한 전공을 거두었다.

이에 당 고종은 신라 구원을 위해 655년 3월 영주도독 정명진(程名振)과 좌위중랑장 소정방(蘇定方, 592~667)을 파병해 직접 신라를 돕는 대신 간접적으로 고구려의 북방 공격을 감행했다. 655년 여름 5월에 정명진 등이 요수를 건너 신성(新城) 방향으로 진격해왔는데, 고구려군은 당나라군의 병력이 적은 것을 보고 성문을 열고 나와 서남쪽의 귀단수(貴端水, 위치 미상)를 건너 맞아 싸웠다. 정명진 등이 분전하여 고구려 측이 천여 명의 사상자와 포로를 잃게 되었지만, 당나라군은 신성 공략은 포기한 채 성 외곽과 촌락을 불태우고 그냥 돌아갔다.

이때의 공격 역시 점령이 목적이 아니었다. 고구려군이 남쪽의 신라를 정벌 중이라는 정보를 신라로부터 듣고는 국경 방비가 취약해졌을 것으로 추측하여 벌인 단발성 이벤트였다. 국지전만 수행한 후 추가적인 공성전 없이 퇴각한 것을 보면 쉽게 알 수 있다.

당나라군은 고구려의 소모전을 유도한다는 전략에 따라 후속 공격을 가해왔다.

658년 여름 6월에 당의 영주도독 겸 동이도호(東夷都護, 도호는 국경지역의 군정장관) 정명진과 우령군중랑장 설인귀가 병력을 거느리고 고구려를 공격해 왔지만 결과적으로는 패했다. 이들은 고구려의 적봉진(赤烽鎭, 오늘날 내몽고 자치주)을 공격했다. 고구려군은 초반에 400여 명이 죽었고, 100여 명을 포로로 빼앗겼다. 고구려의 대장 두방루(豆方婁)가 군사 3만 명으로 방어에 나섰다가 당나라군이 동원한 거란병사들에게 역습을 허용해 2,500명이 전사하고 말았다. 10%에 못미치는 피해였다. 하지만 당나라군은 이후 고구려군의 반격에 굴복해 마침내 퇴각했다.

참고로 이들의 경로가 북쪽이었음을 주목해볼 만하다. 당군은 거란과의 전략적 제휴를 자랑하기라도 하듯이 거란의 영토를 통과해 저 북쪽으로 침공을 시도한 것이었기 때문이다.

또 659년 겨울 11월에는 설인귀가 재차 침공하여 횡산(橫山)에서 고구려 장수 온사문(溫沙門)과 전투를 벌여 그를 패배시켰다. 이후 설인귀는 10여 년 전 당나라군이 한 차례 차지한 적 있었던 석성(石城)까지 진출하여 전투를 벌였는데, 고구려군의 활 공격에 당군이 많이 죽었지만 설인귀가 용감하게 돌격하여 겨우 무찌를 수 있었다고 한다.

이처럼 당나라는 거의 매년 연례행사처럼 고구려 괴롭히기를 끊임없이 했다. 그런데 앞서서는 해안을 통한 공격을 하더니 한동안은 고구려의 내륙 쪽을 공격하는 데에 집중하는 경향을 보였다. 당시 연개소문은 미처 몰랐겠지만 여기에는 당나라의 의도가 숨어 있었다. 바로 바다 건너 고구려의 후방을 완전히 무너뜨리기 위한 시선 돌리기가 목적이었던 것이다.

백제 멸망

해가 바뀌어 드디어 운명의 날인 660년 7월 18일, 이날 마침내 의자왕이 웅진성(熊津城)을 나와 당나라와 신라의 연합군에게 항복했다. 이로써 백제는 건국 679년 만에 멸망하고 말았다. 이 작전은 극비리에 전격적으로 이루어졌는데, 당나라의 군대가 한반도에 상륙한 지 불과 한 달 만에 백제의 수도를 함락시키는 데 성공한 것이니 얼마나 신중하고 철저하게 준비된 것이었는지 짐작할 수 있다.

이보다 앞서 659년 4월에 신라의 태종 무열왕 김춘추는 아들 김인문(金仁問)을 당나라에 파견하여 백제 공격을 협의케 했고, 당 고종은 김인문과의 대화를 통해 백제의 지형을 자세히 알 수 있다는 확신을 얻었다. 그것은 그간 검토해온 고구려 멸망 작전에 있어 해상을 통한 공격을 완성시킬 중요한 기점이 될 수 있는 정보였다. 당나라는 단순히

자신의 우산 아래에 들어와 있는 신라를 위해 백제를 멸망시키려고
했던 것이 아니었다. 오히려 그간 계속 실패해온 내륙 방면에서의 고
구려 공격 계획을 전면 전환하여 해상을 통한 후방 공략의 실마리를
얻기 위해 지원에 나선 것이었다. 더욱이 백제 멸망을 통해 신라군을
당나라의 국제전에 참전시킬 수 있게 하면 당나라로서도 일석이조였
고, 이러한 전략은 서로 이득이 되는 상부상조의 효과까지 거둘 수 있
는 그랜드 플랜이었다.

김인문 묘 문화재청

이는 물론 명분 없는 전쟁이었다. 백제 역시 신라처럼 과거 고구려
의 침략을 당에 호소하던 처지였는데, 이제 신라를 공격한다는 이유
그것 하나만으로 당나라가 백제를 기습 공격하는 것이었다. 이후 671
년에 문무왕이 당 태종으로부터 받았던 약속을 공개하면서 백제의 땅
은 신라가 갖고 고구려의 땅은 당나라가 갖는다는 밀약이 밝혀지게
되면서 이 침략 전쟁이 얼마나 명분 없는 것이고 그저 양국의 실리만

을 위했던 이기적 행동인지가 명확해진다.

당나라는 660년 3월 소정방을 신구도(神丘道) 군단 총사령관으로 하여 부사령관 김인문 및 유백영, 풍사귀, 방효태 등의 장수들과 122,711명의 병사와 1,900척의 배를 동원토록 했다. 신라 또한 김유신이 지휘하는 5만의 신라군을 참전시켰다. 당나라군은 5월 산동반도 내주(萊州)를 출발했는데, 고구려 해군의 감시망을 피하기 위해 연안항해 대신 황해를 그대로 수평으로 횡단하여 6월에 한반도 서해안에 도착했다. 이들은 신라군과 조우하여 식량 보급을 받고 전격전(blitzkrieg)으로 불과 한 달 만에 의자왕의 항복을 받아냈다. 연개소문에게 미처 도와줄 여지를 주지 않기 위해서라도 고도의 전력 집중을 발휘해야 했는데, 이러한 전술 덕에 이뤄낸 결과였다.

당나라군은 백제를 멸망시키고는 660년 9월 3일 좌효위낭장(左驍衛郎將) 유인원(劉仁願)으로 하여금 군사 1만 명을 이끌고 마지막 도성이었던 사비성(泗沘城)을 지키게 했다. 또한 좌위중랑장(左衛中郎將) 왕문도(王文度)를 웅진도독으로 임명하여 백제 유민들을 통치하게 하고는 전군을 회군시켰다. 유인원이든 왕문도든 4~5품 정도로 직급이 높지 않은 인물들이고 남긴 병력도 그리 많지 않은 수여서, 이제 신라를 도와 뜻을 이루게 해주었으니 할 일은 다 끝났다는 듯 행동한 것으로 보인다. 이때의 당나라군은 해상을 통한 고구려 침공전을 위해 사전에 백제에서 실전 테스트를 했던 것 같은 모양새였다.

부여 정림사지 오층석탑 문화재청

부여 정림사지 오층석탑(부분) 문화재청

대당평백제국비명 국립중앙박물관 소장

여담이지만 어느 나라가 겨우 한 달 만에 멸망할 수 있겠는가 생각하면 백제의 멸망은 놀라운 일이다. 그래서 동시대인들은 물론 많은 후대인들은 그 원인을 백제의 의자왕으로 돌린다. 강력한 철권정치를 통해 선량한 신하들을 괴롭혔고, 크게 공사를 벌여 국력을 낭비했으며, 여자에 빠져 국정을 제대로 돌보지 않았다는 등 수많은 문제점들이 그 한 명에게 투영되었다. 물론 많은 부분 사실이겠으나 꼭 의자왕 한 명에게 모든 죄과를 뒤집어씌워야 하나 하는 의문은 든다. 의자왕은 위기에 빠져 있던 백제를 되살리고자 노력했고, 귀족층의 농단에 휘둘리던 정치를 바로잡았으며, 일본과 긴밀한 관계를 맺고 당대의 실력자 연개소문과 손을 잡아 숙적인 신라를 압박하는 데 거의 성공한 측면도 분명 존재하기 때문이다.

그의 결정적 실책은 동쪽의 신라와의 대결에 집중하느라 국제적으로 당나라군의 대규모 파병 동향을 미연에 첩보하지 못했다는 사실에 있을 것이다. 즉, 내정과 상관없이 해외의 13만 대병력이 넓은 바다를 건너 상륙해오리라고 예상치 못한 것, 그것이 그의 가장 큰 실패 요인이 아니었겠는가 생각된다. 멸망 후 백제 부흥군의 활약을 보면 이들을 잘 조직하고 대비만 했어도 아무리 대군이었다 하더라도 멸망은 분명 피할 수 있는 일이었겠다는 느낌을 받게 된다. 초반의 기습공격을 막아내지 못했기에 부흥군이 제대로 활약하기가 더 힘들었을 수 있다. 아마도 방어에 성공했다면 의자왕의 치세는 거꾸로 성군의 그것으로 평가받았을 것이다. 안타까운 일이지만 결과가 원인을 만들어낸다.

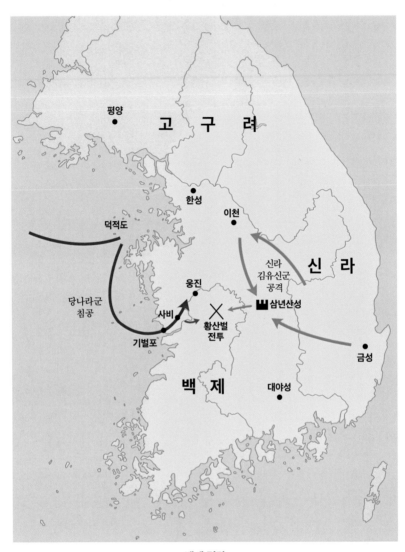

백제 멸망

이제 연개소문은 사방에서 고립되었다. 북쪽으로는 거란과의 관계 복원에 실패한 상태이고, 남쪽으로는 백제의 멸망으로 더 이상 지원을 받을 길이 없었다. 이제 사면을 온통 직접 방어할 수밖에 없는 진정한 위기상황이었다.

660년 겨울 10월 초에 고구려가 신라의 칠중성(七重城, 경기도 파주시에 위치)을 포위 공격했는데, 백제 멸망에 따른 남쪽 국경의 위태로움을 타개하기 위한 선제공격의 성격이었던 것 같다. 바로 1년 전에 칠중성의 현령(縣令)으로 부임해온 군주(軍主), 즉 지방군 사령관 필부(匹夫)는 필사적으로 20여 일을 잘 버텨내었다. 그러나 고구려군이 지쳐갈 즈음에 칠중성의 대나마(17관등 중 10등급) 비삽(比歃)이 고구려군에게 성 안의 식량이 떨어지고 힘이 다했으니 지금 공격하면 함락시킬 수 있을 것이라고 밀통했다. 이를 들은 고구려군은 공격의 수위를 한층 더 높였다. 필부가 이를 알아채고, 칼을 뽑아 배신자 비삽의 머리를 베어 성밖에 던져버리고는 병사들에게 외쳤다.

"충신(忠臣)과 의사(義士)는 죽어도 굽히지 않는 것이니, 다들 최선을 다하라! 성의 존망이 이 한 번의 싸움에 달려 있다!"

그리고는 곧바로 분연히 주먹을 쥐고 나섰고 이에 병든 사람들까지 모두 일어나 다투어 먼저 성에 올랐다. 하지만 신라 병사들은 이미 피로했고 지쳐서 죽거나 부상당한 자가 절반이 넘었다. 고구려군은 바람을 타고 화공을 펼쳐 성을 공격하여 갑자기 쳐들어왔다. 필부는 본숙(本宿), 모지(謀支), 미제(美齊) 등 부하들과 함께 활을 쏘며 끝까지 방어했지만, 결국 11월 1일에 모두 전사하고 말았다.

638년에 한 차례 실패했던 칠중성 공격이 비로소 22년 만에 성취된 것이었다. 영류왕이 해내지 못한 일을 연개소문은 이루어냈다.

그것으로 끝이 아니었다. 곧바로 다음 해인 661년 여름 5월 9일에 또다시 고구려는 침략을 시도한다. 장군 뇌음신(惱音信)에게 말갈장군 생해(生偕)와 연합군을 구성하여 신라의 술천성(述川城, 경기도 여주 일대로 추정)을 공격하도록 한 것이다. 하지만 쉽게 이길 수 없음을 깨닫고 11일 다시 북한산성(北漢山城)으로 옮겨 포위 공격을 시작했다.

고구려군은 서쪽, 말갈군은 동쪽에 자리 잡고 당나라군이 고구려성을 상대로 그러했듯이 30여 대의 포차(抛車)를 벌여놓고 돌을 쏘아대자 그것에 맞는 성가퀴나 건물은 그대로 부서졌다. 북한산성의 성주(城主)인 대사(17관등 중 12등급) 동타천(冬陁川)은 사람을 시켜서 마름쇠를 성밖으로 던져 깔아서 성으로의 접근을 차단하고, 안양사(安養寺)의 창고를 헐어서 그 목재를 실어다가 성의 무너진 곳마다 즉시 망루를 만들었다. 또 밧줄을 그물같이 얽어서 소와 말의 가죽과 솜옷을 걸치고 그 안에 큰 활의 일종인 노포(弩砲)를 설치하여 막았다.

이때 성안에는 단지 백성이 2,800명밖에 없었는데, 동타천은 어린이와 노약자를 격려하여 강대한 적과 맞서 싸워 20여 일 동안이나 버텨내었다. 그러나 식량이 다 떨어지고 지쳐서 매우 위태로운 지경이었는데, 기상악화로 더 이상 공격을 지속하기 어려워지자 6월 22일 고구려-말갈 연합군은 마침내 포위를 풀고 물러갔다.

이처럼 고구려의 위기의식이 대외공격을 통한 극복 노력으로 전환되어 나타나기 시작한 것 같다.

최후의 전쟁

물론 당나라도 가만히 앉아 기다리고만 있을 생각은 전혀 없었다.

660년 겨울 12월, 당나라는 백제를 멸망시킨 기세를 몰아 고구려 침공을 재차 기획했다.

- 해군
  패강도 총사령관 : 좌효위대장군(左驍衛大將軍) 계필하력(契苾何力)
  평양도 총사령관 : 좌효위장군(左驍衛將軍) 유백영(劉伯英)

- 육군
  요동도 총사령관 : 좌무위대장군(左武衛大將軍) 소정방
  누방도 지휘관 : 포주자사(蒲州刺史) 정명진

패강은 곧 패수로 결국 평양도와 같은 방면이며, 누방 역시 현 랴오닝성에 속한 곳으로 요동도와 방향이 같다고 할 수 있다. 즉, 평양도와 누방도는 각각 패강도와 요동도의 보조 부대였던 것으로 보인다.

661년 봄 1월에 당이 하남·하북·회남의 67개 주(州)에서 병력을 모집하여 4만4천여 명을 평양도와 누방도의 두 부대로 보내고, 홍려경(鴻臚卿) 소사업(蕭嗣業)을 추가로 부여도 지휘관으로 임명하여 위구르(回紇) 등 여러 이민족 병력을 거느리고 평양으로 진군하도록 했다. 이들은 곧장 출발하지는 않았고 바로 다음에 확대편성되는 대군에 편입된 다음 행동에 들어가게 된다.

여름 4월에 병부상서(兵部尚書) 임아상(任雅相)과 좌효위장군 백주자사(白州刺史) 방효태(龐孝泰, 601~662)가 추가 발령되었고, 소정방과 계필하력은 맡은 임무가 바뀌었다. 그렇게 총 35군, 비공식적으로 총 35만 명의 병력이 육·해로를 나누어 나란히 진군하게 했다.

- 해군
  패강도 총사령관 : 병부상서(兵部尙書) 임아상(任雅相)
  평양도 총사령관 : 좌무위대장군(左武衛大將軍) 소정방
  옥저도 지휘관 : 좌효위장군 백주자사(白州刺史) 방효태(龐孝泰)

- 육군
  요동도 총사령관 : 좌효위대장군(左驍衛大將軍) 계필하력
  누방도 지휘관 : 포주자사(蒲州刺史) 정명진
  부여도 지휘관 : 홍려경(鴻臚卿) 소사업(蕭嗣業)

　전반적으로 해군에 집중된 부대편성이며, 육군은 고구려군의 관심을 내륙으로 돌리는 역할을 맡았다. 그래서 소정방의 경우 해상 상륙의 경험을 살리기 위해 요동도 대신 평양도로 변경 투입했던 것 같다. 더욱이 소사업의 부여도 부대는 이해 10월에 철륵 공격을 위해 전선에서 이탈하는데, 처음부터 고구려군의 분산을 유도하기 위해 투입된 것이 아닌가 의심된다. 이처럼 교전 기록도 육상에서 이뤄진 것은 거의 없고 오로지 소정방과 방효태 등 해상 상륙군의 전투만이 중점적으로 나타난다.

　이때 당 고종이 스스로 대군을 거느리고 친정하려고 하자, 울주자사(蔚州刺史) 이군구(李君球)가 다음과 같이 건의했다.

　"고구려는 작은 나라에 불과한데 어찌 중국의 힘을 쏟아부어 정벌

할 필요가 있겠습니까? 또한 만약 고구려를 멸망시키고 나면 반드시 병력을 보내어 지켜야 하는데, 군사가 적으면 위엄이 서지 않고, 많으면 많은 대로 사람들이 불안해할 것이니, 이는 천하가 전쟁 비용으로 피폐해지게 되는 일입니다. 제 생각에는 고구려를 정벌하는 것은 정벌하지 않느니만 못하고, 멸망시키는 것은 멸망시키지 않는 것보다 못합니다."

또한 황후 무측천도 재고해줄 것을 간청하므로 당 고종이 그제야 친정을 중지했다. 대신 참전국을 늘리는 쪽으로 결정이 되었다. 661년 6월에는 당나라에 가 있던 김인문이 신라에 귀국하여 당 고종의 참전 요청을 전해왔다. 당시 신라는 태종 무열왕 김춘추가 죽고 제30대 문무왕 김법민(金法敏, 626~681, 재위 661~681)이 왕위를 이어받은 지 겨우 1년 밖에 지나지 않은 시점이었다. 그런데 문무왕은 이때의 고구려 공격에 회의적이었는지 당나라가 자신의 왕위 계승을 인정하고 재차 요청을 할 때까지 백제 부흥군 진압에만 신경쓸 뿐이었다.

문무대왕릉 문화재청   **문무대왕릉(부분)** 문화재청

이제 당나라의 마지막 고구려 침공전이 시작되었다. 연개소문은 이 때도 동향을 파악하고 그에 맞춰 대응책을 준비하고 있었다. 그간 내륙에 대한 공격보다 해상을 통한 공격이 이어졌다는 사실에서 그는 모종의 힌트를 얻었던 듯하다. 이전과 달리 이번 그의 대응에는 해상 공격에 대한 준비가 포함되어 있었기 때문이다.

661년 가을 7월, 장군 소정방(蘇定方)은 해로, 계필하력 등은 육로를 맡아 크게 두 경로로 고구려의 영토를 침공해왔다. 다음달 소정방의 군대는 초전에 고구려군과의 패강 전투에서는 패했지만 물러나서 평양성 서남쪽의 마읍산(馬邑山)을 빼앗는 데 성공하고는 드디어 평양성 포위에 착수했다. 하지만 고구려군은 성을 굳게 지켰기 때문에 당군이 이길 수 없었다. 당나라 측 군사와 말이 죽고 부상을 당한 것이 많았으며 군량을 조달하는 길도 끊겼다. 해외원정 시 소모전은 공격 측에게 무조건 불리했다. 연개소문은 이를 노린 전략을 세운 것이었다.

661년 9월에 연개소문은 28살의 아들 연남생(淵男生, 634~679)을 보내 정예 병력만으로 압록강을 지키게 했고 이 때문에 당나라의 여러 군대는 강을 건널 수가 없었다. 이해에 연남생은 막리지 겸 삼군대장군 (三軍大將軍)에 올라 연개소문을 잇는 후계자로 공식 지정되어 처음 그 능력을 검증받게 되었다.

압록강변계도 국립중앙박물관 소장

요동도 총사령관인 계필하력이 앞서 647년에 청구도 군단이 경유했던 것처럼 비사성을 근거지로 하여 해로를 통해 요동반도 남단을 우회하는 방식으로 압록강에 도착했을 때는 겨울이 되어 얼음이 크게 얼어 있던 상황이었다. 계필하력은 군사를 이끌고 얼음을 타고 강을 건너 북을 치고 소리 지르며 진격했고, 연남생이 이끄는 고구려군이 결국 패퇴하고 말았다. 계필하력은 수십 리를 추격하여 3만 명을 사살하거나 포로로 잡았고 연남생은 겨우 몸을 피해 달아났다. 훗날 연남생은 동생에게조차 군사적으로 밀리는 모습을 보이게 되는데 아마도 아버지의 군사적 재능까지는 물려받지 못했던 것 같다.

여기까지는 당나라군에게 행운이 따라주었다. 하지만 때마침 본국에서 철륵과의 대결 때문에 같은 철륵 출신인 계필하력을 불러들이는 바람에 군사를 돌려 귀환한 것으로 기록되어 있다. 하지만 앞뒤 정황상 당나라군이 연개소문의 후속 부대에 당하여 패퇴했을 개연성도 있다. 저 남쪽에서 소정방 등이 평양성을 포위하여 사력을 기울이고 있는 와중에 당나라 조정에서 육군 주력부대인 계필하력을 그대로 회군시켰다는 것은 납득하기 어려운 일이기도 하고, 얼마 후 벌어지는 방효태 군의 피해상황을 보아도 연개소문의 반격과 맞물려 어쩔 수 없이 퇴각해야 될 상황이 연출되었던 것이 아닌가 하는 것이다. 당장 소정방의 평양 포위군은 군량 부족에 시달리고 있었고, 다른 부대들도 연개소문에 의해 각개격파 당하게 된다. 계필하력의 요동도 군단도 그렇다면 똑같은 상황에 처해 있었을 공산이 크다. 그 역시 군량 부족과 지속적인 반격에 시달리다가 마침 철륵의 공격을 진압해야 하는 필요성을 핑계로 전격 회군을 결정하게 된 것이 아닌가 싶다.

그렇다면 혹 철륵의 당나라 공격은 연개소문이 극비리에 추진한 외교전의 성과였던 것은 아닐까? 전해지는 증거는 없기에 짐작만 해볼 뿐이지만, 최소한 공식 외교관계의 개설은 아니더라도 정보의 전달을 통한 후방 기습을 유도했을 가능성은 커 보인다. 645년의 설연타가 당나라가 고구려에 대군을 파병했을 때 후방을 공격했고, 그 때문에 당군은 일부 군단을 뒤로 뺐던 것과 정확히 패턴이 일치하기 때문이다.

마찬가지로 육로로 진군했던 누방도 군단의 지휘관 정명진 역시 662년에 사망했다는 기록만 남아 있고 세부적인 전투기록은 전해지지 않는다. 아마도 이 전쟁에서 해를 넘겨 고구려군과 교전하다가 전사했을 개연성도 있지만 추정일 뿐이다.

소정방 등의 평양성 포위공격은 고구려군의 지연작전으로 장기전화

되었다. 이 당시의 전황을 말해주는 기록이 『일본서기』에 전해진다.

"12월이면 고구려에서 추위가 극심해져 패수(浿水)도 얼어붙게 되는데, 그 전에 승부를 내고자 당나라군은 운거(雲車, 망루가 달린 수레), 충팽(衝輣, 성문을 부수는 장비)을 동원하여 북과 징을 시끄럽게 치며 공격해왔다. 고구려 병사들은 용맹하여 역공을 펼쳐 오히려 다시 당나라군의 진영 두 곳을 격파하는 데 성공했고, 이제 당나라군은 겨우 2개의 진영만이 남은 상황이었는데 고구려군이 다시 밤을 틈타 공략할 준비를 했다. 이때 당나라군의 상황은 말이 아니었는데, 병사들이 두려움에 무릎을 끌어안고 우는 소리가 밖에서 다 들릴 정도였다. 다만 고구려군 역시 전투에 너무 많은 힘을 쏟아부어 추가공격의 여력이 없음을 안타깝게 여겼다."

패수가 있던 평양성 전투를 말하는 것이니 이는 소정방의 평양도 군단을 포함한 당나라군과의 전투상황이며, 12월보다 이전의 일이라면 대략 시점은 10~11월경이었을 것이다. 소정방은 초기의 승기를 이어가지 못하고 고구려군의 반격에 속수무책으로 당했는데, 겨울 전에는 승부를 보고자 했던 공격적 포지션에서 급전직하하여 어느새 자신의 목숨을 지키는 게 더 급선무가 된 상황에 처해 있었다.

여기서 진영이라 표현된 존재가 한 군단인지 여러 부대인지 알 수는 없지만, 결과적으로는 병력의 절반이 공격에 의해 무너지고 나머지 절반도 겨우 버티고 있는 수준이었음을 알 수 있다. 즉, 압록강 전선은 아들 연남생의 패배로 내어줄 수밖에 없었지만, 연개소문이 직접 지휘하는 평양성 전선에서만큼은 평양성을 미끼로 하여 당나라군을 주위에 몰아넣고 외곽에서 각개격파하는 전략을 펼쳤음을 알 수 있다.

그의 작전은 보기 좋게 성공하고 있었다. 가장 중심이 되는 소정방의 평양도 군단은 보급이 끊겨 상황이 말이 아니었으며, 곧이어 임아상의 패강도 군단도 고구려군에 의해 위급한 처지에 놓이게 되었다.

이런 위기상황을 타개하기 위해 다른 부대들이 움직였다.

우선 함자도 부대의 지휘관 유덕민이 나섰다. 661년 10월 29일에 그는 신라를 방문하여 당나라군이 있는 평양으로 군량을 보내라는 공식 요청을 전했다. 문무왕은 신하들과 회의를 가졌지만 "적의 영토에 깊이 들어가 군량을 운반하는 것은 현실적으로 불가능합니다"라는 반응이 대다수였다. 그나마 김유신이 나서서 그래도 해야 한다고 주장하였기에 추진이 결정되었다. 그렇게 두 달간 준비하여 662년 1월에 김유신, 문무왕의 바로 아래 동생인 김인문(金仁問), 진복(眞服 또는 眞福), 아찬(17관등 중 6등급) 김양도(金良圖) 등 9명의 장군이 정해졌는데, 이들은 수레 2천여 대에 각종 곡식 2만6천여 섬을 싣고 평양으로 가라는 지시를 받았다.

1월 18일에 이들은 풍수촌(風樹村)에서 묵었다. 물이 얼어 미끄럽고 길이 험하여 수레가 나아갈 수 없어서 군량을 모두 소와 말에 옮겨 싣게 했다. 23일에는 칠중하(七重河, 오늘날 임진강)를 배를 이용해 건넜는데, 바로 이 강이 고구려와 신라 간 실질적인 국경선이었다. 고구려군과 마주치는 상황을 피하기 위해 일부러 험하고 좁은 길을 따라 산양(蒜壤, 위치 미상)에 이르렀다. 하지만 끝까지 고구려군과의 조우를 피할 수는 없었다. 이현(梨峴)에서 고구려군을 만나 성천(星川)과 술천(述川) 등이 활약하여 겨우 패퇴시킬 수 있었다.

2월 1일에 이들은 장새(獐塞)에 이르렀는데, 그곳은 평양에서 36,000보(步), 즉 1보를 1m 남짓으로 계산해보면 약 40㎞ 정도 남은 지점이었다. 먼저 보기감(步騎監) 열기(裂起)에게 장사 구근(仇近) 등 15명의 군사를 주어 당나라의 군영(軍營)으로 보내 신라군이 거의 도착했음을 알리게 했다. 이날에 눈보라가 치고 추워서 사람과 말이 많이 얼어 죽었다.

2월 6일에 평양 인근의 양오(楊隩)에 이르렀다. 김유신이 당나라 언어를 구사할 줄 아는 김인문과 김양도 등을 보내 당나라 군영에 군량을 가져다주었고, 소정방에게는 별도로 은 5,700푼(分), 베 30필, 머리카락 30량(兩), 우황(牛黃) 19량을 주었다. 이 중에 은의 경우 푼의 단위가 오늘날과 달라 정확하지는 않지만 0.375g으로 계산해보면 대략 2㎏의 뇌물이었던 셈이다.

그런데 한 국가의 수도까지 국경을 넘어 대군이 이동하는 데도 별다른 저항이 보이지 않은 것은 의문이다. 아무리 고구려군과의 조우를 피해 조심해서 이동했다고는 하나 이처럼 교전 기록이 거의 눈에 띄지 않는 것은 그만큼 고구려군도 청야전술을 위해 최대한 병력을 집중시켜두었던 것을 의미하는 것은 아닐까? 실제로 수도에서 벌어진 대당 항전에 있어 고구려군의 활약이 다각도로 보이고 있고, 얼마 후 이들의 퇴각 시 추격에 나서는 것을 보면 그런 짐작을 하게 된다.

이렇게 애써 군량을 지원받은 소정방은 기다렸다는 듯이 금세 퇴각 준비를 했다. 공식적으로는 평양에 큰 눈이 내렸다는 점을 사유로 들고 있지만, 신라 측이 기록에 남긴 것처럼 "소정방은 군량이 떨어지고 군사들이 피곤하여 능히 힘껏 싸우지 못하고" 있었는데 그것은 곧 고구려군의 공세에 그만큼 시달리고 있었음을 의미했다. 정확히는 자신의 목숨조차 위태로운 상황을 벗어나기 위해 보급을 받자마자 신속한 철군에 나선 것이었다. 이는 결정적으로 지원부대의 극적인 패전 탓이었다.

662년 봄 1월, 소정방 부대를 지원하기 위해 옥저도 부대의 지휘관인 방효태가 사수(蛇水)로 진주해왔다. 사수의 정확한 위치는 알 수 없지만, 6년 후 신라군이 남쪽에서 평양성을 향해 북진하는 과정에 이곳을 지나는 것으로 보아 평양성보다 이남이었던 것으로 파악된다. 그런데 그의 부대는 연개소문이 직접 지휘하는 고구려군에게 대패를 당했고 곧바로 포위망에 갇혀버렸다. 부하가 포위를 뚫고 유백영이나 조계숙의 진영으로 달아나 의탁할 것을 제안했으나, 방효태는 이와 같이 답했다.

"나는 고구려를 멸망시키지 못한다면 결코 돌아가지 않을 것이다. 유백영 등이 어떻게 나를 구할 수 있겠는가? 또 내가 데리고 온 향리의 자제 5,000여 명이 이제 모두 죽었는데 어찌 나 혼자 살아남겠다고 하겠는가?"

유백영과 조계숙이 이 당시 어떤 부대를 맡고 있었는지는 알 수 없지만, 과거 백제 침공 시 평양에 주둔하고 있던 소정방의 밑에서 부사령관과 우이도 부대의 부지휘관을 각각 역임한 바 있는 인물들이니 마찬가지로 소정방의 평양도 군단 휘하에서 각 부대를 지휘하고 있었을 것으로 추정된다. 이중 유백영은 방효태와 백제 침공전에 같이 참가한 적 있는 인물이기도 하다. 하지만 이들 역시도 방효태의 말마따나 그를 구원해줄 수 있는 상황이 못되었던 듯하다.

얼마 후인 2월 18일에 연개소문이 최후의 공격을 가해오자 죽은 자가 수만 명이었고, 방효태는 몸에 화살이 고슴도치처럼 박혀 동행했던 아들 13명과 함께 모두 전사하고 말았다. 방효태는 645년 당 태종의 고구려 원정 시 참전한 적이 있어서 고구려와의 전투가 처음이 아니었고, 660년 백제 침공 시에도 마찬가지로 참전한 바 있기에 한반도 전투 경험 역시 많은 인물이었음에도, 연개소문의 완벽하게 준비된 섬멸전에는 견디지 못하고 이렇게 무참히 생을 마감했다.

그리고 기록에는 없지만 이 사건이 있기 불과 4일 전인 2월 14일에 패강도 총지휘관 임아상 역시 진중에서 죽었다. 당나라 역사서들에서 패전은 굳이 기록하지 않는 관행을 상기해보자면, 혹 패강도 군단 역시 연개소문의 동시다발적인 공격에 의해 패했고 그 상처나 충격으로 임아상도 죽음에 이르렀던 것은 아니었을까? 시간 순서상으로는 연개소문은 임아상의 패강도 군단을 격파하고 재차 방효태의 옥저도 부대까지 섬멸했던 것으로 보인다.

어쨌든 아마도 이때 연개소문은 큰아들을 전선에 투입했듯이 스스로도 전투에 직접 나선 것이었는데, 결과적으로는 야전사령관으로서의 자신의 실력을 유감 없이 발휘했다. 당나라 입장에서는 총 투입했던 35개 군 중 일부는 철륵 공격에 대한 대응을 위해 되돌려야 했지만 나머지 부대 중에서 평양성에 진군해온 4개 군 중 두 개를 격파당했고, 패강도 군단은 지휘관이 사망할 정도로 큰 피해를 입었으며, 옥저도 부대는 몰살당하는 치명적인 손실을 입고 만 것이었다.

따라서 평양성을 포위하고 있던 소정방의 군단 역시 이제 위태로운 처지에 놓였다는 것은 명약관화한 사실이었다. 연개소문의 다음 먹잇감은 남아 있던 소정방이 될 수밖에 없었기 때문이다. 이 다가오는 위기를 탈피하기 위해 소정방은 신라군의 식량 지원을 받자마자 뒤도 돌아보지 않고 회군해버렸던 것이다.

이때 군량 수송을 마친 김유신 등은 당나라 군사들이 회군하자 자신들도 서둘러 군사를 돌려 귀환하기 시작했다. 당나라군에게 군량을 최종적으로 전달했던 김양도는 함께 갔던 군사 800명을 데리고 바닷길로 돌아서 와야 했는데, 이는 곧 신라군과 당나라군 사이의 지역을 고구려군이 완전히 장악하고 있었음을 말해준다. 그리고 신라군이 호로수(瓠盧水, 혹은 호로하瓠瀘河, 오늘날 임진강의 일부)를 반쯤 건넜을 무렵에 고구려 군사가 추격해왔는데, 군사를 돌려 맞아 싸우면서 김인문의 작전으로 1만여 명의 목을 베고 소형 아달혜(阿達兮) 등 5천여 명을 사로잡았으며 병기 1만여 점을 획득했다고 한다. 그런데 고작 승전의 대가라는 것이 소형 정도밖에 안되는 이를 장군이라고 하여 생포한 것이라고 하니 1만여 명의 사상자도 과장된 것이 아닌가 의심된다.

어쨌거나 이를 보면 고구려군은 그저 보급부대로 와 있던 신라뿐만 아니라 당나라군을 상대로 대대적인 반격에 나섰음을 자연히 알 수 있다. 그나마 신라군은 방어가 되어 있어 큰 피해가 없었으나 당나라군은 기록은 없지만 분명 피해가 클 수밖에 없었을 것이다. 고구려의 주적은 당나라였지 신라가 아니었기 때문이다.

『구당서』에 이때 고구려에 파병된 장군들 모두 "큰 공을 세우지 못하고 돌아왔다"고 한 것은 공적만 없었다는 것이 아니라 피해가 컸음을 살짝 가리기 위해 두루뭉술하게 표현한 것으로 보인다. 바로 다음 해인 663년 초에 철륵의 저항을 분쇄시킨 당나라는 그해 8월 그간 동쪽에서의 잦은 전쟁 탓에 백성들과 병사들의 피해가 컸으니 함선 건조를 중단시키고 내정에 집중하겠다고 발표를 했다. 이에 따르면 당나라 측 역시 소모전에 따른 피해가 누적되고 있음을 정확히 말해주고 있다. 당 고종의 육성을 직접 한 번 들어보자.

지난번에 선왕의 뜻을 받들어 백성들의 원통함을 씻어주고자 몇 년 사이에 요동의 바다로 군사를 출동시켰는데, 비록 흉악한 자를 제거하고 난폭한 자를 쳐죽였지만 의로움이 나로부터 어그러졌고, 백성들은 시달리고 재물은 고갈되어 부역이 늘어갔다. 푸른 바다를 멀리까지 건너가고 위험한 길을 지나 원정을 하였던 탓에, 풍랑에 익사하기도 하고 적들과 교전 중에 목숨을 잃기도 하였다. (중략) 이번에 군대가 연달아 출동하면서 전쟁 준비가 매우 힘들어졌다. 지방 관리들이 이로 인하여 잘못이 생기고, 부역에 한도가 없어 공공연히 뇌물이 성행하였다. 결국 정사를 해치고 풍속을 상하게 하는 것이 이보다 심한 것이 없다. 앞서 고을들에게 배를 만들게 한 것은 이미 되었으니, 동쪽으로의 이동은 즉시 모두 정지하는 것이 마땅하다.

사실상 전쟁 중단 선언이었다. 이 이후 당나라는 다시는 고구려와 전쟁을 벌일 생각을 못 하게 된다. 수차례의 작은 전투로 고구려의 진을 빼게 하고 최후의 총력전까지 무리해서 감행했지만 결국 실패로 돌아감에 따라 당 고종은 이제 더 이상 고구려와의 전쟁에 관심을 가지지 않았다.

이번 당나라가 벌인 마지막 고구려 침공에 대한 구체적인 교전 정보나 피해 상황은 희한할 정도로 베일에 가려져 있다. 총 35개 군, 비공식적으로 대략 30만이 넘는 동원된 대규모 전쟁치고는 초라하다 싶을 정도로 기록이 없다. 파편화된 정보들만 가지고 이 정도로 재구성해보았지만 속 시원히 들여다볼 수는 없었다. 다만 당 고종이 표현했다시피 당나라는 과도한 전쟁 추진으로 인해 결국 목적한 바는 이루지도 못한 채 고구려와 마찬가지로 소모전의 희생양이 되고 말았다. 이러한 막대한 물량공세와 반복된 공격을 맞받아쳐 극복해낸 연개소문은 당나라와의 최후의 전쟁에서 최종적인 승리를 거둔 것이었다.

물론 고구려 입장에서는 20년 가까이 거의 혈전을 벌여왔으니 내부적으로 그만큼 피로가 누적되어 치명적 손실을 입은 게 사실이었다. 그럼에도 당나라의 침략 야욕을 마침내 꺾었다는 것은 진정 고무적인 일이었다. 세계제국 당나라는 한 번 타깃으로 삼은 것은 결코 포기한 법이 없는 독하기로 유명한 존재였지만, 이제 그들의 역사에서 유일한 예외가 하나 생긴 것이다. 바로 고구려였다. 연개소문은 기나긴 세월 동안 큰 반발 없이 내치를 해오면서 국가의 단합을 잃지 않았고, 강온 양면으로 당나라 침략군을 상대하면서 효과적으로 물리쳐냈으며, 때로는 외교전을 통해 원격으로 당나라의 후방을 뒤흔드는 긴 안목을 가지고 상대방을 적절히 요리할 줄도 알았다.

독재자 연개소문은 그렇게 대당 항전에서의 승리자로 역사에 남을 수 있었다. 다만 그에게는 아직 두 가지 할 일이 남아 있었다. 하나는

혈맹 백제의 부흥이었고, 또 하나는 후계구도의 확립이었다.

연개소문은 백제 부흥을 위해서 다각도로 움직였다. 공식적으로 그가 백제 부흥군을 지원했다는 기록이 남아 있지 않아 과연 무슨 일을 했다는 것인지 의구심을 가질 수도 있는데, 실제로 그가 백제 부흥을 위해 노력했다는 증거들은 여럿 존재한다.

우선 661년 일본에서 고구려를 구하러 간 군대의 장수들이 백제 가파리(加巴利)의 해안에 배를 대었다는 기록이다. 정확히는 고구려가 아니라 백제를 구원하도록 일본에서 병력을 파병한 것인데, 고구려의 요청에 따라 백제에 파병했기 때문에 고구려의 이름이 남게 된 것으로 보인다.

증거는 더 있다. 662년 3월 당과 신라가 고구려를 정벌하자 고구려가 일본에 구원을 요청했고 이에 일본 측에서 군대와 장수를 파병해 소류성(疏留城)에 웅거하게 했다는 기록이 그것이다. 이때는 당나라와 신라 모두 백제 부흥군과의 싸움에 전념하고 있던 터라 고구려와 전쟁을 하고 있던 상황이 아니었고, 또 위치가 소류성이라고 표기되었지만 백제유민들의 본거지인 주류성(周留城)을 말하는 것으로 보여 사실상 백제를 위해 일본군이 진주했다는 것을 알 수 있다. 여기서 중요한 부분은 "고구려가 구원을 요청"했다는 사실이다. 그 주체는 연개소문일 수밖에 없다. 즉, 연개소문의 요청에 따라 일본은 백제 부흥군의 지원을 위해 병력을 파견했다는 결론인 것이다.

또한 663년 여름 5월 1일 일본인 이누카미노키미(犬上君)가 급히 고구려에 가서 군사에 관한 일을 알리고 돌아왔다는 사실도 이를 입증해주는 증거가 된다. 663년에 일본이 고구려에 급히 알려야 했던 군사적인 사항은 그 당시 치열하게 벌어지고 있던 백제 부흥군의 전투 외엔 존재하지 않았다. 즉, 고구려와 일본은 백제 부흥군의 지원과 관련해 매우 밀접한 관계를 맺고 공동으로 움직이고 있었음을 시사해주는 부분이다.

끝으로, 663년 8월 28일 백제 부흥군과 일본 지원군이 당과 신라 연합군과 백촌강에서 전투를 벌였지만 대패하고 부흥군의 상징이었던 의자왕의 아들 부여풍장(扶餘豐璋)이 사람들과 배를 타고 고구려로 도망했다는 것 역시 고구려의 부흥군 지원을 간접적으로 말해주고 있다. 부여풍장은 앞서 일본 외에 고구려에도 지원 요청을 한 바 있었다. 그래서 어차피 배를 타고 피신을 해야 했다면 함께 싸운 일본군의 본토 퇴각 시 행동을 같이 했을 수도 있는데, 그는 굳이 고구려로 피신하는 선택을 했다. 그가 고구려와 어느 정도 교감하고 있던 관계가 아니었으면 택하기 어려운 결정이었을 것이다. 이는 분명 백제 부흥군에 대한 연개소문의 직간접적인 지원과 교류를 증명해준다.

더욱이 백제 부흥운동이 막을 내린 바로 다음 해인 664년 가을 7월에 문무왕은 장군 김인문, 화랑 관창(官昌)의 아버지 품일(品日), 김군관(金軍官, ?~681), 김문영(金文穎) 등에게 일선주(一善州)와 한산주(漢山州) 두 곳의 군사들과 함께 당나라가 지배하고 있던 웅진부성(熊津府城)의 병사들과 협력하여 고구려를 공격케 했다. 이는 신라가 주체가 되어 추진한 군사행동이었는데, 이들은 고구려의 돌사성(突沙城)을 함락시키는 전공을 거두었다. 왜 뜬금없이 신라는 직접 나서서 당나라군의 지원을 받아 고구려를 공격했던 것일까? 이보다 앞서 660년 고구려의 칠중성 공격이나 661년 북한산성 공격에 대한 복수라고 하기엔 3~4년이나 흐른 시점이라 납득하기 어려운 부분이 있다. 혹, 백제 부흥군을 지원했던 고구려에 대한 보복성 공격은 아니었을까? 이 일이 있기 얼마 전인 3월에 백제 부흥군의 잔당이 사비산성(泗沘山城)에서 재차 봉기를 일으켰고, 그 다음 신라의 행동이 바로 이 고구려 공격이었기 때문에 절묘하게 연결된 시점에 주목하게 된다.

어쨌든 분명 연개소문은 자신의 무너져버린 합종책의 복원을 위해 열심히 뛰었다. 일본의 지원병력까지 끌어들여 다각도의 노력을 펼쳤지만 안타깝게도 이미 벌어진 일을 원상태로 돌려놓는다는 것은 진인사대천명의 수준을 넘어서는 영역이었다. 백제를 잃고 그로 인해 자연히 일본까지 연쇄적으로 잃게 된 그에게는 이제 남은 시간이 별로 없었다.

8.
연개소문의 죽음,
그리고 고구려의 멸망

연개소문은 664년 겨울 10월에 죽었다. 당나라는 그의 죽음을 666년으로 기록하고 있지만, 이 부분에 관해서는 동시대의 기록을 가장 현실감 있게 남긴 『일본서기』가 좀 더 정확해 보인다.

연개소문의 아들 연남생이 665년에 32세의 나이에 아버지의 직위였던 태대막리지(太大莫離支)를 계승한다. 그렇다면 그의 죽음은 666년은 확실히 아니고 665년 내지 그 전년도일 것이고, 그렇다면 일본 측 역사가가 고구려의 정보를 듣고 기록한 664년 겨울 10월이 가장 구체적이면서 합당한 시점일 것이다. 연남생은 연말을 보내고 새해의 시작과 더불어 태대막리지 자리를 이었던 것 같다.

단재 신채호는 연개소문의 죽음을 그보다 더 앞서인 657년으로 추정한 바 있는데, 평소 아무리 탁견이 돋보이는 신채호라지만 그도 가끔 실수는 할 수 있을 것이다. 아마도 『일본서기』의 이 부분을 미처 읽지 못했던 것은 아닐까 싶기도 하지만, 연개소문에게서 고구려의 멸망에 대한 책임을 덜어주고자 한 개인적인 바람이 약간은 반영된 것일지도 모르겠다.

다행히 연개소문이 자식들에게 남긴 유언이 전해져 내려온다. 무언가 느낀 것이 있었던 것일까?

"너희 형제들은 사이좋게 지내면서 결코 자리를 두고 서로 싸우지 말거라. 만일 그랬다가는 분명 주변국들의 웃음거리가 될 것이야."

불행인 것은 그의 유언은 그의 기대와는 거리가 멀게도 결국 예언이 되고 말았다는 점이다.

기본적으로 그의 잘못은 독재 때문은 아니었다. 민주주의의 세례를 받은 현대인들은 그가 독재자였다는 점 때문에 고구려가 멸망하고 말았다고 단정짓기 쉽다. 하지만 왕정 자체가 원래 독재체제라는 사실을 잊어서는 안된다. 왕의 독재는 괜찮고 권력자의 독재는 안된다는 것은 합당한 논리가 되지 못한다. 독재 자체는 절대악이라고 상정하는 것 자체가 현대인의 고정관념에 불과하다. 지금처럼 민주공화정이 일반화 되기 이전에는 거의 모든 국가와 사회가 군주정에 기반한 독재체제일 수밖에 없었다.

그보다 연개소문을 탓하려면 그런 체제 하에서 그가 잘못한 부분을 지적해야 할 것이다. 그의 실책은 후계구도를 명확히 하지 못했다는 데에 있었다. 그의 평생의 경쟁자였던 당 태종이 황제의 자리에 오르게 된 것은 그 자신이 제위를 물려받지 못하는 데 따른 불만에서 터져 나온 쿠데타 때문이었다. 연개소문도 그 사실은 잘 알고 있었다. 그래서 뻔히 그럴 가능성을 인지할 수 있는 상황이었다. 그래서 장남을 후계자로 지명하긴 했지만, 둘째와 셋째 아들들에게도 어느 정도 공평하게 정치적 지분을 나눠주었는데, 이런 행동이 결정적 실패요인이었다고 볼 수 있다.

추측건대 막리지에 삼군대장군이라는 지위까지 내려준 장남 연남생이 661년 당나라 계필하력과의 압록강 전투에서 패해서 물러나는 것을 본 연개소문은 이때 아들에 대한 신뢰에 결정적으로 금이 간 게 아닐까. 그 때문에 불안한 마음이 들어서 둘째와 셋째도 계속 차선 카드로 들고 있었던 것은 아니었나 모르겠다. 혹여나 첫째가 끝까지 불안한 모습을 보일 경우 권력을 물려줄 대상을 교체할 필요성이 있다고 판단했을 가능성이 있는 것이다.

첫째인 연남생은 어려서부터 어른스럽고 진지했던 성격이었고, 차남 연남건은 정확한 묘사는 없으나 이후의 행동을 보건대 결단력 있는 성격으로 보이며, 셋째 연남산은 착실하고 똑똑한 학자 스타일로 평가되었다. 게다가 이들은 서로 두세 살 차이로 나이 차이가 크지도 않았다. 그랬으니 연개소문도 셋 중 누구를 후계자로 골라야 할지 고민이 되었을 수 있겠다는 생각도 든다. 자연히 장자상속의 논리에 따라 첫째로 준비하긴 했겠지만 불안한 마음은 여전히 남아 있었을 것이다.

구체적 정황은 알 수 없지만 어쨌거나 연개소문은 다른 아들들도 조정에 배치하여 계속 자질 검증을 했던 것은 아니었을까 짐작된다. 그러던 중 664년 자신의 건강이 갑자기 안 좋아지자 서두에 언급한 것과 같이 서로 사이좋게 지내야 한다는 유언을 남기고 명확한 후계 구도를 마무리 짓지 못한 채 죽음에 이르게 되었던 것은 아니었을까?

그의 기존 공적이 훌륭하다고 하여 그의 잘못까지 덮을 수 있는 것은 아니다. 그의 결정적 실책은 이와 같은 불분명한 후계구도였음이 분명하다. 첫째로 마음을 정했으면 과감히 둘째와 셋째는 권력에 뜻을 두지 못하도록 정리를 했어야 하며, 만에 하나 첫째가 아니라고 판단했으면 신속하게 대상자를 바꾸어 권력관계를 명확히 정해주었어야 했다.

그가 사망한 시점은 대략 50세 정도였으니 자신의 생명이 그렇게 순식간에 꺼지리라고는 본인도 미처 예상치 못했겠지만, 그에게 시간이 없었던 것은 아니었다. 662년 당나라와의 전쟁 종결 후 664년에 사망하는 그 2년 남짓한 기간 동안 그는 분명 후계구도를 확정 지었어야 했다. 그가 고민하는 사이에 동아시아의 역사는 완전히 격랑 속에 빠져들게 된다.

지금은 그의 무덤이 정확히 어디에 있는지 알 수 없다. 다만 조선시대 윤근수(尹根壽, 1537~1616)의 『월정집(月汀集)』에서 그가 명나라에 사신으로 급히 파견되었던 당시에 연개소문의 무덤에 대한 이야기를 들었던 일화를 적고 있어 참고해보면 어떨까 싶다.

"임진왜란이 일어난 초기에 나는 원병을 요청하라는 명령을 받고 의주(義州)에서 봉황성(鳳凰城, 고구려 시대의 오골성으로 추정)으로 달려갔다. 가다가 개주성(開州城)이라는 곳을 지나게 되었는데, 산 아래의 길가에 가마두 채가 내려져 있었다. 물어보니 유황상(劉黃裳)과 원황(袁黃)이 가마에서 내려 말을 타고서 산 위에 있는 연개소문의 무덤을 보러 간 것이었다. 내가 봉황성에 도착했을 때와 요동에 갔을 때 연개소문의 무덤에 대해 물었는데 아는 사람이 없었다. 다만 조사(詔使) 설번(薛藩)이 우리나라에 오는 길에 개주성에서 연개소문의 무덤을 찾아가 보았는데 무덤

앞에 비석이 있었다고 하니, 그의 무덤이 여기에 있다는 것을 믿을 수 있을 듯하다."

대략적인 위치는 압록강 하구의 북쪽 건너편으로 조선시대에 청나라로 입국할 때 지나던 곳인데, 오늘날 무덤을 찾을 길은 안타깝게도 없다. 다만 그가 이곳에 묻힌 것이 맞다면 기존에 알려져 있던 것처럼 평양성에 머물며 편하게 죽은 것은 아닐 것이다. 자신의 거주지였던 개소문, 즉 국경선에 가까운 곳도 아니고, 그렇다고 고구려의 중심지 평양도 아닌 이 어정쩡한 위치의 무덤은 혹 그가 이동 중 예기치 못하게 갑작스런 죽음을 맞이한 것을 간접적으로 말해주는 것은 아니었을까?

662년 초 당나라의 마지막 공격을 잘 막아낸 그는 이후 백제 부흥군을 원격에서 다방면으로 지원하기도 하며 바쁜 나날을 보냈다. 그러던 중 664년 10월 이곳을 지나다가 질병이든 사고든 갑작스레 죽음을 목전에 두게 된 것이고, 결국 제대로 후계구도를 그리지 못한 채 미완성의 생을 마감하게 된 것이 아닐까 하는 것이다. 그렇게 본다면 그가 왜 세 형제의 관계를 정확히 확정 짓지 못했는지, 사망 시 남긴 유언은 왜 미래를 예견한 듯한 내용으로 남기게 되었는지가 납득이 될 것 같다.

여기서 그래도 잠깐 그를 위해 작은 변명을 대신해 주자면, 후계구도를 제대로 세운다는 것은 기본적으로 너무도 어려운 일이었다. 위대한 인물 다음에 또다시 위대한 인물이 연속으로 나타나는 것은 거의 기적과도 같은 수준의 확률이기 때문이다. 조선이 낳은 세계적 명군 제4대 세종 이도(李裪, 1397~1450, 재위 1418~1450)도 그의 사후 불과 3년 만에 둘째 아들이 쿠데타를 일으켰다. 그래서 얼마 후 조카인 단종을 왕위에서 끌어내리는 초유의 일을 벌이게 된 것이다. 또 조선후기의 영민한 군주였던 제22대 정조 이산(李祘, 1752~1800, 재위 1776~1800)조차도 다음 후계구도를 제대로 준비하지 못해 사후에 세도정치로 빠졌고, 이로써 결국 조선이 망국의 길로 들어섰음은 잘 알려진 사실이다. 이처럼 후계자를 잘 세우는 것은 지극히 어려운 일이다. 물론 연개소문의 잘못은 충분히 인정할 만하지만 그가 아니더라도 적절한 후계자를 찾는다는 것은 그만큼 난제였음을 지적해두고 싶다.

상상컨대 그의 손자 연헌성(淵獻誠, 650~692)이 당나라 조정에서 나름 출세하여 성공가도를 달릴 수 있었던 데에는 그의 자질이 기본적으로 훌륭했기 때문이었을 것이다. 그는 평소 지혜로웠고 행실도 올발랐으며 무장으로서의 공적 역시 뛰어났다. 역사에 가정은 없다지만, 혹 연개소문이 아들 연남생에게 적절히 권력을 물려주었고 그것이 손자 연헌성에게까지 잘 전달되었다면 고구려는 700년만에 몰락하지 않고 다시 한 번 퀀텀 점프(Quantum Jump)를 할 수 있는 기회를 맞이할 수 있지 않았을까 싶다.

어쨌거나 그의 죽음을 앞뒤로 하여 동아시아의 국제사회는 요동을 쳤다. 660년 백제의 전격적인 멸망 이후 663년까지 부흥세력은 갖은 노력을 다했다. 심지어 일본의 지원까지 받았는데, 그럼에도 불구하고 백제는 결국 역사의 뒤안길로 사라졌다. 이에 충격을 받은 일본은 독자생존을 위해 자구책을 마련하기 시작했고, 670년 12월 그간 사용되어온 '왜(倭)'라는 명칭 대신 정식으로 국호 '일본(日本)'을 도입했으며 얼마 후 천황제로 전환하여 새로운 수도에서 새로운 고대국가로 거듭나게 된다.

신라는 변방의 약소국에서 시작하여 불완전하나마 한반도의 상당수를 합병하여 자신만의 고유한 통일된 세계를 창조해내는 데 성공하는데, 안타까운 것은 지나친 친당 정책으로 인해 이후 사대주의의 시초가 된 점, 그리고 주변 국가의 백성들을 완전히 동화시키지는 못함으로써 재차 분열의 씨앗을 남겨두게 되었다는 사실이다. 당나라의 경우는 마지막 남은 가장 큰 위협요소였던 고구려를 역사에서 끌어내림으로써 대당제국 중심의 세계관을 확립하는 데 성공을 거두었다. 이후 여러 차례 굴곡은 있지만 당나라는 수나라가 실패했던 세계제국의 길을 큰 무리 없이 걸어갈 수 있었다.

그리고 남은 것은 고구려였다. 연개소문의 빈자리는 그가 생각했던 것 이상으로 컸다.

연개소문 이후

665년 초반, 장자인 연남생이 32세의 나이로 연개소문의 뒤를 이어 태막리지에 올랐다. 이후의 스토리를 간략히 요약해보자면 다음과 같다. 그는 국정을 맡고 지방의 성들을 순행하면서, 자신의 동생 연남건(男建淵, ?~?)과 연남산(淵男産, 639~701)에게는 남아서 뒷일을 맡게 했다. 처음에는 누구나 그 정도 열정은 보일 수 있었을 것이다. 그런데 어떤 사람이 두 동생에게 말하기를 "남생이 두 아우가 핍박하는 것을 싫어하여 제거하려고 하니 먼저 계책을 세우는 것만 못합니다"라고 했다. 두 동생은 처음에 이를 믿지 않았다.

또 비슷한 시점에 어떤 사람이 연남생에게 알리기를 "두 동생은 형이 돌아와 그 권력을 빼앗을까 두려워하여 형을 막고 들이지 않으려 합니다"라고 했다. 설마 했지만 연남생은 혹시나 하는 마음에 몰래 친한 사람을 보내 평양에 가서 그들을 살피게 했는데, 하필 그는 어이없게도 수도에서 붙잡히게 되었다. 이에 크게 실망한 두 동생이 왕명을 빌어 연남생을 불러들였으나 상황이 불리하게 돌아감을 눈치챈 연남생은 감히 돌아올 엄두를 내지 못했다. 결국 그 의도를 의심한 연남건이 병력을 내어 그를 토벌하고자 하니 연남생은 달아나 국내성에 웅거했다.

더 자세한 이야기는 뒤에서 연개소문의 후계자들을 다루면서 살펴보겠지만, 어쨌든 이토록 쉽게 서로 등을 돌리게 된 것은 그럴 만한 상황적 여건이 있었음을 의미한다. 앞서 연개소문은 장남인 연남생을 후계자로 지목하긴 했으나, 다른 두 아들들에게도 검증의 기회를 주었음은 언급했다. 특히 연남건은 형 연남생이 군사적으로 재능이 뛰어나지 못한 점을 불만으로 생각했던 것 같다. 661년 당나라군이 쳐들어왔을 때 연남생이 이끄는 고구려군이 너무도 쉽게 패퇴한 것이 결정적이었지 않았을까 싶다. 좀 더 과단성 있는 성격이던 연남건 입장에서는 당 태종이 그러했던 것처럼 형보다는 자신이 차기 권력자로서 적합하다고 개인적으로 판단했을 수도 있다. 연개소문이 명확하게 이를 구분 지어주지 못한 것이 결정적 패착이었으리라. 이를 간파한 주변 사람들의 아첨에 쉽게 넘어갈 정도로 형제간의 긴장 관계는 이미 존재했었다.

그리고 막냇동생 연남산은 학자 스타일로 야심 찬 인물은 아니었지만 강한 성격의 둘째형에게 설득당한 것이 아닐까 생각된다. 다만 형처럼 뚜렷한 신념을 가지지는 못했기에 마지막 순간에는 서로 다른 선택을 하게 되지만 말이다.

그럼 이 내분은 정확히 언제 일어난 것일까? 665년 후반에 보장왕은 태자 고복남(高福男)을 당나라에 파견하여 666년 1월 산둥성(山東省)에 있는 태산(泰山)에서 봉선(封禪)이라는 이름의 제천의식에 참가하게 했는데, 내분은 아마도 그 전의 일로 보인다. 내분 중에 군이 외국에 차기 왕위계승권자를 파견한다는 것은 납득하기 어렵기 때문이다. 즉, 형제간의 내분은 665년 말경에 있었던 일이 틀림없다. 여담이지만 이때 신라의 김인문 및 당나라로 끌려간 부여융 역시 이 제천의식에 참석했다고 하니 삼국의 유력인사들이 한자리에 모인 보기 드문 장면이 연출되었을 듯하다.

그리고 666년 초, 연남건의 공격으로 궁지에 몰린 연남생은 16살의 아들 연헌성을 당나라에 보내어 구원을 요청하도록 했다. 압록강 인근의 국내성에서 오골성을 거쳐 멀리 요하에 가까운 현도성까지 물러나 있었던 상황이라면 이미 고구려 내의 권력투쟁에서 연남생은 패배한 셈이었다.

마침 4월에는 이웃나라의 동향을 면밀히 주시하고 있던 신라에서도 당나라에 고구려 침공을 제안해왔다. 신라 또한 고구려가 이런 내분 상황이면 분명 승산이 있다고 판단했던 것이다. 물론 신라가 당나라에 공짜로 고구려 영토를 가져가라고 제안했던 것은 아니었다. 아직 영토 분할의 약속을 지키지 않고 있는 당나라에게 고구려 정복을 도와줄 테니 백제땅에 남겨둔 마지막 주둔군을 철수시켜 백제 영토에 대한 신라의 지배권을 확약하라는 뜻이 내포되어 있었다.

이제 당나라의 결심만이 남은 상황이었다. 666년 6월, 드디어 당 고종은 계필하력 등에게 명하여 병력을 거느리고 가서 연남생을 돕도록 했다. 오랫동안 쉬어온 당-고구려 전쟁의 재개였다. 이때 파견한 부대의 구성은 다음과 같다.

- 요동도 안무대사(遼東道安撫大使) : 좌효위대장군(左驍衛大將軍) 계필하력
- 휘하 지휘관(행군총관) : 좌금오위장군(左金吾衛將軍) 방동선(龐同善), 영주 도독(營州都督) 고간(高侃)
- 후속 부대 : 좌무위장군(左武衛將軍) 설인귀(薛仁貴), 좌감문장군(左監門將軍) 이근행(李謹行)

이 부대의 목적은 연남생의 고구려군 포위를 풀고 당나라 투항을 돕는 것이었기 때문에 행군대총관이라는 군단의 총사령관까지 임명할 정도의 준비는 안 되어 있었다. 시간이 금이었던 상황에서 중요인물이었던 연남생을 연남건 세력으로부터 보호하여 당나라에 귀순할 수 있도록 함으로써 대고구려 전쟁의 시발점을 만들고자 하는 것이 최우선 목표였다. 그래서 후속 부대도 준비되는 대로 딸려 보내도록 하고 크지 않은 규모로 먼저 신속하게 파병부터 했던 것이다. 이들은 9월에 현도성 일대에 머물러 있던 연남생을 고구려군으로부터 구출해 내는 데 성공했다.

이 사실을 인지하게 된 고구려 조정에서는 가을 8월에 보장왕의 이름으로 연남건을 막리지에 임명하고, 내외의 병마에 관한 일까지 겸하여 담당하게 했다. 아마도 정확히는 태대막리지에 임명한 것으로 보인다. 2년 후인 668년에는 막냇동생인 연남산에게 태대막리지의 위치를 물려주기 때문이다.

666년 9월에 당나라는 투항해온 연남생에게 특진(特進) 요동대도독(遼東大都督) 겸 평양도 안무대사(平壤道安撫大使)를 주고 현도군공(玄菟郡公)으로 임명했다.

그 얼마 후인 12월에는 심지어 작은아버지인 연정토마저도 연남건과 연남산 형제를 저버리고 신라에 투항해버린다. 고구려의 분열은 이처럼 심화되어 가고 있었다.

동시에 당나라는 겨울 12월 대대적인 고구려 침공전을 준비했다. 이때의 인사발령은 다음과 같은데, 모든 지휘관들은 이세적의 지휘를 받도록 했다.

- 요동도 군단 총사령관 겸 요동 안무대사(遼東安撫大使) : 사공 영국공 이세적
- 부장 : 학처준(郝處俊)
- 부사령관 겸 안무대사 : 방동선, 계필하력
- 보급부대 겸임 지휘관 : 두의적(竇義積)
- 압록도 부대 지휘관 : 독고경운(獨孤卿雲)

- 적리도(積利道) 부대 지휘관 : 곽대봉(郭待封)

- 비열도(卑列道) 부대 지휘관 : 유인원(劉仁願)

- 해곡도(海谷道) 부대 지휘관 : 김대문(金待問)

* 하북 지방의 모든 조세는 요동으로 보내 군용으로 공급

  압록도는 이름 그대로 압록강 방면이고, 적리도는 위치 미상이지만 압록강 이북 지역으로 기록되어 있다. 비열도는 오늘날 함경남도 안변(安邊) 지역으로 추정되는 해로이며, 해곡도도 이름 그대로 바다와 관련된 지명일 텐데 고구려 수곡성(水谷城)과 이름이 비슷해 황해도 지역이 아닐까 생각된다. 이들은 이처럼 해군과 육군을 아우르는 대병력이었다.

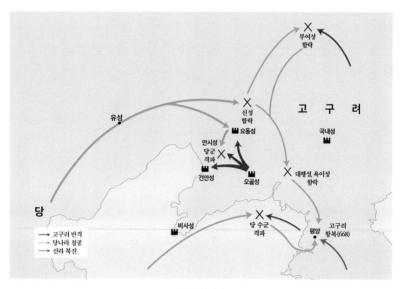

고구려 멸망

667년 1월, 이세적은 군대를 이끌고 출발했다. 요하를 건너 가장 먼저 신성(新城)에 진주했는데, 여러 장수들을 모아 자신의 계획을 말했다.

"신성은 고구려 서쪽 변방의 요충지이므로 먼저 그곳을 함락시키지 못하면 다른 성들도 무너뜨리기 어려울 것이오."

사실이었다. 과거 이세적 자신이 645년 첫 전쟁에 참전했기 때문에 신성의 전략적 중요성은 그 누구보다도 잘 알고 있었다.

그는 신성의 서남쪽 산에 올라가서 성 가까이로 성책을 쌓아 신성을 철저하게 고립시켰다. 이에 성안은 곤궁해질 수밖에 없었고 탈주자들이 점차 발생했다. 신성은 그처럼 어려운 와중에서도 수개월이나 버텼지만, 667년 가을 9월 14일에 성 안에서 사부구(師夫仇)라는 이가 성주를 붙잡아서 문을 열고 나와 결국 항복했다. 이세적의 군대는 장기전 끝에 신성을 점령하는 데 성공했고, 계필하력에게 그곳을 담당하도록 했다. 이세적은 병력을 이끌고 계속 진격하여 주변의 16성을 모두 함락시켰다. 이 성들은 소규모의 성들이었던 것으로 보인다.

이 무렵 고구려군은 15만 명의 대병력을 요수(遼水)에 주둔시키고 있었다. 연남건이 지휘하는 고구려군의 대응전략은 1차적으로 육로에서의 당나라 침공군 저지였다.

이후 방동선과 고간이 신성을 물려받아 지키고 있었는데 연남건이 병력을 보내 그 진영을 습격하게 했다. 좌무위장군 설인귀가 이들을 돕기 위해 진격해왔을 때는 고간이 금산(金山)에서 고구려군과 교전했지만 패한 상황이었다. 고구려군이 이긴 기세를 타고 북으로 추격하며 진군하는데 사기가 드높았다. 그런데 이때 설인귀가 병력을 이끌고 측면을 공격하면서 그 진열을 흐트러뜨리고 마침내 고구려군 다수를 사살하는 데 성공했다(기록에서는 5만 명의 피해로 나와 있지만 사실로 보기에는 그 규모가 과도하다). 이들은 좀 더 진격하여 남소성, 목저성, 창암성의 세 곳을 마저 빼앗았고 드디어 연남생의 군대와 합세했다.

같은 시기에 적리도 부대 지휘관 곽대봉은 해군을 거느리고 바다를 건너 평양에 다다랐다. 이세적이 별장 풍사본(馮師本)을 보내 식량과 무기를 싣고 가서 공급하게 했으나 고구려 해군의 공격으로 함선이 격파당하는 바람에 곽대봉의 군대는 굶주림으로 고생했다. 이 소식을 접한 이세적이 별도로 군량을 지원해주어 겨우 살아날 수 있었다.

이 당시 이세적의 행정담당인 원만경(元萬頃)이 격문을 지었는데, 그 내용 중에 "압록의 요충지를 지킬 줄 모른다"고 한 부분이 있었다. 연남건이 이 격문을 입수해서 보고는 "잘 알겠다"고 하고는 곧 병력을 파견해 압록강의 수비를 강화하니 정말로 당군이 압록강을 건널 수가 없었다. 당 고종이 나중에 이를 전해듣고는 격문을 작성했던 원만경을 멀리 유배 보내버렸다.

또 다른 부대를 이끌고 있던 학처준이 안시성 아래에 도착했는데, 아직 미처 군대의 대열을 정비하지 못한 틈을 타서 고구려군 3만이 급습해오자 모두가 크게 당황했다. 학처준만이 홀로 정신을 차리고 정예 병사들을 내보내 잘 막아 내었지만 그의 군단 역시 큰 피해를 입을 수밖에 없었다. 결국 그의 안시성 공략은 실패로 돌아갔다.

신라 역시 백제에 이어 마지막으로 숙적 고구려를 무너뜨리는 작업에 동참하고 있었다.

667년 가을 7월, 당 고종이 유인원(劉仁願)과 문무왕의 동생인 김인태(金仁泰)에게 비열도 군단을 맡아서 신라 군사를 이끌고 각각 한반도 내륙에서 북진하여 평양에 도착하도록 했다. 신라에 대한 공식적인 병력 지원 요청이었다.

이에 문무왕은 8월에 대각간(골품제의 최고 등급) 김유신 등 30명의 장군을 이끌고 수도(경주)를 출발했고, 9월에는 한성(漢城)에 도착하여 이세적의 추가 지침을 기다렸다.

겨울 10월 2일에 이세적은 평양성의 북쪽 200리(약 80km) 되는 곳에 도착했다고 편지를 보내어 신라 측에 신속한 참전을 독려했다. 그가 바로 직전 신성에서 그렇게 빨리 한반도 안쪽까지 들어왔다는 것도 믿기지 않지만, 그 다음 2월에는 부여성을 함락시키는 것으로 나오니 더욱 의심이 가는 내용이다. 아마도 신라군의 이동이 예상보다 늦자 참전을 독촉하기 위해 평양 가까이까지 왔다고 슬쩍 거짓말을 한 것이 아닌가 싶다.

어쨌든 문무왕은 그 말을 듣고 북진하여 11월 11일에는 장새(獐塞)에 이르렀는데, 그곳은 평양에서 남쪽으로 40km 가량 떨어진 지점이었다. 그런데 여기서 문무왕은 이세적이 다시 북쪽으로 돌아갔다는 소식을 전해 듣고는 군사를 돌렸다. 단독 행동으로는 고구려군에게 당할 수 있다는 위기감 때문이었을 수도 있지만, 사실 양국 간의 밀약을 따지고 보면 평양 이북의 영토는 어차피 당나라의 차지가 될 곳이었다. 즉, 신라 입장에서는 열심히 공략해도 떨어질 떡이 별로 없다는 의미였다.

이때의 신라군의 소극적인 태도는 차후에도 이슈가 된다.

어쨌든 이와 같이 서로 고구려군을 사이에 두고 위험천만하게 양국 간의 소식을 전한 이는 바로 이동혜(尒同兮, 위치 미상)의 촌주(村主)인 대나마(17관등 중 10등급) 강심(江深)이란 자였는데, 워낙에 위험한 임무였다 보니 당나라군에서 거란 기병 80여 명을 호위로 붙여주고 있었다. 문무왕은 그에게 고생한다는 의미에서 급찬으로 한 등급 올려주고 벼 500석을 상여품으로 주었다.

12월에 당나라에 머무르고 있는 장군 유인원(劉仁願)이 당 고종의 명령을 전하면서 고구려에 대한 공격을 도우라고 했다는데, 벌써 1년 전에 비열도 부대의 지휘관으로 임명되었던 유인원은 이때까지도 당나라에서 출발하지 않고 있었던 모양이다. 신라군이 다시 움직이는 것을 보려면 해를 넘기고도 반년 가까이 더 기다려야 한다.

668년 봄 1월, 당나라는 1년간의 총공세가 아직 제 궤도에 오르지 못하고 있다고 판단하고는 추가부대를 편성했다. 백제 멸망 후 웅진도독을 역임하여 백제 부흥군을 성공적으로 진압했던 한반도통이라 할 수 있는 유인궤(劉仁軌, 597~681)를 이세적 바로 다음 가는 부사령관으로 임명하여 대고구려 전쟁에 투입한 것이다. 그의 한반도 전투 경험을 활용해 한반도 남부에서의 평양 북진 공격을 기대했던 모양이다. 그리고 이세적의 부장으로 있던 학처준을 그의 밑으로 옮기고, 김춘추의 둘째아들 김인문 역시 새로 부장으로 삼는 인사 발령을 했다.

- 부지휘관(부대총관) : 우상(右相, 즉 중서령中書令) 유인궤

- 부장 : 학처준, 신라 김인문(金仁問)

2월에는 이세적이 이끄는 당나라군이 고구려의 부여성(扶餘城)을 공격하여 함락시켰다. 당초 설인귀가 금산(金山)에서 고구려군을 격파하고 승세를 이용하여 3천 명을 거느리고 부여성을 공격하려고 했는데 여러 장수들이 병력 부족을 사유로 만류했다. 설인귀가 자신있게 말했다.

"병력은 굳이 많을 필요는 없고, 오히려 그것을 어떻게 사용하는가가 중요한 것이오."

그리고는 선봉이 되어 나아와 고구려군과 싸워 이겨서 고구려 병사 1만여 명을 죽이고 사로잡았다. 마침내 부여성을 쳐서 빼앗으니, 그 인근의 40여 성이 모두 항복했다. 이 성들 역시 소규모의 성이었던 것으로 보인다.

이 무렵 시어사(侍御史) 가언충(賈言忠)이 요동 전장에 다녀왔는데, 당 고종이 전황을 그에게 묻자 이렇게 대답했다.

"반드시 이길 것입니다. 예전에 이전 황제(당 태종)께서 죄를 물으려다 뜻을 이루지 못한 것은 고구려에게 틈이 없었기 때문입니다. 속담에 '군에 내응하는 자가 없으면 중도에 돌아오라'고 하였습니다. 지금은 연남생 형제가 집안싸움으로 인해 우리의 길잡이가 되어서 고구려의 내부정보를 우리가 모두 알게 되었고, 장수들은 충성을 다하고 병사들은 힘을 다하고 있으니 제가 처음부터 반드시 이긴다고 말씀드린 것입니다. 또 『고려비기(高麗秘記)』에 말하기를 '700년(※ 원문은 9九지만 7七의 오기로 보임)이 되지 못하여 마땅히 80의 대장이 있어서 이를 멸망시킨다'고 하였는데, 고구려 왕조가 한나라 때부터 나라를 세운 지 지금이 700년이고, 이세적의 나이가 80입니다. 고구려는 거듭되는 기근(飢饉)으로 사람들이 서로 약탈하고, 지진으로 땅이 흔들리고 갈라지고, 이리와 여우가 성에 드나들고, 두더지가 성문에 구멍을 뚫고, 인심이 두려워하고 놀라니, 이 원정이 마지막이 될 것입니다."

이제 당나라 내부에서는 요동전쟁을 성공리에 마무리할 때가 다가오고 있음을 느끼고 있었다. 그 이유로는 첫째, 고구려의 내분으로 당나라에 상황이 유리해진 점과 둘째, 고구려의 경제가 무너져 내정이 허약해진 점을 들고 있다. 모두 사실이었다. 연개소문이 살아 있었다면 결코 가능하지 못했을 천우신조의 기회였다.

연남건이 다시 병력 5만을 보내 부여성을 탈환하고자 했지만, 이세적 등과 설하수(薛賀水, 위치 미상)에서 만나 맞붙어 싸워서 패배하여 사상자가 5천이었다. 대략 10%의 손실을 본 셈이었다. 이세적은 이제 압록강 방면으로 남진하여 대행성(大行城, 위치 미상)의 공격에 착수했다.

668년 6월 12일, 요동도 군단 부사령관 유인궤(劉仁軌)가 2년 전에 당나라에 와 있던 김유신의 맏아들 사찬(17관등 중 8등급) 김삼광(金三光)과 함께 신라의 당항진(党項津)에 도착했다. 문무왕이 자신의 동생인 각간(17관등 중 1등급) 김인문(金仁問)에게 성대하게 맞이하도록 했다. 유인궤는 신라군의 평양성 공략전 참전에 대한 계획 협의를 마치고는 곧바로 천강(泉岡, 위치 미상)으로 향했다.

6월 21일, 대각간 김유신을 총사령관으로 하고, 김흠순과 김인문 등 각 지휘관을 임명했다. 다음날 6월 22일에는 웅진부성(府城)의 유인원이 고구려의 대곡(大谷)과 한성(漢城) 등 2군 12성이 항복했음을 신라 측에 알려왔다. 여기서 유인원의 존재가 등장하는 것으로 보아 이때는 그가 다시 한반도로 들어와 있었던 모양이다.

6월 27일에 문무왕이 당나라 군영을 향해 서울을 출발했고, 6월 29일에는 각 지휘관들이 행군을 시작했다. 총 병력이 20만 명에 달했다고 하는데, 이 정도면 신라의 전군을 총동원했다고 해야 가능할 대군이어서, 정말로 그렇게 다 동원했는지는 조금 의문이다. 이때 대외적으로는 김유신은 풍병(風病)을 앓고 있다는 이유로 서울에 남도록 했지만, 사실 만일을 대비해 신라 국내의 수비를 맡도록 한 것이었다. 김인문 등은 이세적을 만나기 위해 영류산(嬰留山, 평양성 북쪽 약 8km) 아래로 진군했다.

가을 7월 16일에 문무왕이 뒤늦게 한성주(漢城州)에 도착했다.

이후 신라군은 계속 북진해서 당나라군이 머물던 사천(蛇川, 혹은 사수 蛇水)의 들판에서 선봉이 되어 연남건이 보낸 고구려군과 접전을 벌였다. 고구려군은 이곳에서 평양성 남부로의 공격군을 차단하는 것을 목표로 했는데, 신라군의 분전으로 인해 안타깝게도 패하고 말았다. 신라군의 지휘관 한 명이 전사할 정도로 전투는 격렬했는데, 사천의 다리 밑으로 한 부대가 위험을 무릅쓰고 물을 건너 공격한 것이 주효했다. 다만 이 부대의 지휘관은 명령을 받지 않고 개별 행동을 한 것으로 간주되어 나중에 전투성과를 평가할 때 상을 받지 못했다. 이것이 억울했던 그는 심지어 자결하려고까지 했다. 예나 지금이나 조직구성원의 보신주의 문화를 만들어내는 것은 그 개인의 문제가 아니라 공정한 평가시스템의 부재라는 생각이 들게 하는 일화이다.

이렇듯 연남건은 궁지에 몰린 상황을 타개할 방법을 찾아야 했다. 아마도 그래서 일본에까지 손길을 뻗쳤던 모양이다.

668년 가을 7월, 고구려가 일본의 호쿠리쿠도(北陸道)로 사신을 파견해 선물을 전해왔다. 하지만 이때의 사신단은 풍랑이 거세어서 돌아갈 수 없었다. 파견의 주체는 물론 연남건이었을 것이고, 파견의 목적은 아마도 군사지원이 아니었을까 싶지만 이후의 후속 정보가 없어 정확한 사항은 알 수 없다. 결과적으로 일본 측의 지원은 없었다.

그 사이 이세적이 대행성을 함락시키고, 다른 길로 나왔던 여러 군대가 모두 이세적과 만나 진격하여 압록책(鴨淥柵)에 이르렀다. 고구려군이 막아 싸웠으나 이세적과 계필하력 등이 결국 패배시키고, 200여 리(약 80㎞)를 달려와 욕이성(辱夷城)까지 쳐서 함락시키니 여러 성에서 동시다발적으로 당나라군에 항복하기 시작했다.

668년 가을 7월 말쯤 계필하력이 먼저 병력을 이끌고 평양성 아래 도착했고, 8월이 되어서 이세적의 군대가 뒤따라 당도했다. 이 무렵 유인원(劉仁願)이 이세적과 합류하기로 약속하고 뒤늦게 도착했는데, 법령에 따르면 소환해서 참수형에 처할 일이었으나 용서하여 요주(姚州)로 귀양보내는 것으로 마무리 지었다. 유인원이 고구려와의 전쟁을 두려워하여 기피했다는 말도 있을 만큼 당나라군에서는 고구려와의 전쟁에 공포심을 느끼고 있었다.

평양성의 남쪽에 진영을 설치하고 성을 포위한 지 한 달이 넘은 9월 12일, 보장왕이 태대형(즉, 막리지) 연남산을 보내 수령 98명을 거느리고 투항을 의미하는 백기를 들고 이세적에게 와서 항복하겠다는 뜻을 전했다. 이세적은 드디어 성공했다는 기쁜 마음에 이들을 극진하게 대우했다. 하지만 연남건은 남아서 오히려 문을 닫고 항거하면서 자주 병력을 내보내 싸웠다. 하지만 상황은 이미 중과부적이었다.

그러던 중 드디어 9월 21일 신라군이 평양에 도착하여 당나라 군대와 합류하여 평양성 포위전에 나섰다. 신라군이 맡은 지역은 평양성의 대문과 북문, 그리고 남쪽 다리였고, 그 외에도 고구려의 군영과 소성(小城)도 공격을 담당했다.

연남건은 이 당시 군무를 총괄하는 병사총관(兵事總管)을 승려 신성(信誠)에게 맡기고 있었는데, 신성이 하급장교(少將)들인 오사(烏沙)와 요묘(饒苗) 등과 더불어 비밀리에 연남생에게 사람을 보내 내응하겠다고 알려왔다. 공성전이 격렬해질 경우 성내의 고구려인들의 피해가 가장 클 것을 우려한 연남생이 남몰래 작업을 한 결과였다. 5일 후 신성이 성문을 여니 이세적이 병력을 들여보내 성에 올라 북을 치고 소리를 지르며 성 곳곳에 불을 질렀다. 이때 신라의 정예기병 500명이 가장 먼저 성문을 돌파했고, 성내 전투 시 평양성 군주(軍主) 술탈(述脫)을 쓰러트린 것도 신라군이었다.

연남건은 일이 틀어졌음을 깨닫고 다급한 마음에 칼로 자살 시도를 했지만 다행히 죽지는 않았다. 당-신라 연합군은 보장왕과 태자 고복남, 왕자 고덕남(高德男), 그리고 연남건 등을 생포했다.

그렇게 668년 9월 말 고구려는 마침내 멸망하고 말았다. 고구려의 멸망일을 보통 9월 26일로 추정하는데, 그것은 신라군이 당나라군의 평양성 포위에 참여한 시점이 9월 21일이고 기준일은 사실 명확치 않으나 5일 후에 승려 신성이 문을 열고 항복했다는 기록이 있어서이다.

어쨌든 당 태종의 오랜 꿈을 이세적이 그의 아들 고종 대에 대신 현실로 만들어내었다. 이때의 일을 다룬 동시대의 『일본서기』 기록을 보면 "고구려 중모왕(仲牟王, 즉 주몽)이 처음 건국했을 때 천 년을 다스리고자 하였는데, 어머니가 '나라를 잘 다스리더라도 그렇게 할 수 없을 것이다. 단지 700년 정도 다스리게 될 것이다'라고 하였다. 지금 이 나라가 망한 것은 700년의 끝에 해당한다"고 했는데, 혹 시어사 가언충이 당 고종에게 인용하여 말했던 『고려비기(高麗秘記)』와 출처가 동일한지 모르겠다.

평양성 함락 당시 문무왕은 한성(漢城)을 출발하여 평양 근처의 힐차양(肹次壤)까지 와 있었는데, 함락 소식을 듣고는 그냥 돌아왔다. 이것은 의도적인 지연행동이었는데, 일국의 왕이 저 위험한 전쟁터까지 굳이 찾아가 스스로를 위태롭게 할 필요는 없었기 때문이다. 공식적으로는 어쨌든 참전하는 모양새만 보여주면 되는 일이었다. 신라군은 평양성 함락시 고구려인 7천 명을 생포했고 11월 5일 마침내 수도로 귀환했다.

시간이 흘러 668년 12월 7일, 당 고종이 조정에서 개선장군들과 고구려 포로들을 접견했다. 보장왕은 연개소문 집권기부터 국정을 다스린 주체가 아니었으므로 용서하여 사평태상백(司平太常伯, 공부상서工部尙書의 이칭)로 삼고, 연남산은 연남건과 달리 항복하려고 했던 것이 감안되어 사재소경(司宰少卿, 종4품)을, 평양성 함락의 수훈을 세운 승려 신성은 은청광록대부(銀靑光祿大夫, 종3품)로 삼았으며, 연남생은 이번 전쟁에서 결정적 기여를 한 공훈이 있어서 우위대장군(右衛大將軍, 정3품)에 변국공(汴國公)으로 삼고 특진을 유지시켰다. 그의 아들 연헌성도 사위경(司衛卿)을 받았다. 연남건만은 전쟁 범죄자로 간주되어 검주(黔州, 현재의 쓰촨성四川省 내)로 유배를 보냈다.

당나라 장수 중에서는 이세적에게 태자태사(太子太師)가 추가되었고, 계필하력은 좌위대장군(左衛大將軍)이 되었다. 그 이하의 사람들에게도 벼슬과 상을 내려주었다.

고구려의 5부, 176성, 69만7천 호를 나누어 9도독부, 42주, 100현으로 만들고, 평양에 안동도호부(安東都護府)를 두어 이를 통치하게 하고, 고구려 장수 중에 공이 있는 자를 뽑아 도독, 자사, 현령으로 삼아 당나라 사람과 함께 국정에 참여하게 했다. 우위위대장군(右威衛大將軍, 정3품)으로 승진한 설인귀를 임시 안동도호로 임명하여 병력 2만 명을 거느리고 고구려 영토와 백성을 통치하게 했다. 이때 확정된 고구려 행정체계는 다음과 같다.

- 9도독부 : 신성주(新城州), 요성주(遼城州), 가물주(哥勿州), 위락주(衛樂州), 사리주(舍利州), 거소주(居素州), 월희주(越喜州), 거단주(去旦州), 건안주(建安州)
- 42주 중 알려진 14주 : 남소주(南蘇州), 개모주(蓋牟州), 대나주(代那州),

창암주(倉巖州), 마미주(磨米州), 적리주(積利州), 여산주(黎山州), 연진주(延津州), 목저주(木底州), 안시주(安市州), 제북주(諸北州), 철리주(鐵利州), 불열주(拂涅州), 배한주(拜漢州)

그리고 고구려 멸망 시의 압록수 이북 성들의 현황은 이와 같다.

- 미항복(11성) : 북부여성, 절성, 풍부성, 신성, 도성, 대두산성, 요동성, 옥성, 백석성, 다벌악성, 안시성
- 항복(11성) : 양암성, 목저성, 수구성, 남소성, 감물주성, 능전곡성, 심악성, 국내성, 설부루성, 후악성, 자목성
- 도주(7성) : 연성, 면악성, 아악성, 취악성, 적리성, 목은성, 여산성
- 함락(3성) : 혈성, 은성, 사성

그런데 조금 이상한 부분이 있다. 고구려의 성은 총 176개인데, 고구려 멸망 후에 당나라군이 파악한 압록수 이북, 즉 오늘날 만주지역에 위치한 성은 총 32성밖에 나타나지 않는다는 점이 우선 그렇고, 더욱이 우리가 알고 있는 오골성, 대행성 등은 아예 보이지도 않는 것은 잘 납득이 되지 않는다. 또한 이미 함락시켰다고 한 신성이 아직 항복하지 않은 곳으로 나타나 있다. 대표적인 성들만 기재했다고 하기엔 처음 들어보는 성의 이름도 있고 하여 미심쩍은 부분이 한둘이 아니다.

이는 다시 말해 당나라가 고구려의 정권을 무너뜨리는 데는 성공했지만, 고구려 영토 전역을 점령하는 데는 실패한 상황을 말해주는 것이다. 42개 주 중에서도 14개 주만 알려진 것도 나머지는 형식적으로

만 추인되었을 뿐 실효적 지배력이 미치지 못했음을 의미한다. 안동도호부 역시 처음에는 평양 지역에 있다가 요동의 신성으로 후퇴하게 되고 다시 시간이 흐르면 요서 지역으로 멀찍이 물러나게 된다. 즉, 당나라는 고구려의 영토를 모두 차지하는 데에는 실패했던 것이다.

669년 여름 4월에 당나라는 고구려 백성 38,300호를 강남(江南)·회남(淮南) 및 산남(山南)·경서(京西) 여러 주의 빈 땅으로 옮겼다. 한 가정(戶)을 다섯 명 내외로 가정하면 약 20만 명에 해당하는 대규모의 이주였다. 고구려의 회복 능력을 무력화시키고자 하는 극단적 조치이기도 했지만 한편으로는 현지에서의 통제가 사실상 어려움을 절실히 깨닫고 당나라 내지로 옮겨 관리하겠다는 현실적인 이유로 이뤄진 조치였다.

고구려 멸망 당시 전국의 총가구는 앞서 보았듯이 697,000호였고 전성기에는 수도 평양 인근에만 210,508호의 가구가 있었을 것으로 보고 있다. 이는 약 100만 명이 수도에 거주했다는 것이니 전국 차원에서 고구려가 원래 얼마나 대국이었을지를 충분히 짐작해볼 수 있다. 그러나 당나라와의 계속되는 소모전과 국내의 경제난이 겹쳐 인구가 대폭 줄어서 전국적으로 인구가 350만 명 수준으로 떨어진 것으로 생각된다. 이는 최종적으로는 대국 고구려가 백제보다도 인구수가 적었음을 의미한다.

먼저 멸망했던 백제의 경우 수도의 가구 수가 152,300호였고, 전국에는 총 76만 호가 있었다고 하니 대략 수도의 비중이 20%가 된다. 고구려만큼 반복적으로 대규모 전쟁을 겪지 않았던 만큼 인구의 규모에 큰 변동은 없었다고 가정해볼 수 있고, 이를 고구려에 대입해서 전성기의 전국 인구를 계산해보면 약 100만 호가 있었을 텐데 오랜 전쟁으로 30% 정도의 손실을 겪고 70만 호 수준으로 급감한 것으로 추정할 수 있다.

이후 평양은 다시는 전성기 때의 위상을 되찾지 못한다. 고구려를 계승하겠다고 선언했던 발해가 평양이 아닌 만주 내륙에 수도를 정한 것에는 여러 가지 이유가 있겠지만, 너무 오랜 기간 이어진 전쟁으로 인해 평양 일대가 황폐화되어 거의 복구 불가능한 수준까지 떨어졌던 탓도 있었을 것이다. 평양은 후대에 고려가 등장하여 북방정책의 근거지인 서경(西京)으로 삼아 정치적으로 힘을 실어줄 때까지 거의 버려진 땅처럼 방치된 상태로 남아 있게 된다.

하지만 아직 고구려에는 고구려 부흥을 꿈꾸는 세력들이 곳곳에 산재해 있었다.

670년 3월, 태대형(즉, 막리지) 고연무(高延武)는 신라의 사찬(17관등 중 8등급) 설오유(薛烏儒)와 함께 각각 정예 병사 1만 명을 거느리고 압록강을 건너 옥골(屋骨, 오골성으로 추정)에 이르렀는데, 말갈군사들이 먼저 개돈양(皆敦壤)에 도착하여 기다리고 있었다. 아마도 벌써 고구려 유민과 신라의 합동작전이 시작되었던 모양이다. 이들은 여름 4월 4일에 말갈군과 맞서 싸워 목 베어 죽인 숫자를 가히 헤아릴 수가 없을 정도로 대승을 거두었다. 하지만 당나라의 후속 부대가 계속 이르렀으므로, 이들은 후퇴하여 백성(白城)을 지켰다. 이 백성의 위치는 미상이지만 2년 후 등장하는 백수산의 백수성(白水城)과 같은 곳이 아닐까 짐작된다.

또한 고구려 유민의 자체적인 움직임도 본격화되고 있었다. 이해 4월, 검모잠(劍牟岑)의 봉기가 고구려 부흥운동에 불을 당겼다. 당나라는 좌감문대장군(左監門大將軍) 고간(高侃)을 동주도(東州道) 행군총관으로, 속말말갈 출신의 우령군대장군(右領軍大將軍) 이근행(李謹行)을 연산도(燕山道) 행군총관으로 삼아 각각 1만과 3만의 병력으로 고구려 부흥군을 토벌토록 했다. 여담이지만 이때 등장하는 이근행은 속말말갈 출신으로 앞서 한 번 언급한 적 있는 돌지계의 아들인데, 아버지가 일찍이 수나라에 투항하면서 대륙에서 성장하게 된 인물이었다. 그는 이후 당나라의 한반도 공격의 한 축이 되는 인물이다.

671년 가을 7월, 고간이 안시성에서 항거하고 있던 고구려 부흥군을 격파했다. 고간과 이근행은 9월에 평양에 도착하여 참호를 파고 성루를 높여 포위에 들어갔다가 한 차례 퇴각을 했던 듯한데 정확한 사정은 알 수 없다.

다시 1년 후인 672년 가을 7월, 고간과 이근행이 평양에 도착하여 8개 군영을 설치하고 주둔했다. 다음 달인 8월, 고간이 이끄는 당나라 군대가 평양 인근의 한시성(韓始城)과 마읍성(馬邑城)의 고구려 부흥군을 공격하여 무너뜨렸다. 백수성에서 500보쯤 되는 곳까지 군대를 전진시켜 군영을 설치했다. 이때 신라가 병력을 보내 고구려 부흥군을 돕도록 했다. 처음에는 신라군이 고구려 부흥군과 함께 당군 수천 명을 사살하며 승세를 이어갔지만, 석문(石門, 위치 미상)까지 후퇴한 고간의 역습으로 신라의 장군들이 다수 전사하고 2천 명의 포로를 남긴 채 패퇴하고 말았다. 그리고 겨울 12월에는 고간이 고구려 부흥군의 남은 무리와 백수산(白水山)에서 싸워 패배시켰다.

673년 여름 윤5월에는 이근행이 호로하(瓠瀘河, 오늘날 임진강의 일부)의 서편에서 고구려 부흥군을 쳐부수고 수천 명을 포로로 잡자 잔여 세력은 더 이상 투쟁이 불가능하다는 판단에 마침내 모두 신라로 귀순했다. 바로 호로하 남쪽이 칠중성이었고, 이곳 호로하가 고구려와 신라의 국경선이었으니 강만 건너면 신라의 영토였다.

이해 겨울에 당나라군이 고구려의 우잠성(牛岑城)을 공격하여 항복시키고, 거란과 말갈군이 대양성(大楊城)과 동자성(童子城)까지 함락시키면서, 이렇게 4년 만에 한반도 내의 고구려 유민들의 주요 항쟁들은 마무리되었다.

그러나 그것으로 끝이 아니었다. 요동 지역에서는 고구려 유민들의 항쟁이 계속되고 있었다. 당나라는 특단의 조치를 취하게 되는데, 그것은 바로 보장왕의 귀국이었다.

당나라는 677년 봄 2월에 보장왕을 요동주도독(遼東州都督)으로 임명하고 조선왕으로 봉하여 요동으로 돌려보낸다는 결정을 내렸다. 그리고 당나라 본토에 끌려와 있던 고구려 유민들을 모아서 그와 함께 요동으로 돌아가게 했다. 그리고 이때 평양에서 요동성(遼東城)으로 한 차례 옮겨져 있던 안동도호부를 다시 신성(新城)으로 옮겨서 그에게 통치를 맡겼다.

하지만 보장왕은 연개소문 생전의 그 소극적이던 보장왕이 아니었다. 그는 나름 이 기회를 활용하여 고구려를 부흥시킬 수 있을지 고민하고 있었다. 다만 그는 실권이 주어진 왕이 아니었다. 그가 요동에서 당나라에 반란을 꾀하고 몰래 말갈과 통하고 있다는 내부첩보가 입수되자 당나라 조정에서는 681년 그를 문책하여 공주(邛州, 현재의 쓰촨성四川省 내)로 유배시켜버렸다. 682년에 그가 서거하니 위위경(衛尉卿, 종3품)을 추중하고 조서를 내려 보장왕의 시신을 수도로 옮겨 동돌궐의 마지막 칸이었던 힐리(頡利)의 무덤 왼편에 장사지냈다. 그리고 남은 고구려 유민들은 하남(河南), 농우(隴右) 등 여러 주에 분산배치했고, 가난하고 힘없는 자들만 안동성(安東城), 즉 안동도호부가 있던 신성 옆의 옛 성에 남겨 두었는데 이따금 신라로 달아나는 자들이 있었다. 나머지 무리들은 말갈과 돌궐로 흩어져 들어갔다.

그러나 당나라 조정은 아직 이이제이(以夷制夷)의 속셈을 버리지는 못했다. 686년에 보장왕의 손자 고보원(高寶元)을 조선군왕(朝鮮郡王)으로 삼았다. 그를 보장왕의 대타로 기용한 것이었다. 698년에 이르러 좌응양위대장군(左鷹揚衛大將軍)으로 진급시키고 다시 충성국왕(忠誠國王)에 봉했으며, 안동의 옛 부를 통치하도록 주었으나 그는 가지 않았다. 정확히는 갈 처지가 못되었다. 697년 영주가 거란에게 함락당하자 당나라로서는 요동 방면이 단절되었고, 이에 평주(平州)로 옮겨 도독부를 설치하고 고구려 왕족으로 하여금 도독(都督)으로 삼아 유민들을 통제하게 했지만, 고보원이 끝내 응하지 않은 것이다.

그래서 이듬해인 699년에 보장왕의 아들 고덕무(高德武)를 대신 안동도독으로 삼았는데, 후에 점차 소멸되었는지 더 이상 기록은 남아 있지 않다. 안동도호부가 도독부로 낮아진 것 자체가 그 존재가 거의 유명무실해졌음을 말해준다.

고구려 패망의 원인

그렇게 고구려는 700년이 넘는 역사를 끝으로 멸망하고 말았지만 당나라의 고구려 공포심은 자못 오래도록 이어졌다. '고구려'라는 말은 당나라 사회에서 일종의 금기어였다. 고구려 유민들은 그런 분위기 속에서 스스로를 대개 '요동'이나 '조선', '발해' 출신으로 표기함으로써 일종의 '신분 세탁'을 하기도 했다. 심지어 발해인들은 일본과의 외교 시에는 '고구려'를, 당나라와의 외교 시에는 일부러 고구려를 피하여 '말갈'을 내세우기도 했다. 그만큼 당나라는 과거 수나라 때부터 이어진 일련의 대고구려 전쟁을 거치면서 고구려 하면 모종의 공포감을 느낄 정도로 뼈아픈 기억을 갖게 되었다.

그렇다면 그토록 강력했던 군사력과 뛰어난 지도력을 갖추고 있었음에도 고구려는 왜 멸망할 수밖에 없었을까? 이에는 크게 세 가지 원인을 들 수 있다.

첫째, 경제 상황의 악화였다. 당 태종의 대고구려 친정이 무위로 돌아간 이후 당나라가 취한 전략은 작은 공격의 반복을 통한 고구려의 힘 빼기였다. 이는 연개소문이 극도로 싫어했던 방법이었다. 왜냐하면 공격이 계속되게 되면 방어군은 공격군과 달리 항상 방비를 위해 만전을 기해야 하고 이는 그만큼 국력의 무의미한 소진을 불러오기 때문이었다. 그의 걱정대로 당나라의 이 전략은 주효했다. 실제로 고구려는 이후 계속되는 각종 경제난에 시달리게 된다. 국력의 한 척도인 인구 역시 전성기 당시보다 현격히 줄어든 것은 이미 살펴본 바대로다. 연개소문이 생존하던 당시만 해도 662년의 마지막 승리를 거두면서 당나라의 오랜 공격에 쐐기를 박는 데에는 성공했지만, 그의 죽음과 함께 그의 전략도 사그라들고 말았다는 점이 고구려의 비극이었다.

둘째, 국제적 고립이 문제였다. 연개소문의 전략은 합종이었다. 저 멀리 북방민족부터 바다 건너 일본에 이르기까지 긴 세로 형태의 국제 연합을 통해 당나라 포위망을 완성한다는 것이 그의 원대한 계획이었지만, 당나라도 결코 만만치 않은 상대였다. 당은 우선 철륵, 돌궐, 설연타, 그리고 거란에 이르기까지 북방민족들을 하나하나 제압해 나가는 데 성공했다. 거기에 결정적으로 고구려 포위 외교의 중요한 한 축이었던 백제를 전격적으로 멸망시킴으로써 고구려의 계획을 완전히 무너뜨릴 수 있었다. 그 이후 고구려는 백제 부흥을 위해 일본과 함께 노력은 했지만 이 역시 연개소문의 죽음으로 끝나버리고 말았다.

셋째, 무엇보다도 후계구도 정립 실패가 치명적이었다. 왕조 자체가 기본적으로 독재를 밑바탕에 둔 것이어서 연개소문의 독재 자체를 문제 삼는 것은 모순임은 이미 말했고, 그의 결정적 실책은 자신의 후계구도를 제대로 만들어두지 못했다는 점이었다. 세 명의 아들들이 편을 갈라 대립하면서 발생한 내분은 당나라에게 어부지리(漁夫之利)를 안겨주는 것으로 서로 큰 피해만 입은 채 종결되었다. 662년 이후로 당나라는 고구려와의 전쟁을 사실상 단념하고 있던 상황이었던지라, 그가 664년 갑작스런 사망 전에 후계구도만 정확히 정리해두었더라면 고구려의 멸망은 668년에 일어나지 않았을지도 모를 일이다. 이는 연개소문 개인의 탓으로 돌릴 수밖에 없는 문제이다.

이처럼 연개소문의 고구려는 대당제국과 대등하게 맞서 싸울 수 있었던 동아시아의 당당한 패권국가였다. 하지만 전략적으로 당나라의 공세에 밀렸고, 다름 아닌 권력을 사이에 둔 내분에 의해 자포자기하다시피 자멸한 나라였다. 안타깝지만 누구를 탓하겠는가? 독재자 연개소문이 아니라 못난 아버지 연개소문을 탓할 뿐이다.

9.
남은 후예들

연개소문 사후 그의 가족과 후손들은 시간 차를 두고 제각각 살길을 찾아 뿔뿔이 흩어졌다. 우선 연개소문의 동생 **연정토**(淵淨土)의 동향부터 살펴보자.

666년 12월, 정확한 직책은 알 수 없지만 고위관료로 묘사된 연정토가 부하 24명과 함께 12개 성과 763호의 주민 3,543명을 이끌고 신라에 투항했다. 대신급이었던 것을 보면 정책 결정에 참여 가능한 3품 이상이었을 테고, 그 역시 2품 막리지였거나 아니면 3품 중리위두대형의 자리에 있었을 것으로 보인다. 연정토와 부하 24명에게는 의복과식량, 그리고 자택 등을 주고 수도 및 각 지역에 분산 배치했으며, 12개 성 중에 8개의 성은 상태가 괜찮았기에 모두 신라 군사를 보내 점거하고 지키게 했다.

여기서 유의할 부분은 상태가 양호한 8개 성에 주로 주민들이 살았다고 해도 한 성당 평균적으로 불과 440여 명밖에 거주하지 않았다는사실이다. 연정토가 관장하던 지역이 고구려 남부였을 것이니 대부분의 인구는 아마도 전략적 중요도가 훨씬 높은 평양이나 요수의 국경선에 차출되어 가 있었거나, 혹은 경제난이 심화되어 그만큼 인구가 줄어들었던 것은 아니었을까 생각된다.

어쨌거나 그는 망명 이후에 신라의 처우에 만족하지 못했는지 668년에 신라 정부에서 원기(元器)와 함께 당나라에 사신으로 파견되었을 때 그곳에 머물기로 작정하고 돌아오지 않았다. 왜 그러한 결정을 했는지 정확한 사정은 안타깝게도 알 수가 없다. 혹 조카들이 머무는 당나라에서의 삶을 택한 것이 아닐까 추측은 해볼 수 있지만 이들이 만났다는 기록이 나와 있지 않아 확신할 수는 없다.

그가 불가피하게 조국인 고구려를 떠나게 된 것은 시점 상 연남생 형제들의 분란과 연관이 있을 것은 거의 분명하고, 크게 봐서는 연남생 파벌에 속하지 않았었을까 짐작된다. 하지만 그는 연남생에게 종속되지 않고 독자세력으로 행동했던 것으로 보인다. 그 이후의 삶에 대해서는 알려진 바가 없다.

연정토의 아들인 **안승**(安勝, 혹은 안순安舜)은 연정토가 보장왕의 딸과 결혼하여 낳은 자식이므로 보장왕의 외손이기도 한데, 일부에서는 보장왕의 서자라고 표현한 것도 있어서 혹 보장왕이 나중에 고구려 왕실로 그를 입적시킨 것이 아닐까 추정되기도 한다.

669년 2월, 안승이 4천여 호, 약 2만 명의 백성들을 거느리고 신라에 투항하겠다고 알려왔다. 그러나 곧바로 신라의 내지로 이동했던 것 같지는 않고, 서해의 사야도(史冶島, 인천 연안)에 머물렀던 듯하다. 아버지 연정토보다 늦게 귀순을 했던 것을 보면 평양성 함락 시까지 고구려의 한반도 영토에서 체류하던 중 함락 이후 상황을 지켜보다가 독자생존이 어렵다는 판단 하에 남진했던 것으로 생각된다.

670년 여름 4월, 고구려 수임성(水臨城) 출신인 대형 검모잠이 고구려 부흥을 목표로 유민들을 모아 궁모성(窮牟城)에서 당나라에 반기를 들었다. 정확한 위치는 알 수 없지만 평양성에서 멀지 않은 지역이지 않았을까 싶다. 이후 그는 패강(浿江) 남쪽으로 이동하여 당나라 관리 및 당나라로부터 신라에 자석을 구하러 와 있던 승려 법안(法安) 등을 죽이고 신라로 향했다. 단독으로 당나라에 맞서기는 힘들다고 판단하고 신라의 지원을 얻기로 내부적으로 결정했던 모양이다. 그 말고도 고연무 같은 이들도 신라에 합류하여 대당 항쟁을 계속하고 있던 와중이었으니 비슷한 생각을 했을 수도 있겠다.

그러던 중 검모잠은 서해의 사야도 부근에 이르러서 신라에 망명해 와 있던 안승을 만나게 된다. 마침 구심점이 불분명하던 그들 눈에는 보장왕의 핏줄이 흐르고 있던 젊은이가 상징적 리더로 삼기에 적합한 인물로 보였던 것 같다. 이들은 안승을 설득하여 함께 신라 영토인 한성(漢城)으로 이동했다.

이들의 동향은 당나라에도 포착되었던 모양이다. 당시 고간과 이근행이 총 4만의 병력으로 고구려 부흥군 토벌 임무에 나섰는데, 이에 위협을 느낀 검모잠은 여름이 끝나가던 무렵인 6월에 소형 다식(多式)을 신라에 파견해 정식으로 귀순 신청을 했다.

"망한 나라를 일으키고 끊어진 세대를 잇게 하는 것은 세상의 도리이며, 저희가 오직 대국(즉, 신라)에게 바라는 것은 그뿐입니다. 우리나라의 선왕대에 부득이 멸망하게 되었지만, 지금 저희들은 본국의 귀족 안승을 맞아 군주로 받들었습니다. 그저 신라의 변방을 지키는 울타리가 되어 영원히 충성을 다할 수 있기만을 희망할 따름입니다."

그런데 이 이후의 어느 시기엔가에 안승은 당시 검모잠과 알력이 있었던 듯 그를 살해하고는 자신이 직접 망명의 주체로 나선다. 아마도 안승은 자신을 중심으로 하여 고구려 부흥운동을 벌이겠다던 검모잠이 약속을 저버리고 신라로의 투항으로 방향을 돌리자 그에 배신감을 느낀 듯하다. 어차피 그럴 바에는 파이를 나눌 필요가 없도록 단독 협상을 추진하는 편이 좀 더 유리하다고 판단했던 것은 아닐까?

문무왕은 그들을 신라의 서쪽에 위치한 금마저(金馬渚, 오늘날 전북 익산)에 머물게 했다. 그리고 다음 달인 7월 말에 사찬(17관등 중 8등급) 김수미산(金須彌山)을 일길찬(7등급)으로 임시로 높여 파견해서는 안승을 고구려 왕으로 정식 인정했다. 그 국서의 내용은 다음과 같다.

670년 가을 8월 1일에 신라왕은 고구려 상속자 안승(安勝)에게 명한다. 공의 태조 중모왕(中牟王, 즉 주몽朱蒙)이 덕을 쌓고 공을 세워 자손이 대를 잇고 천 리의 땅을 개척한 지 800년이 가까워지고 있었는데, 연남건과 연남산 형제에 이르러서 화가 집안에서 일어나고 형제간에 틈이 생겨 결국 나라가 멸망하게 되었다. 공은 이곳저곳 위험과 곤란을 피해 돌아다니다가 이웃나라 신라에 의탁하게 되었으니, 무릇 백성에게는 임금이 없을 수 없고 하늘은 반드시 사람을 돌보는 법이다. 선왕의 정당한 계승자는 오직 공이 있을 뿐이니, 제사를 주관하는데 공이 아니면 누가 하겠는가? 사신 일길찬 김수미산 등을 보내 책명을 통해 공을 고구려의 왕으로 삼을지니, 공은 마땅히 유민들을 끌어모아 옛 영광을 잇고 일으켜 영원히 이웃나라가 되어 형제처럼 섬겨야 할 것이다.

엄밀히 말하자면 안승은 고씨 왕족은 아니었지만 외가 쪽으로 보장왕의 피가 흐르고 있기 때문에, 정식 독립국이 아닌 신라의 기미국(羈縻國)에 불과하나 그를 정식으로 고구려왕으로 삼는다는 내용이었다.

그의 존재는 뜨거운 감자와도 같았다. 당시 당나라는 백제와 고구려 멸망 이후 신라까지 병합할 의도를 가지고 있었고, 이에 신라는 대당 전쟁을 준비하면서 동시에 외교적으로도 이 문제를 해결하기 위해 동분서주하고 있던 상황이었다. 그런 와중인 671년 가을 7월 설인귀는 문무왕에게 항의 조의 편지를 보냈는데 그 내용 중에 안승을 보호하고 있는 신라의 저의를 문제 삼는 부분이 포함되어 있었을 정도였다. 당나라가 보장왕을 사실상 인질로 붙잡고 있었던 것에 비하면 신라의 명분은 미약했지만, 만일에 대비해서라도 보장왕의 피가 흐르는 안승이라는 카드는 신라 입장에서는 결코 버릴 수 없는 중요한 상징성이 있었다.

674년 가을 9월, 안승을 고구려왕에서 변경하여 보덕왕(報德王)으로 재차 봉했다. 신라 입장에서는 당과의 전쟁이 치열하게 벌어지고 있던 와중에 굳이 당나라를 더 자극할 필요가 없다는 판단 하에 고구려라는 이름을 더 이상 쓰지 않겠다는 제스처로 국명을 변경시켰던 것은 아니었을까 싶다.

그리고 676년 겨울 11월 기벌포 싸움을 끝으로 수년간 이어진 양국의 전쟁은 최종적으로 신라의 승리로 마무리되었다. 하지만 바로 다음해인 677년 봄 2월에 당나라는 보장왕을 요동주도독 조선왕으로 임명하여 옛 고구려 영토인 요동성으로 파견함으로써 다시 한 번 신라를 자극하는 행동을 했다. 이 일로 인해 신라 측에서는 여전히 안승의 활용 가치를 인식하지 아니할 수가 없었다.

680년 3월 하순, 문무왕이 금과 은으로 만든 그릇과 여러 채색비단 1백 단을 보덕왕 안승에게 선물하고는 드디어 자신의 여동생과 결혼한 잡찬(17관등 중 3등급) 김의관(金義官)의 딸을 아내로 삼게 했다. 대아찬(17관등 중 5등급) 김관장(金官長)을 통해 다음과 같은 편지를 전달했다.

사람의 윤리의 근본으로는 부부가 먼저이고, 왕의 교화의 기본으로는 후계를 이어나가는 것이 으뜸이다. 왕은 오랫동안 안에서 도와줄 풍속을 비우고 영원히 집안을 일으킨 일을 잃게 해서는 안 될 것이다. 지금 적당한 시점에 옛 법도를 따라 내 누이의 딸로 짝을 삼게 하니, 왕은 마땅히 마음과 뜻을 모두 돈독히 하여 조상의 제사를 받들고 자손을 이어나가 영원히 반석처럼 번창한다면 어찌 성한 일이 아니며 또한 아름다운 일이 아니겠는가.

두 달 후인 여름 5월에 안승이 대장군 고연무(高延武)를 통해 표문을 전했다.

신 안승이 말씀드립니다. 4월 15일 대아찬 김관장이 와서 생질로 제 아내를 삼으라는 말씀을 전하였습니다. 기쁨과 두려움이 동시에 들어 어디에 마음을 두어야 할지를 모르겠습니다. 저는 본래 보잘것없는 사람으로 행동과 능력 모두 내세울 만한 것이 없습니다. 다행히 행운이 따라주어 성인의 교화를 받고 매번 특별한 은혜를 입었으니 보답하고자 해도 길이 없었습니다. 거듭 대왕의 사랑을 입어 이렇게 인척이 되는 은총을 내려주시니, 마침내 무성한 꽃이 경사를 나타내고 정숙하고 화목한 덕을 갖추어 길일에 제게로 시집온다고 하니, 기나긴 동안에도 만나기 힘든 일을 하루아침에 얻었습니다. 이러한 일은 처음에 바라지 못했던 것이고 뜻밖의 기쁨입니다. 어찌 한두 사람의 가족만이 실로 그러한 은혜를 받겠습니까? 선조 모두가 다 기뻐할 일인 것입니다. 아직 직접 찾아뵙지는 못하지만, 지극한 기쁨과 즐거움은 맡길 곳이 없어서 대장군 태대형 고연무를 보내 표문을 올려 아룁니다.

고구려인 고연무는 670년에 신라 장군 설오유(薛烏儒)와 함께 각각 1만 명씩 정예병사들을 이끌고 압록강 건너에 출병하여 대승을 거두는 등 반당 운동을 전개했던 인물인데, 이 당시에는 보덕국에 소속되어 내치에 전념하고 있던 모양이다. 그가 태대형이었다는 것은 고구려 말에 막리지에 올랐다는 사실을 의미하는 것이니, 연남산이 668년에 태대막리지로 승격되면서 그 자리로 승진된 이가 아마도 고연무였을지도 모르겠다. 그는 고구려 멸망 시 신라에 투항하여 고구려 부흥을 목적으로 신라군에 협력하면서 자신의 역할을 찾아 나가고 있었던 것 같다.

681년 8월 13일에 보덕국왕 안승은 문무왕의 아들인 제31대 신문왕 김정명(金政明, ?~692, 재위 681~692)에게 소형 수덕개(首德皆)를 사신으로 보내 김흠돌의 난을 평정한 것을 축하했다. 새로 등극한 왕에게 잘 보일 필요도 있었는지 사건 종료 후 불과 5일 만에 축하 사신을 파견한 것이었다. 안승도 점차 무언가 불안함을 느끼고 있었던 것이었을까?

683년 겨울 10월에 신문왕은 보덕국왕 안승을 불러 소판(蘇判)으로 삼고, 왕족을 의미하는 김씨 성을 주었다. 소판은 잡찬(迊飡) 내지 잡판(迊判)이라고도 하는데, 골품제도에서 17관등 중 3등급에 해당하는 고위품계로 진골 왕족만이 받을 수 있는 것이었다. 그리고 수도에 머물게 하고 멋진 집과 비옥한 밭을 주었다. 알게 모르게 그는 점차 신라 사회 안으로 흡수되어 가는 과정 속에 있었다.

그리고 그의 불길한 느낌 그대로 이러한 밀월 관계는 오래 가지 않았다. 신라에서는 그에게서 점차 고구려 색채를 지워내는 작업을 진행했기 때문이다. 이를 어느 순간 느낀 보덕국의 고구려 유민들은 반감을 가지기 시작했다.

684년 11월, 안승의 조카인 장군 대문(大文)이 금마저에서 독립운동을 모의하다가 일이 사전에 발각되어 처형당하는 일이 발생했다. 함께 거사를 준비하던 나머지 사람들은 그의 죽음을 목도했다. 이후 그중 실복(悉伏)이라는 인물이 중심이 되어 신라 관리들을 살해하고 금마저의 중심지인 보덕성(報德城)을 점거하여 본격적인 항전에 들어갔다. 신문왕은 바로 지난해에 신설한 고구려 유민으로 구성된 군사조직인 황금서당(黃衿誓幢)을 파견하여 그들을 토벌하게 했는데, 같은 고구려인들끼리 전투를 벌이게 한 것이니 마치 이이제이(以夷制夷)를 의도했던 것처럼 보인다. 반란군과 맞서 싸우던 지휘관 핍실(逼實)은 물론 명문가 출신으로 이번에 보기감(步騎監)으로 임명되어 함께 온 김영윤(金令胤)도 전투 중에 사망할 정도로 보덕성 주민들의 저항은 격렬했다. 하지만 불가항력이었던지 결국 본거지인 보덕성은 함락되고 말았고, 살아남은 주민들은 수도 남쪽 지역으로 강제로 이주당했으며 그 지역은 금마군으로 강등되었다. 그리고 2년 후인 686년에 보덕성 주민들은 황금서당에 이어 신라의 군제인 9개 서당(誓幢) 중 2개 조직, 즉 벽금서당(碧衿誓幢)과 적금서당(赤衿誓幢)으로 새롭게 편입되었다.

어쨌든 이와 같이 연정토의 자손은 신라 사회에서 왕족으로 대우받으며 정착했지만, 얼마 후 신라에 저항하다가 결국 무참히 격파당하고는 강제로 신라 사회에 흡수되고 말았다. 그 이후 그들이 어떻게 되었는지를 말해주는 기록은 존재하지 않는다.

이제 연개소문의 직계 자손들을 살펴보자.

장남 **연남생**(淵男生)은 어렸을 때부터 어른스러워서 장난치고 노는 일이 없었다고 한다. 그는 순박하고 후덕했으며 예의 바른 사람이었다. 말은 민첩하게 잘했고, 활을 잘 쏘았던 점은 집안 내력을 그대로 이은 듯했다. 그런데 좀 고지식한 면도 있지 않았을까 싶은데, 그것은 이후의 그의 행동들이 그렇게 카리스마 넘친다거나 사람들의 마음을 쉽게 얻는 스타일이 아니었음에서 미루어 짐작해볼 수 있다. 야심에 차있는 둘째동생을 뻔히 알고 있으면서도 동생을 견제하기는커녕 곧이곧대로 믿은 것이다. 권력을 내어주고 자신은 변방 순시를 떠날 정도면 그저 착했다거나 사람을 잘 믿는 성격이었을 가능성도 있지만, 결정된 바는 당연히 따라야 하는 것이라고 생각하는 조금은 막힌 사고방식의 소유자였을 수도 있겠다는 느낌이다.

그는 아버지 연개소문의 쿠데타 후인 642년에 아홉 살로 벌써 선인(先人)이 되었고, 15세(648년)에 중리소형(中裏小兄)으로 승진했다. 또한 18

세(651년)에 중리대형(中裏大兄)이 되어 국정에 정식으로 참여했다. 이때부터 조정 내의 인사권 같은 핵심권한이 연남생에게 주어졌다고 한다. 아버지로부터 내치에 대한 능력은 어느 정도 인정을 받았던 모양이다. 23세(656년)에 중리위두대형(中裏位頭大兄)으로 승진했고, 바로 다음 해에는 장군(將軍)의 직이 더해졌다. 즉, 그에게도 처음으로 군사권이 정식으로 주어진 것이었다.

좀 더 시간이 흘러 드디어 28세(661년)에 막리지가 되었으며 동시에 삼군대장군(三軍大將軍)을 겸직했다. 이때 당나라군과의 전투를 처음 진두지휘하게 되었는데, 결과는 이미 알고 있듯이 그의 패배로 끝나고 말았다. 여기서 연개소문의 신뢰가 한 차례 무너졌던 것은 아니었을까 하는 바는 앞서 검토해보았던 대로다. 어쨌든 시간은 흘러 연개소문 사후인 그가 32세 되는 해(665년)에 태대막리지가 되어 군사와 국정을 총괄하는 최고위직에 오르게 된다.

665년 후반, 지방의 여러 부(部)를 살펴보기 위해 평양성을 떠나면서 동생들에게 대신 국정을 맡겼다. 그가 자리를 비웠을 때 어떤 이가 두 동생에게 말했다.

"연남생은 공들이 자신을 핍박한다고 미워하여 장차 제거하고자 합니다."

처음에 연남건과 연남산은 이를 믿지 않았다. 그런데 마찬가지로 연남생에게도 다음과 같이 속삭인 자도 있었다.

"동생들이 장차 공을 평양에 들어오지 못하게 하려고 합니다."

그런데 이런 악질적인 이간질을 했던 그들은 도대체 누구였을까? 연남생의 묘지명에 힌트가 있다. 바로 이 당시 소노부와 관노부의 분쟁(消

灌務援)이 있었다는 기록이 그것이다. 이 정보가 사실이라면 소노부는 서부, 관노부는 남부를 의미하는데, 동생들 편에 관노부가 붙고 연남생 측에는 소노부가 줄을 댄 것이었던 듯싶다. 연개소문 치하에서는 끽소리 못 내고 숨죽여 지내던 그들이 연개소문 사후에 각자 차세대 권력을 선점하기 위해 후계 권력자들에게 각각 붙어서 대립을 유도했던 것이 고구려 사회의 분열을 일으킨 계기가 되었던 것은 아니었을까?

연남생이 혹시나 하는 마음에 사람을 따로 평양성에 보냈는데, 우연찮게도 연남건이 그를 체포했고 그의 진술을 들은 뒤 크게 실망했다. 형이 동생들을 의심한다는 결정적 증거였기 때문이었다. 이에 곧바로 보장왕 명의로 형 연남생을 평양성으로 소환했다. 연남생 또한 눈치가 있어 상황이 자신에게 불리하게 돌아가고 있음을 깨닫고는 감히 평양성에 돌아가지 못하니, 연남건의 의심은 이제 확신으로 바뀌고 말았다. 그는 기껏해야 10대에 불과했을 자신의 조카이기도 한 형의 어린 아들 연헌충(淵獻忠)을 죽여버렸다. 일종의 선전포고였다. 이제 이들 형제는 돌아올 수 없는 강을 건넌 셈이었다.

연남생은 국내성(國內城)으로 후퇴하여 그곳을 지키면서 휘하의 병사들을 이끌고 거란·말갈의 군사와 함께 당나라에 투항키로 했다. 666년 초반 아들 연헌성을 당나라에 보내서 원통함을 호소하니, 당 고종은 연헌성을 우무위장군(右武衛將軍)으로 삼고 각종 선물들을 가득 주어 돌려보냈다. 당나라 입장에서는 우연히도 굴러들어온 복이었으니 고구려 멸망이라는 최종 목적을 달성할 때까지는 정성을 다하는 모습을 보일 필요가 있었을 것이다. 그리고 666년 6월 당 고종은 대총관 계필하력에게 병력을 이끌고 연남생을 구원해주도록 했다. 이때 연남생은 가물성(哥勿城), 남소성(南蘇城), 창암성(倉巖城), 목저성(木底城) 등 총 6개 성과 10만여 호의 백성을 차지하고 있었다.

이러한 대당 망명은 연씨 가문에 국한된 것은 아니었다. 이때 함께했던 인물로는 고현(高玄, 642~690)과 같은 왕족 출신도 포함되어 있었다. 고현은 이후 평양성 함락 시 선봉이 되기도 했던 인물로, 고구려의 내분이 단순히 연씨 가문만의 일이 아니라 지배층 전반의 이슈였음을 말해준다.

연남생에게는 특진(特進)과 함께 예전과 같은 태대형, 그리고 평양도행군대총관(平壤道行軍大摠管) 겸 사지절(使持節) 안무대사(按撫大使)의 직위가 주어졌다. 당 고종은 또한 서대사인(西臺舍人) 이건역(李虔繹)을 연남생의 군대로 보내 위문하도록 하고, 더불어 도포·띠·금·그릇 등의 7가지 선물을 주었다.

다음 해인 667년 연남생을 당나라 조정으로 불러들여서 사지절(使持節) 요동대도독(遼東大都督), 상주국(上柱國), 현토군 개국공(玄菟郡開國公)으로 관직을 높여주고, 특별히 당나라 수도에 저택 한 채를 내어주었다. 그 위치가 오늘날까지 남아 있는데, 바로 당시 명칭으로 흥령방(興寧坊) 안의 동남쪽이었다. 궁성에 가까웠던 것으로 보아 꽤 좋은 대우를 해줬음을 알 수 있다.

668년 9월, 연남생은 군대로 복귀하여 이세적과 함께 평양성을 공격하게 되었다. 그는 자칫 지난한 장기전이 되어 동족인 고구려인들의 피를 흘리게 하는 것을 피하고자 평양성 내에 동조자를 찾았다. 마침내 승려 신성(信誠) 등이 연남생에게 설득되어 성 내부에서 돕기로 하여

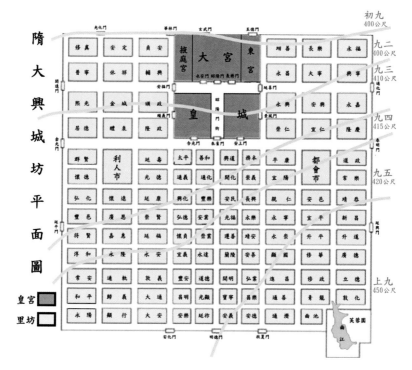

장안 지도(홍령방은 우측 상단에 위치함) 위키피디아

평양성은 어렵지 않게 함락될 수 있었다. 이로써 마침내 보장왕과 연남건 등을 생포하는 데 성공했다.

승전보를 들은 당 고종은 자신의 아들을 요수까지 보내어 귀환 중인 연남생을 직접 위로하도록 하고 자신의 친필 조서와 함께 각종 선물을 전하도록 했다. 668년 12월 연남생이 영국공 이세적 등과 함께 전쟁에서 개선하여 돌아오니 그를 우위대장군(右衛大將軍) 변국공(卞國公)으로 승진시키면서 보물, 궁중의 시녀 2명, 말 80필 등의 선물을 더해 주었다. 연남생이 아니었으면 이번 전쟁에서 이 정도의 전과를 올릴 수 없었음을 당 고종은 너무나 잘 알고 있었다. 앞서 연개소문이 살아 있을 때에는 사실상 고구려와의 전쟁을 포기하기까지 했던 그였기에 조국을 배신한 연남생에 대한 고마움이 정말 컸을 만도 했다.

이때 대당 강경파였던 연남건은 포로로 당나라 수도에 끌려와서 사형 집행을 앞두고 있던 상황이었지만, 연남생이 그래도 같은 형제라는 정을 생각해 선처를 부탁했고 연남건은 사형은 면하여 대신 유배형으로 감형될 수 있었다. 그간의 형제 간의 대립과는 역설되게도 이때만큼은 이들 형제의 우애를 칭송하는 이야기들이 많았다고 전해진다.

시간이 흘러 677년에는 안동도호부를 맡고 있던 보장왕이 당나라 몰래 말갈인들과 독립을 획책하다 발각되어 강제로 끌려가고 대신 후임으로 연남생이 요동에 파견되었다. 그는 지방행정을 잘 관리하고 고구려 유민들도 잘 다스려 세간에서 좋은 평가를 받았다. 하지만 정해진 수명은 어쩔 수 없었던지, 679년 1월 29일 안동도호부 관사에서 46세의 나이로 병 때문에 사망했다.

연남건(淵男建)은 연개소문의 둘째 아들이지만 아직 묘지명이 발견되지 않아서 많은 정보를 알 수는 없다. 우선 나이는 634년생인 형과 639년생인 동생 사이에 태어났으니, 아마도 636~637년 사이에 태어났지 않았을까 추정해볼 수 있다. 형제들과는 그렇게 나이 차이가 나는 편이 아니었다.

짐작건대 나이 차이가 크지 않은 형 연남생이 진작부터 막리지가 되어 제왕 수업을 받고 후계자로 키워진 것에 대해 내심 불만을 가지고 있었을 수도 있다. 더욱이 연남생이 대당 전쟁에서 어이없는 패배를 당하고 아버지 연개소문이 결국 나서야 했던 것을 보면서 마음속으로 형보다 자신이 더 후계자로 적합하다는 생각을 가지게 되었던 것은 아니었을까?

형이 665년 태대막리지에 오르고 지방 순시를 떠났을 때는 그가 약 30세가 되었을 무렵이었다. 이 정도면 자신만의 주관이 이미 뚜렷하게 정립되어 있을 나이였다. 그는 결국 동생 연남생과 함께 형의 빈자리를 배신으로 메우게 된다. 주변인들의 꼬드김도 있었다지만 단순히 사이가 안 좋았던 것으로 보기만은 어렵고, 자신의 조카이기도 한 형의 아들 연헌충을 죽음에 이르게까지 하였던 것을 보면 기본적으로 성격이 강성이었던 듯하다. 아버지 평생의 숙적이기도 했던 당나라의 제2대 황제 태종 이세민은 형 이건성을 쿠데타를 통해 제거하고 스스로 제위를 물려받았는데, 이걸 보고 같은 차남인 연남건이 벤치마킹했을지도 모르겠다.

이후 예상치 못하게 형이 당나라에 투항까지 하면서 역공을 펼쳐왔을 때, 그는 668년 평양성을 지키면서 끝까지 항전하다가 최후에는 자기 성격대로 자살 시도를 했다. 그러나 다행인지 불행인지 목숨은 건져서 결국 당나라에 포로로 끌려가는 신세로 전락했다. 이후 그가 언제 어떻게 죽었는지는 알려져 있지 않다.

연남산(淵男産)은 삼형제 중 막내였는데, 학문에 뜻을 둔 똑똑한 아들이자 예술가적 기질을 갖춘 인물이었다. 아마도 큰형처럼 15세(653년)에 소형이 된 듯하고, 마찬가지로 18세(656년)에 대형으로 승진했다. 21세(659년)에 중리대활(中裏大活)이 추가되었고, 23세(661년)에는 위두대형으로 승진하여 중군주활(中軍主活)이 되었다. 대활이니 주활이니 하는 용어는 다른 역사기록에서는 발견되지 않아 정확한 뜻은 알 수 없지만 무장을 의미하는 고구려식 용어가 아니었을까 짐작된다. 그렇다면 그는 형이 중리위두대형에 장군을 겸했던 것처럼 무관직을 겸했던 것으로 생각해볼 수 있다.

하지만 어쨌거나 그는 시류를 읽는 능력은 부족했던 모양이다. 둘째 형과 함께 큰형에 대적했지만, 형이 하필 당나라와 손을 잡고 반격해 올 것이라고는 예측하지는 못했으니 말이다. 중간에서 갈등의 불씨를 조정하는 역할을 그가 할 수 있었다면 고구려의 운명은 바뀔 수 있었겠지만 이미 벌어진 일은 어쩔 수가 없었다.

고구려가 내란에 빠져 몰락하던 시기인 668년에 그는 30세의 나이로 태대막리지가 되었다. 이때 형인 연남건은 태대막리지 자리를 동생에게 물려주고 상위직인 대대로를 맡았던 것 같다. 연남산은 평양성이 함락되던 때에 둘째 형이 끝까지 저항했던 것과 달리 먼저 항복했기에 전쟁포로로 전락하는 것만큼은 면할 수 있었다.

당나라 조정에서 사재소경(司宰少卿), 금자광록대부(金紫光祿大夫) 등을 받았지만 실질적인 업무를 맡아서 한 것은 없고 그저 한가로이 여생을 보냈다고 한다. 어차피 해도 안 된다는 판단을 일찍 했던지 조카 연헌성처럼 공적을 쌓기 위해 노력하기보다는 음악을 즐기면서 고향을 그리워하며 평생을 지냈다. 그렇게 701년 3월 27일 집에서 병으로 인해 사망했다.

참고로 그의 묘지명을 쓴 이의 이름은 연광부(淵光富, 685~?)인데, 연남산과의 관계가 명시적으로 나와 있지 않아 가족인지 여부는 오늘날 알 수는 없다. 혹여나 연남산이 당나라에 귀순한 후 47세의 나이에 당나라인 아내에게서 낳은 늦둥이였지 않았을까 짐작만 해볼 뿐이다.

연헌성(淵獻誠)은 연개소문의 장손이자 연남생의 아들이었다. 연남건에 의해 죽임을 당한 연헌충(淵獻忠)은 연남생의 어린 아들로 표기된 것으로 보아 그의 동생으로 보인다. 그의 나이 9세(659년)에 선인(先人)이 되어 처음 관직을 시작했는데, 아버지와 똑같은 나이에 똑같은 직위를 맡은 것이었다.

그가 16세에 연남생을 따라 지방의 부(部)들을 살피러 나갔는데, 작은아버지들의 쿠데타로 인해 오도 가도 못할 처지에 놓이게 되었다. 여러 신하들이 머뭇거리고 있고 일부는 반격에 나서자고 주장했지만, 연헌성은 병력의 차이와 승리의 가능성 등을 계산해 보고는 평양의 쿠데타 세력과 지금 당장 대적하는 것은 불리하다면서 아버지에게 국내성에 머물면서 기회를 엿보자고 제의했다.

"지금 사신을 파견하여 중국에 방문하게 하여 정성과 성심을 다하면 중국에서도 대인이 왔음을 알고 흔쾌히 맞아들일 것입니다. 그리고 병력을 청하고 연합하여 토벌을 하는 것이 안전하면서도 반드시 승리할 수 있는 방법입니다."

즉, 당나라에 구원을 요청하자는 것은 연헌성의 아이디어였다. 이후의 대립 과정을 보아도 연남생은 줄곧 동생들에게 전선에서 밀렸는데 연헌성의 분석처럼 기본적으로 세력에서 차이가 컸음은 맞는 것 같다. 연남생은 16세의 어린 나이였음에도 아들의 논리가 합당하다고 여겨서 대형 염유(冉有)를 당나라에 파견하여 이러한 뜻을 전했고, 이에 당 고종은 공식적으로 연남생을 고구려의 적통으로 인정하면서 고구려 본토 침공을 위한 대총관(大摠管), 즉 총사령관의 직책을 부여했다. 직후에는 연헌성이 감사의 의미로 당 조정에 파견되었는데, 그를 당 고종은 특별 대우하여 우무위장군(右武衛將軍)으로 임명했다가 얼마 후 위위정경(衛尉正卿)으로 높여주었다.

고구려 멸망 이후 그는 당나라에서 무관으로 두각을 나타내었는데, 여러 반란을 진압하며 계속 승진을 거듭했다. 말도 잘 타고 특히 가문의 내력이기도 했듯이 활을 잘 쏘았다고 하며, 687년에 돌궐과의 전쟁 당시에는 백제 출신의 흑치상지와 시간 차를 두고 같은 전장에서 활약하기도 했었다.

연헌성의 무예 실력에 대한 일화가 전해진다. 690년 무측천이 문무 관료 중에서 활을 잘 쏘는 사람 다섯 명을 선발하여 우승자에게 상금을 주고자 했다. 그런데 영광스럽게도 이 최종 다섯 명에 뽑힌 연헌성이 나서서 무측천에게 간언을 했다.

"폐하께서 활을 잘 쏘는 자를 선발하셨지만 중국인이 아닌 자가 많습니다. 저는 당나라 관인이 활쏘기를 수치로 여길까 걱정됩니다. 활쏘기 대회를 열지 않는 편이 좋겠습니다."

무측천은 그 말이 옳다고 여겨 활쏘기 대회를 취소했다. 기본적으로 그의 활 실력이 당나라 내에서도 최고로 알아주는 정도였음을 말해주는 사례인 동시에 연헌성이 사려깊고 처세에 대한 지혜가 있었음을 말해주는 일화이기도 하다. 하지만 그에게도 넘지 못하는 선은 있었다.

691년 간신 내준신(來俊臣)과 업무상 만나게 되었는데 그는 뇌물을 좋아하여 연헌성에게도 은근히 재화를 요구했다. 하지만 연헌성은 성품상 부정행위를 싫어하여 그와 관계 자체를 맺지 않으려 했다. 이에 반감을 품은 내준신은 후에 연헌성에게 모반의 누명을 씌웠고 연헌성은 결국 692년 1월 43세의 많지 않은 나이로 비극적인 죽음을 맞게 되었다. 시간이 흘러 700년 8월, 다행히도 무측천은 연헌성에게 아무런 잘못이 없음을 알게 되어 그의 명예를 복권시켜주는 것으로 사건은 마무리되었다.

에필로그

송나라 때의 신종(神宗, 1048~1085, 재위 1067~1085)은 역사상 유명한 개혁 정치가인 왕안석(王安石, 1021~1086)과 정사를 논하던 중 질문 한 가지를 던졌다.

"당 태종은 고구려를 정벌하고자 했는데, 어찌하여 이기지 못했소?"

이에 왕안석은 다음과 같이 자신의 의견을 말했다.

"그것은 연개소문이 비상한 인물이었기 때문입니다."

이처럼 연개소문은 모두가 인정하는 뛰어난 재능의 소유자였다. 잘 생긴 외모에 자신감 넘치는 태도, 분명한 의지와 저돌적인 추진력은 그를 수많은 사람들 사이에서도 돋보이게 만들어주었다. 특유의 강한 성격 탓에 정적들에게는 잔인하고 포악하다는 부정적 평가를 들어야 했지만, 한편으로는 그 덕분에 자신이 목표한 바를 이루기 위해 뚝심 있게 일을 밀고 나가는 자세를 평생 잃지 않을 수 있었다.

그는 자신도 귀족사회의 일원이면서도 귀족정으로 고착화되어버린 고구려 사회의 변혁을 꿈꾸었다. 국정 최고위직인 대대로 자리를 놓고 각 부의 수장들이 충돌하는 계파 정치에서 그는 환멸을 느꼈다. 강한 리더십을 가진 뛰어난 능력의 인물에게 권력이 집중되어 강력한 추진력을 발휘해 고구려를 중심으로 하는 세계질서를 구축해내는 것이 그의 목표였다. 그러기 위해서 그는 먼저 종신직인 태대막리지로서 태대대로의 자리를 맡아 국정과 군사를 자신의 두 손에 움켜쥐고 입헌 제정(帝政)으로 가는 길을 처음으로 열었다. 그가 세상에 본격적으로 존재감을 드러내자 곧 동아시아의 역사는 그를 중심으로 돌아가기 시작했다.

우연찮게도 그의 등장은 당나라가 동아시아 유일의 최강대국 전략을 추진하던 시점과 맞물려 있었다. 당 태종으로 상징되는 당나라의 세계제국화의 길은 당연히 동아시아의 또 다른 강대국 고구려와의 마찰을 예고하는 것이었다. 실제로 당 태종은 정복군주답게 준비가 되자 곧바로 묵직한 질량으로 고구려 침공을 감행해왔지만, 고구려에는 다행히 연개소문이라는 걸출한 존재가 있어 그에 대한 대응전략을 이미 마련해둔 상태였다.

당 태종의 정예 군대는 고구려 침공 후 몰락의 길을 걸었던 수나라의 실패 사례를 철저히 벤치마킹했음에도 연개소문이 꼼꼼히 설치해둔 지뢰밭에 걸려들어 호되게 당했고, 결정적 패배를 입고는 불명예 퇴각을 할 수밖에 없었다. 이후 당나라는 줄곧 고구려에 반복적인 소모전을 통해 고구려 힘빼기를 시도했지만, 연개소문은 그마저도 모두 물리치고 마침내 최후의 전쟁에서 당군의 한 부대를 통째로 섬멸해버리는 통쾌한 카운터펀치까지 성공시키며 화려했던 인생을 끝마쳤다.

불행히도 그의 후계자들은 그만한 인물들이 못되었다. 아니, 정확히 말하자면 자질은 있었겠으나 명확한 후계구도를 확립시키지 못하고 내분의 불씨를 남겨둔 것이 그의 실책일 것이다. 아들들의 세력 대립으로 고구려가 멸망하게 된 것은 무엇보다도 먼저 그의 탓을 들지 않을 수가 없다. 하지만 그렇게 사그러질 뻔했던 그의 웅대했던 뜻은 아들이 아닌 다른 이에 의해 이뤄진다. 고구려가 멸망한 지 30년만인 698년 대조영이 당나라에 반기를 들고 발해(渤海)를 세우면서 고구려의 계승을 선언한 것이다. 대조영은 연개소문 생전에 고구려의 젊은 장수로 활동한 인물이었으니 아마도 서로 만나본 적이 있는 사이였을 것이다.

제2의 고구려를 표방한 발해는 고구려에서는 2등 민족에 불과했던 말갈인들을 대등한 국가구성원으로 받아들여 건국된 다민족 국가이면서도 성공적인 민족융합책을 통해 똑같은 '발해어'를 사용하는 하나의 '발해인'이라는 정체성을 구축하며 강력한 통일국가로 나아가는 한층 발전된 모습을 보여준다. 발해는 천손(天孫)의 나라로 자부했던 고구려의 가치관을 계승하는 동시에, 당나라의 다채로운 문화를 능동적으로 흡수하고 일본과의 경제교류를 강화하여 밀접한 외교관계를 구축했으며, 더 나아가 주변 말갈부족들을 적극적으로 포용하면서 끊임없이 확장되어나가는 개방적 제국(帝國)으로 재탄생하게 된다.

낡은 귀족정 체제를 무너뜨리고 강력한 리더십 하에 고구려를 중심으로 하는 제국을 건설하고자 했던 연개소문의 꿈은 그렇게 세대를 뛰어넘어 이어져 나갈 수 있었다.

　이번 작품은 나의 우파적 감수성이 가장 많이 묻어난 책이다. 사실 민주주의자를 자처하는 내 입장에서는 독재자의 일대기를 기록한다는 것은 어떤 의미에서는 스스로의 신념을 잠시 내려놓을 수밖에 없는 부득이한 상황을 뜻하는 것이기도 하다. 아마도 아나키스트 신채호도 이 시대의 역사를 서술하면서 조금은 비슷한 고민을 하지 않았을까 혼자 짐작해보지만, 그에게는 한편으로 강한 민족주의 정신이 동시에 흐르고 있었기에 그것이 부족한 나보다는 사상적 정체성 측면에서 훨씬 모순을 덜 느꼈으리라 생각된다. 실제로『조선상고사』만 보더라도 아나키즘이 아닌 민족주의를 중심으로 기술되어 있음은 쉬이 알 수 있다.

　하지만 솔직히 고백하건대 나는 이 작품을 신이 나서 집필할 수 있었다는 점에서 꽤나 만족한다. 뚜렷한 주관과 잔혹하다 싶을 정도로 저돌적인 추진력, 높은 신분을 타고났으면서도 현재에 안주하지 않고 국가개조에 뛰어든 혁명가의 이미지와 동시에 다양한 이해관계자들과 절묘하게 타협해나가는 현실주의자적 면모, 뛰어난 카리스마로 정치뿐만 아니라 전쟁에 있어서도 탁월한 리더십을 발휘한 진정한 리더의 모습까지. 아마도 마키아벨리가 동시대에 살았다면 아마도 그를 『군주론』의 모델로 삼지 않았을까 하는 상상을 해본다. 혹은 그 역시 생전에 동양의 군주론쯤 되는 『한비자』를 읽었을 수도 있겠다.

오늘날의 잣대로 함부로 판단하기는 어렵겠고, 지금의 가치관이 아닌 당시의 역사적 맥락에서 접근해본다면 연개소문은 정말 매력적인 인물임에 틀림이 없다. 원래 자신감 넘치는 나쁜 남자는 모름지기 그 나름의 매력을 가지기 마련이다. 격변의 시기에 태어나 시대적 소명을 받아들여 거대한 역사의 중력을 무모하리만치 온몸으로 부딪쳐내었던 그의 자신감은 도대체 어디서 기원한 것이었을까. 그에 대한 해답을 찾기 위해 그의 인생경로를 따라 동행을 시도해보았지만 정확한 답을 찾은 것인지는 아직 잘 모르겠다.

총 다섯 권을 기획하고 그중 네 권의 원고를 미리 완성하였는데, 이 책은 집필 순서대로는 세 번째이지만 어쩌다 시간의 흐름이 바뀌어 두 번째로 나오게 된 역사서이다. 이다음 편에선 시대를 달리하여 또 다른 모습의 개혁가를 소개하는 시간을 갖고자 한다. 한 시대를 마감하고 새로운 시대를 맞이하는 여명의 순간, 지극히 정적인 듯하면서도 그 내재된 에너지는 폭발적이었던 시대의 풍운아를 만나보는 순간이 벌써부터 기다려진다. 이번엔 좀 더 시대적 차이로 인한 가치관의 모순을 덜 느낄 수 있기를 기대하면서.

2017년 5월

우재훈

1. 고려시대

　　『삼국사기』, 김부식

　　『삼국유사』, 일연

　　『제왕운기』, 이승휴

2. 조선시대

　　『동사강목』, 안정복

　　『해동역사』, 한치윤

　　『동국병감』

　　『해동명장전』, 홍양호

　　『열하일기』, 박지원

3. 근현대

　　『조선상고사』, 신채호

　　『천개소문전』, 박은식

　　『새로 쓰는 연개소문전』, 김용만, 바다출판사, 2003

　　『연개소문을 생각한다』, 강준식, 아름다운책, 2004

『당태종이 묻어버린 연개소문의 진실』, 신영란, 작은키나무, 2006

『정관의 치』, 멍셴스, 에버리치홀딩스, 2008

『제왕 중의 제왕 당태종 이세민』, 황충호, 아이필드, 2008

『수양제』, 미야자키 이치사다, 역사비평사, 2014

『대당제국과 그 유산』, 박한제, 세창출판사, 2015

『고구려·백제·신라 언어연구』, 김수경, 한국문화사, 1995

『고구려어 연구』, 최남희, 박이정, 2005

『펼쳐라 고구려』, 서병국, 서해문집, 2004

『고구려제국사』, 서병국, 혜안, 1997

『고구려의 발견』, 김용만, 바다출판사, 1998

『고구려는 천자의 제국이었다』, 이덕일/김병기, 역사의아침, 2007

『고구려·백제 유민 이야기』, 지배선, 혜안, 2006

『한국고대사의 이론과 쟁점』, 노태돈, 집문당, 2009

『발해 국호 연구』, 최진열, 서강대학교출판부, 2015

『한-중 역사인식에 관한 비교연구』, 권도경, 한국학술정보, 2007

『천리장성에 올라 고구려를 꿈꾼다』, 전성영, 한길사, 2004

『고구려를 찾아서』, 동북아역사재단, 동북아역사재단, 2009

『백제 멸망의 진실』, 양종국, 주류성, 2004

『옛 문헌 속 고구려 사람들』, 이명학, 성균관대학교출판부, 2005

4. 외국

『구당서』

『신당서』

『고려도경』, 서긍

『이위공문대』, 이정

『정관정요』, 오긍

『한원』

『통전』

『수서』

『주서』

『북사』

『일본서기』

5. 금석문 및 기타 자료

연남생 묘지명

연남산 묘지명

연헌성 묘지명

연비 묘지명

고현 묘지명

고자 묘지명

고진 묘지명

유인원 기공비

대당평백제국비(소정방)

문무대왕릉비(김법민)

김인문 묘비

부여융 묘지명

평양성 석각

충주고구려비

토원책부(兎園策府)

http://gsm.nricp.go.kr (한국금석문 종합영상정보시스템)

http://db.history.go.kr (국사편찬위원회 한국사데이터베이스)

6. 참고 이미지

http://www.museum.go.kr (국립중앙박물관)

http://www.cha.go.kr (문화재청)

https://commons.wikimedia.org (위키피디아)